조선 경학의 별 심대윤

김재화 지음

조선
경학의 별
심대윤

김재화 지음

조선의 마지막 실학자
19세기 유학을
재정립하다

도서출판
수류화개

이 책은 필자가 2018년 2월에 취득한 서울대학교 철학과
박사학위 청구 논문 〈심대윤 철학의 연구〉와 이후
발표한 두 편의 후속 논문들을 합하고 개정한 것이다.

이 책을 세상에 내놓을 수 있도록
아낌없는 지원을 해주신 대한민국 국방부 해군과,
많은 것을 가르쳐 주신 서울대학교 철학과 선생님들과 동학들,
그리고 오랜 시간 기다리고 힘이 되어 준 가족에게 이 글을 바친다.

또한 책의 출판을 흔쾌히 결정하고 윤문해주신
도서출판 수류화개 대표님과 편집장님께도 감사의 인사를 드린다.

들어가는 말

　19세기 조선의 유학자 심대윤(1806~1872)의 철학은 1990년 서울대학교 규장각 한국학연구원에 보관된 그의 《논어論語》 주해서가 검토되면서 연구가 시작되었다.[1] 이를 계기로 그간 작자미상으로 분류되어 있던 심대윤의 여타 저작들을 취합하게 되었으며, 그가 자신의 견해대로 유학 경전을 해석하여 남긴 경학經學 저술이 총 110책에 달한다는 사실과 그 사상적 독창성이 주목을 받게 되었다. 2005년에는 주요 저작 대부분을 취합하여 《심대윤전집沈大允全集》(총 3권)이 출간되었으며,[2] 2015년에는 심대윤이 남긴 시와 산문들을 취합하여 새로 편집한 《백운집白雲集》의 번역서가 출간되었다.[3]

　심대윤은 《주역周易》에 대한 주석에서부터 시작하여 《시경詩經》, 《서경書經》 그리고 《논어論語》, 《중용中庸》, 《대학大學》에 이르는, 이른바 사서

삼경에서 《맹자孟子》를 제외하고 전부 주해하면서 자신의 논리를 전개하는 치밀함을 보였으며, 그 과정에서 각 경전을 자유자재로 상호 연관지어 《예기禮記》,《의례儀禮》,《주례周禮》,《효경孝經》,《국어國語》,《춘추春秋》,《좌전左傳》 등을 검토하고 주해하는 등, 일관된 논리와 방대한 양만으로도 조선에서 보기 드문 유학자이자 경학자로서의 면모를 보여주었다.

위당爲堂 정인보鄭寅普(1893~?)는 심대윤을 가리켜 "삼한三韓 경학經學의 빛"이라는 찬사를 보낸 사실이 있다. 정인보는 심대윤의 저술 중 두 곳에 〈지識〉를 남겼는데, 그 중 《한중수필閑中隨筆》의 〈지〉에서는 다음과 같은 논평을 적었다.

> 우리나라의 유자들은 모두 정주의 학설을 고수한 나머지 감히 새로운 의론을 발표하지 못했다. 그런 폐단으로 표면적인 답습만 할 줄 알아 마음으로 깨달음[心得]이 없었다. 심 선생은 재능이 뛰어나고 사고가 깊으면서도 세상사를 경험한 것이 많고 인정에 깊이 통하여 마음에 고뇌가 쌓였기 때문에, 성인의 말씀을 주석하며 자신의 생각을 덧붙였다. 그의 학설은 대진戴震과 가까운데, 크고 활달[闊肆]함은 그보다 낫다고 할 수 있다. 근세의 빼어난 학자로 이 성호와 안 순암은 역사歷史로써 드러났고, 정 다산은 정사[政]로써 드러났다. 심 선생은 적막한 가운데 외롭게 지켜 명성이 묻혔고, 도리어 발표한 글에서 강경하고 격렬하게 앞선 학자[前修]들을 공박한 것으로 인해 당시의 비방이 집중되었다. 저서들은 드디어 은폐되어 찾고 묻는 자가 드물었다. 그러나 공평한 마음으로 논평하건대, 정밀한 뜻과 빼어난 해석이 뭇 언설의 숲 속에서도 빼어나니, 삼한三韓 경학經學의 빛이라고 하겠다.⁴

위에서 정인보는 심대윤의 학설이 청나라 대진戴震(1723~1777)에 가까우나 그 경학의 넓고 활달함은 대진을 뛰어넘는다고 총평하였다. 현대 이전의 학자가 짧게나마 심대윤에 관한 기록을 남긴 또 다른 사례로는 다카하시 도오루高橋 亨(1878~1967)가 있다. 다카하시 도오루는 그의 논문 〈조선의 양명학파〉(1953)의 마지막 1쪽 가량을 할애하여 심대윤을 언급하였다. 다카하시 도오루에 따르면, 정제두를 원류로 하는 조선의 양명학파들은 "양명학을 가학家學으로 배웠기 때문에 자주 주자학을 배반하고 이단의 학문을 주창함에 거리낌이 없었"는데, 그 대표적인 경우가 바로 심대윤이라는 것이다. 다카하시 도오루는 심대윤의 학문을 다음과 같이 논평하였다.

그의 선조 심육과 심악은 정제두의 문인이다. 심대윤의 유고가 충북 괴산의 자손에게 전해지고, 1925년 이후로 비로소 문밖에 나와서 그것을 볼 수 있었다. 실제로 《시》 6책, 《서》 6책, 《역》 5책, 《예기》 12책, 《논어》 2책, 《중용》 1책, 《대학》 1책, 《춘추》 13책 외에 《복리전서》를 포함한 방대한 저술이다. 그는 이러한 저작에서 거리낌 없이 주희와 다른 해석을 들어, 마침내 《대학》 격치해格致解에서 다음과 같이 말한다. "주희가 제 멋대로 한 해석은 비판하기도 충분치 않다." 또한 충서해忠恕解에서는 다음과 같이 격하게 말한다. "어찌 주희는 경전의 밝은 원문을 버리고 제멋대로 천착하였는가?" 주자학 일색의 이 나라에 이 같은 글이 있다는 것은 실로 의외이다. 심대윤은 폐족의 죄인의 아들로 이미 인생에 뜻이 없었기 때문에 거리낌 없이 주희를 비난하였다. 더욱이 그의 학문의 원류는 정제두에게 있다. 그의 반주자학적인 주장과 언론 또한 왕양명의 반주희적 비판 정신

의 겉으로 드러나지 않은 흐름이라고 간주할 수 있다.[5]

이처럼 다카하시 도오루는 심대윤 학문의 원류를 정제두로 규정하고 그를 조선 양명학파의 계보에 넣고 있다. 그러나 이러한 다카하시 도오루의 주장은 실제 심대윤 철학의 내용에 대한 검토가 아닌 가계家系에 근거한 것으로서, 그마저도 그가 신빙하는 25년 지기 동료교수인 정만조에게 전해들은 바 "양주음왕陽朱陰王(겉으로는 정주학을 신봉하는 척하면서 속으로는 육왕학을 수용한다.)이 우리 소론 집안의 가학이다. 이 점을 숙지하고 조선의 글을 읽지 않으면 안 된다."[6]에 전적으로 근거한 것이라는 점에서, 논증이라기보다는 추정에 가까운 것이라 하겠다.

이처럼 정인보와 다카하시 도오루는 공통적으로 심대윤 철학이 정주학을 고수하지 않았음을 말하고 있으나, 그 성격에 대해서는 대진과 가깝다는 견해와 양명학의 계보를 잇는 것이라는 서로 다른 입장을 취하고 있다.

여기서 언급하고 싶은 점은 다카하시 도오루에게 조선의 양명학파인 강화학파와 소론 가문의 관계에 대한 결정적 정보를 제공한 정만조, 그리고 정만조와 같은 소론의 동래 정씨 가문의 친척 관계인 정인보 두 사람 모두 심대윤에 대해 익히 알고 있었다는 점이다. 정만조의 아버지 정기우는 심대윤의 근거지인 안성으로 이주하여 음서로 벼슬길에 오를 때까지 심대윤에게 10여년을 수학한 제자였다. 정기우의 수학기간은 정만조가 8세가 될 때까지이며, 그 후 정만조는 서울로 이주하여 이건창 등의 소론 문사들과 교류하였다.[7] 정인보의 경우에도 심대윤의 제자 정인표에게 《주역》을 배운 사실이 있다.[8][9] 이와 같은 사실을 언급하는 이유는 강화학파와 소론 가문들의 관계에 대한 정만조의 진술을 근거로 심대윤이 조선 양명학의 계보를 잇고 있다고 주장하는 다카하시 도오루 주장의 신빙성이 의심되기 때문이다. 왜냐하면 정인보는 물론, 정만조 역시 심대윤의 학설을 양명학과 연관 짓지 않고 있기 때문이다. 앞서 확인하였듯 정인보는 심대윤의 학설을 대진과 가깝다고 평가하였으며, 《양명학 연론》〈조선 양명학파〉에서도 심대윤을 배제하고 있다. 또한 정만조는 《조선근대문장가략서朝鮮近代文章家略敍》에 심대윤의 이름을 올리고 심대윤의 문장과 경학의 성격에 대해 다음과 같이 평하였다.

> 심대윤의 호는 백운白雲이다. 그 문장은 양한兩漢에 바로 뜻을 두었고, 당송唐宋 이하로는 오직 한유韓愈 외에 본받을 만한 이가 없다고 여겼다. 경학經學은 주희의 주석을 따르지 않아 당시 많은 유자들이 그를 책망했지만 마음에 두지 않았으니, 대개 스스로 체득한 도리가 있었기 때문이다.[10]

위에서 정만조는 심대윤이 "스스로 체득한 도리"가 있었기 때문에 그의 경학이 주희의 주석을 따르지 않았다고 평가할 뿐, 양명학과의 연관성에 대해서는 전혀 언급하지 않고 있다. 그렇다면 정작 심대윤 자신은 주희와 왕양명에 대해 어떤 평가를 남겼을까? 심대윤은 《논어論語》 주해를 마치며 자신의 저술을 읽게 될 후학들에게 다음과 같은 당부의 말을 남기고 있다. 여기서 주희와 왕양명이 함께 거론되며, 심대윤이 두 학자를 어떻게 생각하는지가 드러난다.

나의 학설은 세유世儒를 배척한 것이 많다. 이 때문에 버려지지 않을까 걱정이다. 이 세상이 그 해독을 입은 지 6~7백년이 지났으나 이는 그의 본심이 아니다.[11] 그 본심은 세상을 구하고자 하는 것이니, 곧 의도치 않게 생겨난 재앙인 것이다.

나는 일찍이 〈봉건론〉을 지어 "불행히 걸·주와 같은 자식을 가졌더라도 탕·무가 바로잡아 구제해줄 것을 바라는 것이 우·탕의 본의이다." 하였다. 나 또한 세유의 불행을 바로잡아 구제해 줄 것이다. 만약 저들이 정녕 소인이라면 그들이 나를 원수로 여김이 심할 것이며, 만약 저들이 정녕 군자라면 반드시 기뻐하며 깊이 나를 덕이 있다 여길 것이다. 정녕 소인이라면 내가 그들과 반대됨은 마땅할 것이며, 정녕 군자라도 내가 그들과 반대됨은 또한 마땅할 것이니, 내가 세유를 위함이 어찌 진실하지 아니한가?

두려운 것은 나의 설이 행하여져서 배우는 자들이 세유를 공격함이 장차 이르지 않는 곳이 없게 되는 것이다. 세유의 문제점은 앎이 미치지 못한 상태에서 지나치게 자신을 믿었다는 것이다. 비록 성인을 제멋대로 해석하여 세상을 현혹시켰다는 죄를 면하기는 어렵겠지만, 그 마음에 협잡이 없다는 것은 보존할 만하고, 그 뜻에 도움을 탐함이 없다는 것은 기필할 만하며, 그 행실에 부정한 것을 돌아봄이 없었다는 것은 신뢰할 만하니, 어찌 사람들을 바로잡지 못할 것인가? 그 설은 간괘艮卦의 구삼九三에 대해 설한 바를 참고하여 보면 알 수 있을 것이다.

왕양명王陽明 같은 이는 어떠했는가? 그의 《주자만년정론朱子晚年定論》을 보면 마음에 협잡이 없을 수 없다는 것을 알 수 있다.[12]

위에서 심대윤은 주희의 학설이 6~7백년간이나 세상에 해독을 끼쳤다고 비난하면서도, 주희의 도덕적 인품과 구세의식에서 비롯된 진정성 있는 학문 태도에 대해서는 신뢰하는 입장을 취한다. 심대윤에 따르면, 주희는 앎이 다 이르지 못한 상태에서 지나치게 자신을 믿고 성인을 제멋대로 해석함으로써 세상을 현혹시킨 죄가 있기는 하다. 하지만 주희는 적어도 그 마음에 협잡이 없고, 그 뜻에 도읍을 탐함이 없으며, 그 행실에 부정한 것을 돌아봄이 없었다는 것만큼은 신뢰할 수 있는 인물임이 분명하다. 따라서 주희로 인해 일어난 주희가 뜻하지 않았던 세상의 불행을 심대윤이 바로잡아 준다면 주희는 기뻐하며 심대윤을 덕이 있다 여길 것이 분명하다는 것이다. 이러한 맥락에서 심대윤은 만약 자신의 학설이 행하여졌을 때 자칫 배우는 자들이 주희의 모든 것을 배척하게 될까 두렵다고 말하고 있다.

이에 비해 심대윤은 왕양명에 대해서는 마음에 협잡이 있었던 인물로 평가하며 이는 왕양명의 《주자만년정론》을 보면 알 수 있다고 말하고 있다. 그런데 문제는 심대윤은 어떠한 부연 설명도 없이 글을 끝맺고 있으며, 다른 저술에서도 왕양명에 대한 평가를 구체적으로 남긴 적이 없다는 점이다. 따라서 심대윤의 생각을 유추해 볼 수 있는 유일한 근거는 왕양명의 《주자만년정론》이라는 저술이다. 왕양명의 이 저술은 주희가 만년에 이르러 기존의 입장을 바꿔 왕양명 자신과 동일한 입장을 취하게 되었으며, 따라서 자신과 주희의 학설은 다르지 않다고 주장하는 내용을 담고 있다.

왕양명에 대한 심대윤의 이러한 평가는 세 가지 경우로 해석해 볼 수 있을 것이다. 첫째, 이는 대진과 같은 철학적 입장을 가진 유학자가 내릴 수 있는 평가이다. 왜냐하면 주희와 왕양명에 대한 이와 같은 심대윤의 언급은 대진이 유학의 공부[學]와 관련하여 두 학자에게 취했던 태도를 연상시키기 때문이다. 널리 알려져 있듯이, 대진은 미발未發(아직 감정이 발현하지 않은 의식 상태)의 공부를 부정하고 이발已發(감정이 이미 발현한 의식 상태)에서의 공부만을 인정할 수 있다는 입장을 취한 학자이다. 그래서 대진은 미발공부와 이발공부를 겸할 것을 주장하는 주희에게는 유학에 불교를 끌어들였다는 절반의 승인을, 인간은 공부가 필요하지 않다고 주장하는 왕양명에게는 유학을 아예 불교로 끌고 나가버렸다는 평가를 한 적이 있다. 둘째, 이는 강경한 양명학자가 주희와 화해를 시도한 온건한 양명학자에게 내릴 수 있는 평가이다. 만약 왕양명이 주희가 가진 권위의 굴레를 끝내 벗어나지 못하고 어떻게든 절충하여 자신의 권위를 높이는 데 이용하려 했다면, 그는 분명 마음에 협잡이 있는 자라는 것이다. 셋째, 이는 학문적 입장과 상관없이 왕양명이 《주자만년정론》을 저술하며 저지른 여러 가지 왜곡된 서술이 학자로서 정직하지 못하다는 점에 대해서 내린 평가절하이다.

지금까지의 논의를 통해 알 수 있는 점은, 현대 이전에 남겨진 이러한 논증 없는 짤막한 논평들로는 결코 심대윤의 철학이 양명학에 가까운지, 대진에 가까운지, 혹은 둘 다 아닌지 어느 것도 단정할 수 없다는 것이다.

심대윤 철학에 대한 현대 연구자들의 견해는 크게 보아 심대윤 철학이 양명학적 성향을 가졌다고 보는 입장과 그 외의 입장으로 나눌 수 있다. 전자의 대표적 연구자로는 장병한과 임형택이 있다.

장병한(1995)은 현대 학자 중 처음으로 심대윤 경학의 규모와 네 가지 주요 저작의 대강을 검토하였다. 장병한은 이 논문에서 《대학大學》, 《중용中庸》,《논어論語》,《주역周易》 각각에 대한 심대윤 주석의 체제 및 저술 동기를 파악하고, 각 저술에서 눈에 띄는 특징적 개념들을 소개하였다.[13] 장병한은 계속하여 심대윤의 《서경채전변정書經蔡傳辨正》(2002, 2015), 《복리전서福利全書》(2008), 《좌국정론左國定論》(2008), 《춘추사전속전春秋四傳續傳》(2008), 《주역상의점법周易象義占法》(2009), 《의례정론儀禮正論》(2009), 《예기정해禮記正解》(2010) 등과 같은 개별 저작들의 문헌학적 특성과 내용을 분석한 논문을 발표하였으며, 〈근대성〉(2009), 〈리욕관理欲觀〉(2009)과 같은 개념들에 대해 분석하는 논문을 각각 발표하였다. 심대윤 철학의 철학사적 위치에 대해 장병한(2005)은 심대윤의 '양명학적 사유체계'를 인정하면서도 그 진면목은 '구체적·실천적·대중적·자본주의적 요소가 가미된 근대적 실학체계'라 주장하였다.[14] 또 장병한(2015)은 심대윤의 《서경채전변정》을 중심으로 그의 대동론大同論을 연구하여 그것이 '대동민주주의大同民主主義를 현시해 내기에 충분한 것'이라 주장하기도 하였다.[15]

임형택(2015)은 심대윤 철학을 '복리사상'이라 칭하면서, 그것은 '양명학이라 규정하긴 어렵지만 그 논리는 양명학좌파에 기맥이 닿아 있어 보이며, 다분히 공리주의적'이라고 평가하였다. 임형택은 심대윤의 복리사상은 "인간현실에서 출발하여 다수의 행복을 중시하여 사고의 논리 또한 현실적·경험적인 관점이라는 점에서 공리주의功利主義와 근친성이 있으며, 물론 심대윤의 복리주의는 영국 철학의 공리주의와 사상사적 배경이 전혀 다를 뿐 아니라 공리주의에서 빼놓을 수 없는 개인의 자유와 해방의 정신을 찾아보기 어렵긴 하지만, 성리학적인 순수지향의 관념적 인간학으로부터 이利·욕欲을 긍정하는 현실적 인간학으로 출구를 찾았다는

점에 있어서 인간 해방적인 의미를 읽어낼 수 있다"고 주장하였다.[16]

위 두 연구자들과는 달리, 이해임(2010)은 심대윤의 철학이 순자-법가와 연관성을 갖는다고 주장하였다. 이해임은 심대윤이 주장하는 인간의 도덕 실천 방법은 인간의 도덕적 본성에 근거한 것이 아닌 사회적 규범, 즉 삼강오륜에 근거한 것이라 평가하고, 이러한 심대윤의 관점은 '맹자의 덕치가 아니라 순자나 법가의 예禮와 법法에 근거한 통치'라 할 수 있다고 주장하였다.[17]

한편, 일부 연구자들은 심대윤 철학 고유의 특징적 면모에 집중하는 연구를 수행하였다. 대표 연구자로는 백민정과 김문용이 있다.

백민정(2013)은 심대윤의 '공리론公利論'에 주목하여 그것이 '유학의 전통사유를 변주하면서 시대 변화에 따른 사상적 대응을 모색한 새로운 성찰의 결과'라고 평가하였다. 백민정은 심대윤의 독특한 창견은 바로 그가 이해利害 개념에 대해 피력했던 이론적 입장에 있다고 주장하였다. 백민정은 심대윤의 논법에 나타난 "이로움에 대한 절대적 긍정"과 "이로움을 추구하는 존재자의 본성을 천명으로" 수용하는 입장은, 중국의 경제 상황에 연동되어 양난 이후 더 이상 주자학적 이념이나 사회규범만을 강조하기 어려운 상황에 처한 조선 사회의 시대적 변화를 반영한 것이라 볼 수 있다고 주장하였다.[18]

김문용(2010)은 심대윤 철학의 '세속성'에 주목하였다. 김문용은 심대윤의 복리사상은 사회·문화사적 측면에서 중요한 의의를 가진다고 보았는데, 그것은 서민적 실천도덕, 근로와 분수의 강조, 풍속의 긍정, 숙명론 등을 특징으로 삼는다는 점에서 '세속적'이라는 점이며, 이런 면모는 유학이 엘리트 지식인들만의 영역에서 벗어나 서민들의 생활공간과 밀접

해지는 과정에서 형성된 '19세기 유학의 세속화'를 보여준다고 주장하였다.[19]

이 글은 심대윤 철학의 전체적인 면모를 리기론理氣論, 심성론心性論, 수양론修養論, 격물치지론格物致知論, 귀신론鬼神論, 치일론致一論의 체계로써 분석하고 그 검토의 결과를 종합적으로 고찰한다. 이 글에서는 《복리전서福利全書》와 《백운집白雲集》은 물론, 심대윤의 경학 저술 전체를 분석의 대상으로 할 것이다. 그리고 심대윤의 문제의식을 따라 심대윤 사유의 논리적 구조를 충실히 정리하려 한다. 또 본론의 각 부분을 서술하면서는 심대윤 철학의 전모를 이해하기 위해 반드시 필요함에도 불구하고 아직까지 연구되지 않은 개념들의 존재와 그 의미를 드러내는 것을 주안점으로 삼았다.

이 글은 다음과 같이 구성된다. Ⅰ장에서는 예비적 고찰로서 심대윤의 생애와 저술, 학문적 문제의식을 서술한 뒤, 심대윤의 세계관이라 할 수 있는 삼극의 도[三極之道]에 대한 대략적 검토를 진행할 것이다. Ⅱ장에서는 리기론理氣論을 검토하며 먼저 심대윤이 주희의 리理 개념을 비판하는 쟁점과 논리가 무엇인지를 확인하고, 이어서 심대윤의 생각하는 기氣와 형태[形]과 리理의 개념이 무엇인지에 대해 검토할 것이다. Ⅲ장에서는 심성론心性論을 검토하며 심대윤이 말하는 성性의 삼극三極과 심心의 삼극三極, 천명지성天命之性과 심성心性과 습성習性의 삼극의 도[三極之道]의 의미를 분석할 것이다. Ⅳ장에서는 수양론修養論을 검토하며 먼저 심대윤이 말하는 수양의 시작이 감정의 통제에 있음을 확인하고, 이어서 예의 수용과 감정 통제를 통한 기질의 변화를 골자로 하는 극기복례에 입각한 수양법을 분석할 것이다. 이어서 충서忠恕·중용론中庸論을 검토하며 먼저 중용의 이중적 의미, 곧 중中이자 리理이자 예禮로서의 중용이라는 일차적 의미와 수양론으로서의 중용이라는 두 가지 의미를 검토하고, 나아가 그것이 공公으로서 충서와 겸兼으로서 중용이라는 인간의 도[人之道]로서의 두 축이 되는 실천적 수양론임을 주장할 것이다. V장에서는 주희의 격물치지格物致知 개념에 대한 심대윤의 비판 요지를 검토하고, 성인이 도道를 행하는 방법이 곧 격물치지이고 충서는 그 실천적 요령이라 설명하는 심대윤의 주장을 살펴볼 것이다. Ⅵ장에서는 심대윤의 천인감응사상과 귀신론鬼神論의 내용을 확인하고, 심대윤이 귀신론을 통하여 어떻게 서학西學의 논리를 비판하고 대응하는지 확인할 것이다. Ⅶ장에서는 심대윤이 생각하는 유학의 도의 궁극적 목표인 사회 전체의 '치일致一'로서의 하나 되기 개념에 대해 검토할 것이다. 그 과정에서 심대윤이 말하는 치일로서의 하나 되기가 실현된 이상적 인류 공동체의 정치적 함의에 대해 확인할 것이다. 그리고 결론에서는 이상의 체계를 갖춰 수행한 심대윤 철학의 전면적 재검토 결과를 정리하고 종합하여 심대윤 철학의 의의에 대해 논할 것이다.

들어가는 말 ... 5

제 I 장 심대윤과 그의 문제 의식

1. 심대윤의 생애와 저술, 학문적 문제의식 ... 22
2. 삼극三極의 도道 ... 28

제 II 장 리기론理氣論

1. 주희의 리理 개념에 대한 비판 ... 39
2. 기氣, 형태[形], 리理 ... 49
1) 기氣와 형태[形] : 기에 의한 형태와 천지·인물·귀신의 생성 ... 50
2) 리理 : 기의 리[氣之理]와 형태의 리[形之理] ... 61

제 III 장 심성론心性論

1. 천명지성天命之性 ... 71
1) 천명지성인 욕구 ... 71
2) 욕구의 본질 ... 77

2. 심성心性 ... 84
1) 오행의 기氣에서 유래된 사단이자 도심인 심성心性 ... 84
2) '심성' 개념을 통한 '기질지성' 개념 부정과 대체 ... 87
3) 기질에 가려져 불완전한 현실의 인간 심성 ... 90

3. 천명지성, 심성, '습성'의 삼극의 도 ... 97

제Ⅳ장 수양론修養論

1. 수양의 착수점 :
   감정의 통제를 통한 마음의 기질 변화 … 106

   1) 감정의 통제 … 106
   2) 감정의 '미발未發'에 대한 재규정 :
      《중용》'희노애락지미발위지중喜怒哀樂之未發謂之中' 해석 … 108

2. 충서忠恕·중용론 … 115

   1) 중용中庸의 일차적 의미 : 예禮로서의 중용 … 115
   2) 중용의 이차적 의미 : 수양론으로서 중용 … 121
   3) 실천적 수양론으로서 두 인도人道 … 124

제Ⅴ장 격물치지론格物致知論

1. 주희의 격물치지 개념 … 136

   1) 리理의 의미 : 소이연지고所以然之故, 소당연지칙所當然之則 … 139
   2) 리理에 대한 앎[知]의 의미 : 진지眞知와 각覺 … 141
   3) 격물치지의 방법 … 146

2. 심대윤의 격물치지格物致知 개념 … 153

   1) 《대학고정》 격물치지장 분석 … 154
   2) 심대윤의 격물치지 개념의 특징 … 165

제VI장 귀신론鬼神論

　1. 천지 – 사람 – 귀신의 관계 ... 178

　2. 천인감응과 귀신화복의 이치 ... 182

　3. 귀신론에 근거한 서학 비판 ... 184

제VII장 치일론致一論

　1. 유학의 궁극적 목표 :
　　사회 전체의 치일致一로서 하나 되기 ... 190

　　1) 치일致一의 의미 ... 192
　　2) 치일致一의 정치적 의미 :
　　　군君→신臣→민民의 삼극三極으로 이루어진 강력한 전제 군주제 ... 193
　　3) 치일致一을 이루는 방법 ... 195
　　4) 공公 ... 197

나오는 말 : 심대윤 철학의 의의 ... 201

주석 ... 207
참고문헌 ... 256
찾아보기 ... 262

제I장
심대윤과
그의 문제 의식

1. 심대윤의 생애와 저술, 학문적 문제의식[20]

　19세기 조선의 유학자 심대윤沈大允의 본관은 경북 청송靑松이며, 자字는 진경晉卿, 호號는 백운白雲, 석교石橋, 동구자東邱子를 썼다. 심대윤이 생존한 시기는 1806년(순조6년)부터 1872년(고종9년)까지의 조선 말기로서 크고 작은 민란과 수차례의 천주교 박해가 일어난 사회적 혼란기였다.[21]

　청송靑松 심씨沈氏 가문은 조선에서 세 명의 왕후와 다수의 관료들을 배출한 이름난 가문이었다. 심대윤의 직계인 고조부 심수현沈壽賢은 영의정이자 당대 소론의 영수였으며, 증조부 심악沈鐸은 이조판서 벼슬을 하였다. 그러나 심악이 나주벽서사건에 연루되어 역모의 죄로 을해옥사(1755, 영조 31년) 때 처형당하면서, 폐족廢族에 처해진 심악의 아내 영일 정씨는 당시 5세였던 아들 신지와 함께 남해로, 딸 미완은 사천으로, 아우 필은 부령으로, 아우 약은 갑산으로, 조카 열지는 기장으로 유배되어 노비가 되었다.

심악의 아내, 즉 심대윤의 증조모는 유배지 남해에 도착하여 관가에 신고를 마친 뒤 자결하였고, 5세 아들 신지는 남해에서 살아남았다. 이 신지의 차남인 완륜이 바로 심대윤의 아버지이다. 심완륜은 심악의 막내 아우 심발의 아들인 심무지에게 출계하여 서울로 올라오게 된다. 심발의 계열은 을해옥사 때 이미 심발이 세상을 떠난 상태였기 때문에 화를 피하고 서울에 남았던 것으로 보인다. 심완륜은 의령 남씨와 결혼하여 1806년 장남 심대윤을 낳는다.

심대윤은 자신이 15세 무렵부터 경서를 읽기 시작하였으며 정해진 스승은 없었다고 회고하고 있다. 심대윤은 20대에 서울에서 경주 이씨와 혼인을 하였고, 부친이 사망하기 직전(28세)에 가문의 선영先塋이 있던 경기 안성安城의 가곡佳谷으로 근거지를 옮긴다.[22] 부친의 사망 이후 장남 심대윤은 두 명의 남동생과 함께 어머니를 모시며 십여 명의 가솔들을 이끌게 된다.

심대윤은 어머니를 봉양하고 가족의 생계를 책임지기 위해 안성시장으로 들어가 상업에 임하기로 결심한다. 그의 첫 생계 활동이었다. 그러던 중 심대윤은 통영에서 올라온 목반木槃 장인의 기술을 배워 두 남동생과 함께 안성에 목반 공방工房을 차리게 된다.[23] 공방 경영을 계기로 심대윤은 어느 정도 생계의 안정된 기반을 갖추게 되었다. 36세가 되던 해 심대윤은 남해에서 자결한 증조모 등 을해옥사로 인해 각지에 유배된 선조들의 묘소를 안성의 선영으로 이장하고 그 과정을 기록한 글과 제문 등을 엮어 《남정록南征錄》을 남겼다.[24] 이 숙원 사업을 마친 37세 이후 심대윤은 본격적인 경학 저술 활동을 시작하게 된다.

심대윤은 37세가 된 1842년 《주역상의점법周易象義占法》을 저술하였다.

같은 해 《논어論語》 주해를 시작한 심대윤은 이듬해인 1843년 《중용훈의中庸訓義》와 《대학고정大學考正》을 먼저 탈고한다. 《주역상의점법》에서 심대윤은 자신의 학문적 문제의식에 대해 다음과 같이 말하고 있다.

> 근래에 일종의 괴이한 설이 있는데, '천주학天主學'이라 부른다. 믿음을 중시하고 죽음을 즐거워하니 베어 죽여도 금지할 수가 없다. 나는 백성들에게 올바른 법도가 없음이 걱정되어 도道를 밝힐 것을 자임하고 참망의 죄를 피하지 않은 것이다. 만약 공부자의 도道가 나에 의하여 다시 밝혀지게 된다면 사악한 설은 침식寢息할 것이니, 혹 나에게 죄가 있더라도 나는 한스럽지 않을 것이다. 그렇기 때문에 번번이 내 견해대로 경서를 주해하며 '하늘과 사람이 그러한 까닭과 도道가 서는 까닭이 반드시 이로움[利]을 근본으로 삼아야 함'을 밝힌 것이다. 오호라! 이로움[利]이라는 한 글자는 만물의 체體가 되고 만 가지 선善의 근본이 되니, 천지의 대덕이요, 성인의 대경大經이다. 후세로부터 '리利' 자가 도리어 꺼리는 말이 됨이 심하다. 이로움이란 삶이다. 이로움이 없으면 삶도 없다. 삶을 피할 수 있는가? '천주학'의 죽음을 즐거워하고 이로움을 좋아하지 않는 데 이르러 극에 달했다 할 수 있다.[25]

이 글은 기해박해(1839, 헌종 5년)로부터 3년이 지난 1842년에 작성된 것이다. 위에서 심대윤은 자신이 경서 주해를 통해 이로움[利]과 삶[生]을 근본으로 삼는 공자의 도道를 다시금 세상에 밝힘으로써, 당시 올바른 법도의 부재로 인해 천주학에 경도되어 사형으로 금지해도 기꺼이 죽음을 택하는 백성들을 구원하고자 한 것이라고 말하고 있다. 곧 심대윤은 당시 심각한 사회 문제가 될 정도로 많은 백성들의 생명이 천주학으로 인해 끊기게 된 원인은 천주학의 설이 백성들로 하여금 이로움[利]보다 믿음을 더 중시하고 삶[生]보다 죽음을 더 즐거워하게 만든다는 점에 있으며, 이는 기존의 유학자들이 '이로움'을 근본으로 하는 공자의 도道를 세상에 밝히지 못했기 때문이라고 진단한 것이다. 이러한 문제의식은 《논어주설論語注說》의 발문跋文에서도 고스란히 드러난다.[26]

"임인壬寅년(1842년, 헌종8년) 7월, 내 나이 서른일곱이다. 뜻하지 않게 치유하기 힘든 병을 만났으니, 어느 날 갑자기 아침 이슬처럼 사라질까 근심스럽다. 그러나 유학의 도[吾道]가 드러나지 않게 된 상황이 맹자로부터 수천 년이 지나, 세속의 패란은 극에 달했다 하겠다. 또 근래에 '서학西學'이라 불리는 하나의 그릇된 설[邪說]이 있어 그 틈을 타고 일어나더니, 더욱 이 백성들을 미혹하고 있다. 나는 백성들에게 올바른 법도가 없음이 걱정되어 차마 좌시하며 구원하지 않을 수 없다. 이 서書(《논어》)의 주해가 장차 용학庸學(《대학大學》과 《중용中庸》)에까지 이르게 되면 아마도 성인의 도道는 다시 드러날 수 있을 것이고 그릇된 설은 자연히 그칠 것이다."[27] (괄호는 필자)

심대윤이 진단한 당시 사회의 첫 번째 문제점은 후대의 유학자들이 성인의 경전에 담긴 유학의 도道를 왜곡하여 세상의 패란을 야기했다는 것이고, 두 번째 문제점은 바로 그 사회적 혼란의 틈을 타고 서학西學이 들어와 백성들을 미혹한다는 것이다. 이에 심대윤은 자신의 주해를 통해 성인의 도道가 세상에 다시 드러나 그릇된 설을 그치게 하고자 하였다고 말하고 있다.

심대윤은 이처럼 기존의 유학과 서학에 대한 비판 의식을 바탕으로 《주역상의점법周易象義占法》(1842)을 시작으로 이듬해 《중용훈의中庸訓義》와 《대학고정大學考正》(1843)을 저술하고, 46세에는 《논어주설論語注說》(1851)을 탈고하였다. 그 즈음부터 약방藥房 경영을 시작한 심대윤은 50세가 되던 해에는 충무공 이순신을 기리고 널리 알리고자 《이충무전李忠武傳》(1855)을 지었으며, 54세 때에는 《시경집전변정詩經集傳辨正》(1859)과 《서경채전변정書經蔡傳辨正》(1859)을 완성하였고, 전국적 대규모의 농민 봉기였던 임오민란이 일어났던 57세 때에는 《복리전서福利全書》(1862)를 저술하였다. 특히 《복리전서》는 만년의 심대윤이 백성들을 위해 자신의 경학의 요점을 최대한 알기 쉽게 전달하고자 작성했던 글로서, 그것에는 한문으로 작성된 원본 외에 한자표기가 전혀 없고 원문이 병기되어 있지도 않은 순 한글 언해본 《복리전서》가 같이 존재한다.[28] 이후 심대윤은 67세가 되던 1872년 2월 《예기정해禮記正解》, 《의례정론儀禮正論》, 《주례산정周禮刪正》, 《효경산정孝經刪正》 네 저작을 탈고하고, 그 해 7월에 사망하였다. 이처럼 심대윤은 생업에 종사하는 가운데서도 특별한 사승관계 없이 틈틈이 글을 읽고 스스로 깨달은 바에 따라 거침없이 저술 활동을 해나갔다.

간혹 제자를 받아들이기도 하였는데, 유영건柳榮建이라는 제자와 나눈 대화가 상당 분량 남아 있으나 아쉽게도 유영건에 대한 인물 정보가 없다. 기록이 남은 제자들로는 동래 정씨 집안의 정기하鄭基夏(?~1843), 정기우鄭基雨(1832~1890), 정인표鄭寅杓(1854~1935)가 있다. 그 중 정기하는 심대윤 사후에 심대윤으로부터 전해들은 말을 담은 〈문여록問餘綠〉을 남겼고,[29] 정기우의 아들 정만조는 후에 경학원 및 경성제국대학 교수가 되어 동료교수였던 다카하시 도오루에게 심대윤에 관한 정보를 제공하기도 한다. 정인표는 17세인 1871년부터 이듬해 7월 심대윤이 사망할 때까지 1년여 기간 동안 심대윤에게 사사하였고, 심대윤 사후 심대윤의 수제자 정기하에게 글을 배웠다.[30] 정인표의 죽음은 동아일보(1935.12.27.)를 통해 보도되었는데, 이 기사에서 정인표는 '심대윤 학파의 유일한 고제高第'로 소개되고 있다. 정인표는 정인보鄭寅普에게 1년여 간 《주역周易》을 가르친 적이 있다. 정인보는 후에 심대윤의 저작을 검토하고 《복리전서》와 《한중수필》에 〈지識〉을 적고 전자는 자신이 재직하던 보성전문학교(고려대학교 전신)로, 후자는 연희전문학교(연세대학교 전신)에 각각 보관되도록 주선한 것으로 보인다.

2. 삼극三極의 도道

심대윤은 만사萬事·만물萬物·만리萬理는 모두 '삼극의 도[三極之道]'를 갖추어 이루어지지 않는 것이 없다고 주장하고 있다. 따라서 심대윤 철학을 이해하기 위해서는 그가 말하는 '삼극의 도'가 무엇인지 반드시 파악해야 할 것이다. 여기서는 예비적 고찰로서, 심대윤이 말하는 삼극의 도가 기존의 유가 전통에서 쓰였던 삼극의 도의 의미와 어떻게 다른지 대략적으로 검토하기로 한다.

'삼극의 도'라는 용어 자체는 《주역周易》〈계사繫辭〉에서 비롯된 것으로서, 기존의 유학자들 또한 사용하였다. 유가 전통에서 '삼극의 도'라는 용어는 '삼재三才', 즉 하늘[天]과 땅[地]과 사람[人]의 도道를 뜻하는 의미로 사용되어 왔다. 아래의 《주역》〈계사〉 구절을 보자.

① 한 번 음陰하고 한 번 양陽하는 것을 도道라 이른다.[31]
② 형이상자를 도道라 하고, 형이하자를 기器라 한다.[32]

③ 육효六爻의 동동動은 삼극의 도[三極之道]이다.³³

④ 《역易》이라는 책은 광대하고 모두 갖추었다. 천도天道가 있고 인도人道가 있고 지도地道가 있으니, 삼재三才를 겸하여 두 번 하였으므로 육六이다. 육은 다름이 아니라 삼재의 도道이다. 도에 변동變動이 있으므로 효爻라 말한다.³⁴

인용문①과 ②로부터, 《주역》에서 말하는 '도道'란 한 번 음陰하고 한 번 양陽하는, 이른바 역易 혹은 변화變化의 작용을 행하는 형이상의 원리임을 알 수 있다. 인용문③은 "육효六爻의 동동動은 삼극三極의 도道이다."라고 말하는데, 이와 더불어 인용문④는 《주역》의 64개 대성괘大成卦 각각을 이루는 육효의 의미에 대해 설명하고 있다. 경문에 따르면, 《역》이라는 책은 광대하여 천도天道와 인도人道와 지도地道의 삼재三才를 포괄한다. 하나의 대성괘는 삼재를 각각 두 번씩 하여 총 여섯[六]으로 이루어진다. 이는 곧 삼재의 도道를 나타내는 것으로서, 도에는 변동變動이 있기 때문에 효爻라고 말한다는 것이다.

따라서 이상의 구절들을 근거로 삼극의 도를 삼재의 도라 말하는 것은 논리상 큰 무리가 없어 보인다. 실제로 인용문③에 대해 위魏의 왕필王弼은 "삼극은 삼재이다.[三極, 三才也.]"라 하여 삼재를 곧 삼극이라 보았고, 당唐의 공영달孔穎達은 "여섯 효가 번갈아 서로 미루어 움직임에 변화가 생겨나니, 곧 하늘과 땅과 사람의 지극한 도이다.[六爻遞相推動而生變化, 是天地人三才至極之道.]"라 하여 '삼극의 도'란 곧 '삼재의 지극한 도'를 의미한다고 보았다.³⁵ 또 인용문③에 대해 송宋의 주희는 다음과 같이 말하고 있다.

육효六爻는, 초初와 이二는 지地가 되고 삼三과 사四는 인人이 되고 오五와 상上은 천天이 된다. 동動은 즉 변화變化이다. 극極은 지극함[至]이다. 삼극三極이란 천天·지地·인人의 지극한 이치[至理]이니, 삼재三才가 각기 하나의 태극太極이다.[36]

주희는 왕필·공영달과 마찬가지로 삼극을 삼재와 연관 지으면서도, 특히 삼극의 '극極'자의 의미를 부각시키고 있다. 주희에 따르면 육효의 '동動'은 곧 '변화變化'를 의미하며 삼극의 '극'은 더할 바 없는 '지극함[至]'을 의미하는 것으로서, '삼극'이란 천·지·인의 '지극한 이치'를 의미하며, 따라서 '삼재'는 각기 하나의 '태극太極'이다. 이러한 해석에 따라, 인용문③의 "육효의 동은 삼극의 도이다."라는 구절은 '육효의 변화함은 각기 하나의 태극인 천·지·인의 지극한 이치의 도이다.'라는 의미로 풀이된다. 이로써 '삼극'은 천·지·인 각각이 갖는 표준[至理, 太極]이라는 의미를, '삼극의 도'는 그러한 삼극에 따라 생겨나는 변화의 도라는 의미를 갖게 됨으로써 곧 역易을 통칭하는 것과도 같게 된다.

이에 대하여, 심대윤은 '삼극의 도'란 모든 곳에 있으며, 만사萬事와 만물萬物과 만리萬理가 모두 이 '삼극의 도'를 갖추어 이루어진다고 주장한다.[37] 심대윤이 말하는 삼극이란 태극太極 → 양의兩儀 → 사상四象 삼자 간의 삼층 관계로부터 유래되었으며, 삼극의 도란 세 가지 구성요소[三極]들 간의 주인[主]-몸체[體]-작용[用]의 세 층위[三層]로 이루어진 관계를 뜻하는 것으로서, 하나의 세계관이라고도 할 수 있다. 이 삼극의 도의 세계관 속에서 천天·지地·인人 삼재는 대체大體가 되고, 천지天地·인물人物·귀신鬼神은 대용大用이 된다. 심대윤의 저작 곳곳에서 '삼극의 도'와 관련된 용례를 살펴보면 다음과 같다.

① 태극太極, 양의兩儀, 사상四象은 각각 극極이 있어 삼극三極이라 말하니, 삼재三才의 도道이다.[38]

② 태극太極으로부터 사상四象에 이르기까지 삼층三層이기 때문에 삼재三才인 것이다.[39]

③ 삼극의 도[三極之道]는 존재하지 않는 곳이 없다. 하늘은 음양의 기氣의 극極이고, 땅은 음양의 형태[形]의 극極이며, 사람은 음양의 용用의 극極이다. 천天·지地·인人이 바로 이 삼재三才가 되니, 이것이 삼극三極의 대체大體이다. 기氣는 주主가 되고, 형태[形]은 체體가 되며, 용用은 용用이 된다. 하늘이 주主이며, 땅이 체體이며, 사람이 용用이다. 천지天地는 음양의 기氣의 극極이며, 인물人物은 음양의 형태[形]의 극極이며, 귀신鬼神은 음양의 용用의 극極이니, 이것이 삼극三極의 대용大用이다.[40]

④ 기氣는 태극太極이고, 인人은 양의兩儀이며, 귀신鬼神은 사상四象이니, 삼극의 도[三極之道]이다.[41]

⑤ 삼극의 도[三極之道]가 갖춰져 사람이 이루어지고, …… 삼극의 도[三極之道]가 갖춰져 귀신이 이루어진다.[42]

먼저 인용문 ①은 《주역周易》〈계사繫辭 상上〉 2장의 "육효六爻의 동動은 삼극의 도이다."에 대한 심대윤의 주석 중 일부이다. 여기서 심대윤은 삼극三極을 태극太極, 양의兩儀, 사상四象을 지칭하는 것으로 해석하면서, 삼자는 각각 극極이 있기 때문에 '삼극'이라 부르는 것이며, 이것이 곧 삼재三才의 도道라고 말한다. 인용문 ②에서는 태극에서 양의를 거쳐 사상에 이르기까지가 세 단계이기 때문에 삼재인 것이라 말한다. 이를 통해 우선 심대윤이 말하는 삼극의 도란 기본적으로 '세 가지 구성요소가 세 가지 층위를 거쳐 이루어지는' 구조를 갖는다는 것을 알 수 있다.

인용문 ③에서 심대윤은 삼극의 도는 존재하지 않는 곳이 없으며, 기氣는 주主가 되고 형形은 체體가 되며 용用은 용用이 된다고 말한다. 또 천·지·인이 바로 삼재가 되니 곧 삼극의 대체大體가 되고, 천지天地·인물人物·귀신鬼神은 대용大用이 된다고 말한다. 이상의 설명을 통해 삼극의 '극極'의 의미가 포착된다. 삼극이란 기본적으로 태극太極(기氣), 양의兩儀(형태[形]), 사상四象(용용) 각각이 가진 극極을 의미한다. 천은 태극의 극이고 지는 양의의 극이며 인은 사상의 극이다. 이것이 삼재이며 삼극의 대체大體가 된다. 또 천지는 태극의 극極이 되고 인물은 양의의 극이 되며 귀신은 사상의 극이 되기 때문에 삼극의 대용大用이 된다. 이 내용을 도표화하면 아래와 같다.

(기氣·형태[形]·용用) 삼극三極의 도道			
삼극三極의 대체大體 (삼재三才)		삼극三極의 대용大用	
구분	의미	사람과 만물	사람만 논할 경우
천天	기氣(태극太極) = 주主(주인)	천지天地=기氣=주主	천지天地=기氣=주主
지地	형태[形](양의兩儀) = 체體(형태, 몸)	인물人物=형태[形]=체體	인人=형태[形]=체體
인人	용用(사상四象) = 용用(작용, 사용)	귀신鬼神=용用=용用	귀신鬼神=용用=용用

이러한 용례에서 극極이란 각 층위의 핵심 구성요소를 의미하며, 삼극三極이란 어떤 것을 구성하는 세 가지 핵심 구성요소를 말하는 것임을 알 수 있다. 이는 인용문 ④와 ⑤의 설명에서도 그대로 확인된다. 이번에는 다른 용례들을 살펴보자.

⑥ 하늘의 시時, 땅의 위位, 사람의 재才를 명命이라 하니, 삼극의 도[三極之道]이다.[43]

⑦ 명命이란 하늘이 정해준 운명[命]으로서, 만난 시대[時], 처한 지위[位], 타고난 재능[材], 이 세 가지 것[三者]이다. 재능은 그래도 충서와 격치의 도가 있어 발전시킬 수 있지만 그 시대와 지위는 어쩔 수 없다.[44]

인용문 ⑥에서 심대윤은 하늘의 시時, 땅의 위位, 사람의 재才를 명命이라 하며, 그 또한 삼극의 도라고 말하고 있다. 그 의미는 인용문 ⑦에서 보다 자세히 파악할 수 있는데, 심대윤은 '명命'이란 하늘이 정해준 운명으로서, 만난 시대와 처한 지위와 타고난 재능이라는 세 가지 것을 의미하며, 이 또한 삼극의 도라 말한다. 곧 하늘이 정해준 운명에도 천시天時, 지위地位, 인재人才라는 세 가지 구성요소가 세 층위의 단계를 거쳐 이루어지는 삼극의 도가 적용된다는 것이다.

여기서 또 하나 반드시 언급하고 싶은 것은, 인용문에서 ⑦에서 심대윤이 시대와 지위는 어쩔 수 없는 것이지만 셋 중 마지막 층위에 해당하는 인간의 재능은 "충서와 격치의 도가 있어 발전시킬 수 있다."고 말하는 점이다. 이는 심대윤이 인간은 스스로의 주체적 노력을 통해 하늘이 정해준 운명을 변화시킬 수 있는 존재라고 생각한다는 점을 보여주는 것으로서, 심대윤의 '삼극의 도'가 숙명론적인 운명론을 결연히 배격하는 성격의 것임을 분명히 알 수 있게 해준다. 심대윤의 충서론에 대해서는 4장에서, 격물치지론에 대해서는 5장에서 자세히 다루기로 한다. 계속해서 또 다른 용례를 살펴보자.

⑧ 천하의 리理는, 반드시 반대로 한 이후에 이루어진다는 것이다. 삼극의 도[三極之道]는, 하나[一]로부터 다르게 나누어지고서[分殊] 반대로 하나에 이른다[致一].[뒤의 하나는 처음의 하나와 같지 않기 때문에 '치일致一'이라 한다.][45]

⑨ 천하의 사물[物]은 반대로 한 이후에 이루어지는 것이 아님이 없으니, 삼극의 도[三極之道]이다.[46]

인용문 ⑧에서 심대윤은 천하의 리理란 모든 일은 반드시 먼저 그것과 반대로 된 다음에야 비로소 이루어지게 된다는 것이라고 말하고, 이 천하의 리理에도 삼극의 도를 적용한다. 심대윤에 따르면, 그것은 하나로부터 시작하여 다르게 나누어지고 다시 반대로 하나에 이르는 삼극의 도이다. 이 주장은 인용문 ⑨에서도 확인되고 있다. 이러한 용례들은 삼극의 도가 얼마나 넓게 적용되는지를 보여주는 사례이다.

세상의 모든 사태와 사물은 세 가지 구성요소가 세 가지 단계를 거쳐 이루어진다는 것, 심대윤이 말하는 이 삼극의 도의 모태는 태극太極 → 양의兩儀 → 사상四象 삼자 간의 삼층 관계이다. 아래의 용례는 삼극의 도가 인간의 심성론에도 적용됨을 보여준다.

⑩ 천명지성天命之性과 심성心性과 습성習性은, 삼극의 도[三極之道]이다.[47]

인용문 ⑩에서 심대윤은 인간의 성性에 삼극의 도를 적용하고 있다. 인간의 성性에는 천명지성天命之性과 심성心性과 습성習性이 있어 삼극의 도를 갖추고 있다는 것이다. 심성론에 대해서는 3장에서 자세히 다루도록 한다.

이상 간략히 살펴본 삼극의 도는 심대윤 철학의 전반에 적용되고 있다. 보다 자세한 내용은 각각의 내용을 다룰 때 다시 확인하기로 한다.

제Ⅱ장
리기론 理氣論

심대윤은 중국 송대宋代의 주희朱熹로부터 후대 유학자들에게 계승된 '리理'에 대한 그릇된 인식이 유학의 도를 왜곡하고 있다고 비판하고 이를 바로잡고자 하였다. 리理 개념은 주희 철학 전반의 토대가 되는 것이기에, 이에 대한 비판의 요지를 확인하는 것은 심대윤 철학의 기본 성격을 알 수 있는 것이기도 하다. 이 장에서는 주희의 리理 개념에 대한 심대윤의 비판을 먼저 살펴보고, 심대윤 리기론理氣論의 특징을 고찰한다.

1. 주희의 리理 개념에 대한 비판

중국 송대 신유학자 주돈이周敦頤는 《태극도설太極圖說》에서 '태극[무극이태극無極而太極] → 음양陰陽 → 오행五行 → 만물[만물화생萬物化生]'의 순서로 우주의 생성 과정을 말하였는데, 주희는 이것을 태극과 그 이후로 구분하며 태극이란 "형태가 없지만 실재하는 리[無形而有理]"라고 주장한다. 곧 주희가 생각한 우주는 현상적 시공간을 초월한 형이상자인 '리理(태극)'가 '기氣(음양·오행)'라는 형이하자를 매개로 하여 생성한, '리理를 내재한 기氣(만물)'라는 존재자들로 이루어진 현상 세계라 할 수 있다. 여기서 주희가 말하는 태극 본체의 현상 초월적 실체인 리理, 즉 통체태극統體太極에는 만물의 리理가 모두 갖춰져 있고, 그 리理[統體太極]는 만물에 그대로 내재된다. 이것이 만물의 리理, 즉 각구태극各具太極이자 본성[性]이다. 그렇게 현상 세계 내 모든 사물에 내재된 초월적 리理[各具太極]는 만물이 공유하는 것이면서 만물의 리理가 모두 갖추어져 있는 것으로 설정된다.

주희의 이러한 리理 개념은 주희의 철학 전반의 근간을 이룬다. 예컨대 주희는 학문을 배우는 자들에게 독서나 토론 등을 통해 부지런히 외부 사물의 뭇 리理를 궁구할 것을 주문하면서도, 어렸을 적부터 쇄소응대灑掃應對하며 하늘이 자기에게 부여하고 명령한 순선한 천명의 본성을 언제나 경건하게 함양하는 일이 반드시 병행되어야 함을 강조한다. 주희는 양자를 병행하다보면 어느 순간 만물의 리와 자신의 동일한 일리一理를 활연히 관통하는 비약적 경지에 이름으로써, 외부의 만사만물을 응대함에 있어 자신에게 내재된 초월적 일리를 언제 어디서나 합당하고 자연스레 드러낼 수 있게 된다고 주장한다. 이런 맥락에서 주희에게 성인이란 일리를 완벽히 체인한 자로서, 성인이 삶을 살아가며 행하는 모든 일들이란 곧 초월적 일리가 성인에 의해 현상적 일상에서 다양하게 적용되어 드러난 것이기 때문에, 성인에 의해 행해지는 즉시 뭇 사람들의 일상 속의 평범하면서도 항구적인[平常] 표준이 된다.

그러나 심대윤에 따르면, 주희가 실재[有]한다고 주장하는 현상 초월적 실체로서의 리理는 애초에 존재할 수 없는 개념이다. 왜냐하면 리理는 독립적 실체로서 존재하는 것이 아니라 반드시 현상적 사물에 깃드는[體物] 방식으로, 즉 기氣가 먼저 있어야만 기氣에 의탁하여 존재할 수 있는 것이기 때문이다. 다음을 보자.

> 《논어주설論語注說》, 〈팔일八佾 11장〉, "누군가 체禘 제사의 내용에 대해 물었다. 공자가 손바닥을 가리키며 '알지 못한다. 그 내용을 아는 자는 천하에 대해 여기에 올려놓고 보는 것과 같을 것이다.'라고 하면서 자신의 손가락을 가리켰다.[或問禘之說. 子曰, '不知也. 知其說者之於天下也, 其如示諸斯乎.' 指其掌.]"

○주자가 말했다. "노나라에 휘해야 할 일이었기 때문에 모른다고 대답하신 것이다. 체禘 제사의 내용을 알면 리理를 밝히지 않음이 없고 성誠에 이르지 않음이 없어 천하를 다스리는 것이 어렵지 않다."

○어떻게 체 제사의 내용을 한 번 알았다고 해서 리理를 밝히지 않음이 없고 성誠에 이르지 않음이 없겠는가? 체 제사가 도대체 무엇이기에 모든 이치가 여기에 다 갖추어져 있고 지극한 정성이 여기에 있다는 것인가? 그렇다면 배우는 사람이 체 제사에 대하여 배우기만 하면 저절로 성인이 될 수도 있을 텐데, 어찌하여 널리 배우고 많이 들으려 하겠는가? 세유世儒는 성誠을 말할 때도 모든 이치가 다 갖추어져 있다고 하고, 경敬을 말할 때도 모든 이치가 다 갖추어져 있다고 하며, 사람의 성性에는 한 덩어리[一塊]로 된 혼연한 천리天理가 있는데 그것은 원만하고 밝고 텅 비어 고요하며 모든 이치와 온갖 선을 다 갖추고서 널리 대응하여 만사에 합당한 것이라고 한다. 그러나 이 세상에 어찌 모든 이치를 다 갖추고 있는 하나의 것[物]이 있겠는가? 모든 이치를 관통하는 하나의 물物이 있다는 말은 들었어도, 온갖 이치를 갖추고 있는 하나의 물이 있다는 말은 들어보지 못했다. 사람의 마음은 해와 달처럼 밝아서 능히 〈안 보이던 대상을 보이게〉 비출 수 있고, 거울이나 맑은 물과 같이 텅 비어있어서 능히 〈대상을 본 모습 그대로〉 밝혀낼 수 있는 것이지, 결코 사람의 마음속에 모든 이치와 세상 모든 것이 다 갖추어져 있는 것이 아니다. 리理라는 것, 성誠이라는 것, 경敬이라는 것은 본래 의거할 형태와 자취가 없어 독립적으로 존재하지 못하고 만물에 깃들어 존재한다. 이 세 가지는 어디에든 존재하지만, 모든 이치가 이 세 가지 속에 갖추어져 있는 것은 아니다.[48]

위에서 심대윤은 주희의 리理 개념을 다음과 같이 요약하고 있다. 주희가 말하는 리理는 독립적으로 '한 덩어리'처럼 존재하고, 그것은 원만하고 밝고 텅 비어 고요하며, 그 안에 모든 이치[理]와 모든 선함[善]을 갖춘 것이다. 사람의 내면에는 이 리理가 본래적으로 있다. 따라서 사람은 이 리理를 밝히기만 하면 널리 대응하여 만사에 합당할 수 있다. 심대윤의 이런 이해는 《대학大學》에 나오는 '명명덕明明德'에 대한 주희의 주석에서 비롯된 것으로 보인다. 해당 주석에서 주희는 명덕明德이란 "사람이 하늘에서 얻은 바로서, 허령하고 어둡지 않고 뭇 리理를 갖추고 만사에 응하는 것"으로서, "다만 기품에 구애되거나 인욕에 가려져 어두울 때가 있지만 그 때에도 본체의 밝음은 쉰 적이 없고, 배우는 자들은 그것이 드러나는 것에 근거하여 마침내 그것을 밝혀 처음의 상태로 회복해야 한다."고 주장한다.[49]

이에 대한 심대윤의 반박은 다음과 같이 요약된다. 리理는 의지할 형태[形]가 없어 독립적으로 존재하지 못하고, 반드시 만물에 깃들어 존재한다. 리理는 모든 곳에 존재한다. 그러나 그것은 그 속에 다시 모든 것의 리理가 들어 있는 어떤 하나의 덩어리 같은 것이 아니다. 심대윤에 따르면, 만물의 리理는 사람의 마음속이 아닌 만물 각각에 깃들어 있고, 사람의 마음은 만물 각각의 리理를 모두 관통할 수 있는 하나의 것이다. 사람의 마음은 해처럼 밝아서 만물을 비추고 거울처럼 텅 비어 있어 만물을 그대로 밝혀내기 때문이다. 이처럼 심대윤은 실질적으로는 리일理一 혹은 일리一理로서의 태극을 부정하고 개별 사물의 리理(분수리分殊理)만 인정하는 것이며, 이는 일리一理(각구태극各具太極)이 내재한 본성(성즉리性卽理)의 존재를 부정하는 것으로 이어진다.

리理의 존재 양태에 대한 주희와 심대윤의 입장 차이는, 위에서 심대윤이 "리理라는 것, 성誠이라는 것, 경敬이라는 것은 본래 의거할 형태와 자취가 없어 독립적으로 존재하지 못하고 만물에 깃들어 존재한다."라고 말하며 리理와 동일한 존재 양태를 가진 것으로 지목한 '성誠' 개념에 대해서도 동일하게 드러난다. 아래《논어》구절에 대한 두 학자의 주석을 검토하면서, 성誠에 대한 입장차를 살펴보자.

공자가 말하였다. "삼아! 나의 도道는 하나로 관통한다." 증자가 말했다. "예." 스승이 나가시자 문인들이 "무엇을 말씀하시는 것입니까?"라고 물었다. 증자가 말하였다. "스승님의 도는 충서일 뿐이다."
子曰. "參乎! 吾道一以貫之." 曾子曰. "唯." 子出, 門人問曰, "何謂也?" 曾子曰. "夫子之道, 忠恕而已矣."《논어論語》〈리인里仁〉 15장)

① 주희의 집주: 자기 마음을 다하는 것을 충忠이라 이르고, 자기 마음을 미루는 것을 서恕라고 이른다. …… 공부자孔夫子의 하나의 리[一理]가 혼연하여 널리 응하고 곡진히 마땅한 것은, 비유하면 천지가 지극히 성실하여 쉼이 없어서 만물이 각기 제자리를 얻음과 같은 것이다. 이 밖에는 진실로 다른 방법이 없고 또한 미룸을 기다릴 것도 없다. 증자는 이에 대해 볼 것이 있었지만 말하기가 어려웠기 때문에 배우는 이들이 자기 마음을 다하고 자기 마음을 미루는 조목을 빌어 드러내어 밝히셨으니, 사람들이 쉽게 깨닫게 하려고 하신 것이다. 지극히 성실하여 쉼이 없음[至誠無息]은 도의 체體이니 만 가지로 달라짐[萬殊]은 하나를 근본[一本]으로 하는 것이요, 만물이 각기

제자리를 얻음은 도의 용用이니 '하나의 근본이 만 가지로 달라짐[一本萬殊]'이 되는 것이다. 이것으로써 관찰한다면 '하나로 관통함[一以貫之]'의 실제를 볼 수 있을 것이다.⁵⁰

② 심대윤의 주설注說 : ○주자가 말했다. " '지성무식至誠無息'이란 도의 체體이니, 만 가지 다름의 하나의 본체[一本]이다. 이로써 보면, '일이관지一以貫之'의 실제를 볼 수 있을 것이다."

○'지성무식至誠無息'은 형태의 자취가 없는 것인데 어떻게 도의 체體가 되겠는가? 성誠은 이미 형적이 없는데, 어찌 달리 나뉘어 만 가지가 되겠는가? 성誠이란 것은, 사물[物]에 깃들어 존재하는 것인데, 어떻게 꿰뚫겠는가? 선천先天은 하나로부터 만 가지를 생성하기 때문에 나뉨이 달라진다. 후천後天은 만 가지를 하나에 통합하기 때문에 합함이 있되 나뉨은 없다. 배우고 가르침은 후천의 일이다. 그러므로 '하나를 잡아 만 가지에 대응함'은 있고, '하나의 근본에서 만 가지로 달라짐'은 없다. '일이관지一以貫之'란 곧 '하나로써 만 가지를 합한다'는 것이다. 세유가 늘 말하는 '하나의 근본이 만 가지로 달라짐[一本萬殊]'이라는 것은 거짓된 것이다. 나는 인仁이 뭇 선善을 통합한다는 말은 들었지만 인仁이 쪼개져 뭇 선이 된다는 말은 듣지 못했다.⁵¹

②에서 심대윤이 인용한 주희의 문장은 《논어》의 같은 구절에 대한 주희의 주석인 ①에서 일부 발췌한 것이다. ①에서 주희는 충忠은 자기 마음을 다하는 것이고 서恕는 자기 마음을 미루는 것이라 정의하고, "공부자의 하나의 리가 혼연하여 널리 응하고 곡진히 마땅한 것은, 비유하면

천지의 지극한 성실함[誠]이 쉼이 없어서 만물이 각기 제자리를 얻음과 같은 것이다."라고 주장한다. 곧 주희에게 충忠은 인간이 자신의 내면에 존재하는 혼연한 리理를 드러내는 것이고, 서恕는 충忠을 통해 확보한 리理로써 만사만물에 자연스레 응대하는 것이다. 이러한 공자의 충서는 곧 천지의 지극한 성誠이 쉼이 없어서 만물이 각기 제자리를 얻게 되는 것과 마찬가지로 '일본一本이 만수萬殊가 됨'을 보여주는 것으로서, 이것이 바로 공자가 자신의 도가 '일이관지一以貫之하다'고 말한 참뜻이라는 것이다. 이러한 주희의 주장은 '천지의 성誠에는 만물의 이치가 모두 갖춰져 있다'는 것이 전제되어 있다.

 이러한 주희의 주장에 대해 심대윤은 다음과 같이 반박한다. 주희는 천지의 '지성무식至誠無息'을 해석하면서 성실함[誠]을 도道의 체體로서 만 가지 다름[萬殊]에 대한 하나의 근본[一本]이라고 규정하고, 그것이 바로 공자가 말한 '일이관지一以貫之'의 실제를 보여주는 것이라 주장하고 있다. 곧 주희에게 '일이관지'란 '일본만수一本萬殊', 즉 '하나의 근본에서 만 가지로 달라짐'이라는 것이다. 이에 대하여 심대윤은 먼저 '지성무식'이라 함은 형태[形]와 자취[迹]가 없는 것이기 때문에, 도의 체가 될 수 없다고 주장한다. 도의 체가 되려면 반드시 형태와 자취가 있어야 하는데, 성실함[誠]은 그렇지 않다는 것이다. 이는 앞서 살펴본 리理의 존재 방식에 대한 심대윤의 생각과 일치한다. 곧 성실함[誠]은 형태와 자취가 없는 것으로서, '사물에 깃들어[體物]' 존재하는 것이기 때문에, 그것이 만 가지로 나뉜다거나 다른 사물을 꿰뚫을 수 없다는 것이다. 여기서 심대윤은 리에 대한 사물[物]의 존재를 우선시하고, 사물에 깃들어 존재할 수밖에 없는 리의 존재론적 성격에 대해 말하고 있다. 이러한 심대윤의 생각은 위에서 언급된 '뭇 선善'과 같이 '뭇 리理'는 있지만, 주희가 말하는 하나의 근본에서 만 가지로 달라지는 '일리一理'는 없다는 것을 의미한다.

심대윤은 '일이관지一以貫之'란 주희가 주장하는 것처럼 '일본만수一本萬殊', 즉 '하나의 근본에서 만 가지로 달라짐'을 말하는 것이 아니라 '이일합만以一合萬', 즉 '하나로써 만 가지를 합한다'는 의미라고 주장한다. 왜냐하면 공자가 자신의 도道를 '일이관지하다'고 말했을 때의 그 도道는 배우고[學] 가르치는[敎] 것으로서 후천後天의 일인데, 선천先天은 하나로부터 만 가지를 생성하기 때문에 나뉨이 있는 반면 후천後天은 "만 가지를 하나로 합하기" 때문에 합함이 있지 나뉨은 없다는 것이다. 이런 맥락에서 심대윤은 인仁이란 '뭇 선善을 합하는' 것이지 거꾸로 인仁이 쪼개져서 세상의 뭇 선善이 되는 것이 아님을 강조한다.

지금까지 살펴본 리理와 이일관지에 대한 심대윤과 주희 두 학자의 입장은 양립 불가능하다. 그렇다면 같은 유학의 도를 두고 이처럼 판이한 두 해석이 나온 까닭은 무엇일까? 이 문제에 대해 심대윤은 다음과 같이 말하고 있다.

> 공자가 말하였다. "배우기만 하고 생각하지 않으면 얻는 것이 없고 생각하기만 하고 배우지 않으면 위태롭다."
> 子曰. "學而不思則罔, 思而不學則殆."《논어論語》〈위정爲政〉 15장)

심대윤의 주설注說 : ○'학學'이란 남에게 배우는 것이다. '망罔'이란 없다는 것이다. '태殆'란 위험하다는 뜻으로, 미혹되어 잘못 빠져들까 염려스러운 것이다. 앎이 미치지 못한 상태에서 만약 생각하길 보류해두지 않는다면 형태 없는 것의 형태[無形之形]를 보게 된다. 무릇 뜰에 토끼가 있다고 의심하고 정신을 집중해서 응시하면 삼년 후 토끼를 보게 된다. 이는 뜰에 정말로 토끼가 있는 것이 아니라 그 미혹됨으로 인해 있지도 않은 토끼가 마치 있는 것처럼 보이게 되는 것이다. 옆 사람이 없다고 알려주면 더욱 더 주시하게 되는데, 그럴수록 더욱 더 있는 것처럼 보인다. 자기 확신은 더욱 강해져 미혹이 종신토록 풀리지 않는다. 세유는 재능이 뛰어나지 않은 것이 아니라, 다만 그러한 이유로 인해 없는 것을 보고 있다고 여긴 것[見無爲有]이다. 그리하여 그 뛰어난 재능을 가지고도 보통 사람들이 의심하고 비웃으며 불신하는 대상이 됨을 면치 못했으니, 배우는 사람이 경계하지 않을 수 있겠는가? [배운 것을 때때로 다시 익히면 마당의 토끼와 같은 문제는 없다.]⁵²

먼저 심대윤은 위《논어》구절의 '학學' 자는 '남에게 배우는 것'을 의미한다고 주석하여, 경문의 전체적 내용을 남에게 배우기만 하고 혼자 생각하지 않을 경우 생기는 문제와 혼자 생각하기만 하고 남에게 배우지 않을 경우 생기는 문제 각각을 지적한 것으로 풀이한다. 전자의 문제는 내가 얻는 앎이 없다는 것이다. 그러나 공자는 그 문제에 대해 '위험하다'라고 말하지는 않았다. 반면 후자의 문제는 나로 하여금 미혹에 **빠져** 잘못된 앎에 **빠져**들게 한다는 점에서 '위험하다'고 말했다는 것이다.

심대윤에 따르면, 주희는 공자가 염려한 후자의 문제에 빠진 경우라 할 수 있다. 심대윤은 주희가 앎이 다 미치지 못한 상태에서 생각을 일단 보류해두지 않고 계속해서 자신의 생각을 밀고 나갔기 때문에, 결국 '형태 없는 것의 형태[無形之形]'라는 존재 불가능한 모순적 개념이 실재한다고 믿는, 곧 '없는 것을 보고 있다고 여기는[見無爲有]' 미혹에 빠졌다는 것이다. 심대윤은 이 미혹의 과정을 하나의 비유를 통해 설명하고 있다. 어떤 사람이 토끼가 없는 뜰에 토끼가 있을 것이라 의심한다. 처음에는 토끼가 보이지 않지만 정신을 집중하여 뜰을 응시하길 3년 동안 계속하면 결국 토끼를 보게 된다. 옆 사람이 토끼가 없다고 하면 더욱 집중하여 보게 되는데, 그럴수록 토끼는 더욱 또렷이 있게 된다. 이에 토끼가 있다는 믿음은 강화되고, 결국 종신토록 그 미혹에서 벗어나지 못하게 된다. 심대윤은 이것이 바로 주희가 뛰어난 재능을 가졌음에도 불구하고 보통 사람들의 의심과 비웃음을 받으며 불신의 대상이 되어버린 이유이며, 배우는 자들이 경계해야 할 것이라 주장한다.

2. 기氣, 형태[形], 리理

심대윤에 따르면, 우주는 '태극太極'이라 불리는 태초의 순일한 무형의 기氣가 처음 생겨나 굴신 운동함으로써 시작된 것이다. 이 하나의 기[一氣]는 오직 '기의 리[氣之理]'라는 하나의 리[一理] 만을 갖는다. 태극의 기氣는 굴신하며 양의兩儀로 나뉘어 합쳐지고, 양의는 서로 짝[配]하여 사상四象이 된다. 사상이란 처음으로 모양[象]을 볼 수 있는 최초의 원형적 형태[形]가 생성된 것으로서 사행四行과도 같다. 사행을 재료[材]로 삼아 만 가지로 서로 다른 구체적 사물의 형태[形]가 생성됨에 따라 '형태의 리[形之理]'라는 것이 생겨난다. 그런데 심대윤은 이 두 가지 리理 중에서 '기의 리[氣之理]'라는 것에 대해, "그것은 리理라고 부르지 않고 기氣라고 부른다."라고 하는, 일견 모순적으로 보이는 주장을 한다. 심대윤의 이런 주장을 이해하려면 먼저 심대윤이 말하는 '기氣'와 '형태[形]'과 '리理'의 본질이 무엇인지에 대한 이해가 필요하다. 이제 이 문제를 해결하기 위한 논의를 중심으로 원문을 통해 심대윤의 리기론理氣論을 확인해보자.

1) 기氣와 형태[形] :
기에 의한 형태와 천지·인물·귀신의 생성

심대윤은 '태극太極'이라 불리는 우주의 근원적 일자一者의 존재론적 성격을 '기氣'로 규정한다. 심대윤이 기氣인 태극으로부터 비롯된 천지의 시작과 생성 과정을 구체적으로 논한 대표적 구절은《주역상의점법周易象義占法》(37세)과《복리전서福利全書》(57세) 두 곳에 나온다. 전자는 심대윤의 첫 경학 저술로서 이후 그의 경학 전반의 토대가 되는 성격의 글이며, 후자는 만년의 심대윤이 자신의 경학의 요점을 대중에게 전달하고자 작성한 글이다. 이 두 저작에서 심대윤은 태극이라는 최초의 순일한 무형의 기氣가 양의라는 천지의 기가 되어 사상이라는 원형적 형태[形]를 가진 오행의 기氣를 생성하고 나아가 만물이라는 구체적 형태[形]를 가진 기氣를 생성해나가는 과정을 순차적으로 설명하고 있다.

> ① 역易에 태극太極이 있으니, 태극은 기氣의 첫 운동[氣之始動]이다. 기氣의 성질[性]에는 운동함은 있고 고요함은 없으니, 고요하다면 곧 기氣가 없는 것이다.[53]

> ② 기氣가 처음 생겨난 것[氣之始生]을 태극이라고 한다. 태극은 양陽의 성질이다. 기氣의 본성[性]은 움직임[動]이다. 【기氣는 한시도 움직이지 않을 때가 없으니, 움직이지 않으면 기氣가 소멸된다. 사람 몸의 기氣가 움직이지 않으면 죽는 것이다.】[54]

인용문 ①은 《주역상의점법》, ②는 《복리전서》의 내용이다. 두 저작에서 심대윤은 태극을 "기의 첫 운동[氣之始動]" 또는 "기가 처음 생겨난 것[氣之始生]"이라 정의하고, 기氣는 운동을 본성으로 삼는다고 주장한다. 곧 우주가 스스로 운동을 시작한 최초의 일기一氣로부터 비롯되었다고 주장한 것이다. 그러나 이 최초의 일기의 운동을 일으키고 그 운동의 원리를 부여하는 그것 이전에 그것의 바깥에서 이미 존재하는 부동의 원동자, 예컨대 주희가 태극太極이라 생각하는 초월적 일리一理와 같은 개념은 제출하지 않았다. 《주역상의점법》에서 심대윤은 태극이 양의兩儀를 생기게 하는 과정을 다음과 같이 설명한다.

> 태극이 양의兩儀를 생기게 하니, 양의는 음陰과 양陽이다. 태극이 움직임[動]에 굽히고 펴지고 가고 옴이 있다. 펴지고 오면 드러나고 통하여 트여지고 뚜렷이 나타나며, 굽히고 가면 수렴하여 닫히고 감춰진다. 펴짐을 움직임이라 하고 굽힘을 고요함이라 하며, 움직임을 양陽이라 하고 고요함을 음陰이라 한다. 이것이 일기一氣가 굽히고 펴면서 스스로 동정과 음양을 가짐이니, 이름하여 태극이라 부른다. 태극은 천지天地의 근원적인 기[元氣]이다.[55]

태극의 기氣가 운동함에 굽혀짐과 펴짐이 있게 되는데, 굽혀짐은 음陰과 정靜의 성질이고, 펴짐은 양陽과 동動의 성질이다. 이처럼 태극의 기氣는 굴신운동을 함으로써 스스로 동정과 음양의 성질을 모두 갖춘 것으로서, '천지의 근원적인 기[天地之元氣]'이다. 그러나 태극의 기氣는 아직 만물의 조화造化를 행할 수 없는, 즉 '아직 이루어지지 않은 기[氣之未成者]'

이다. 《복리전서》의 다음 설명을 보자.

> 태극이 움직여서 굽혔다 폈다 하면 음기가 거기서 생겨난다. 현묘한 이 치로, 두 가지가 서로 합하여 사물을 이루고, 두 가지가 서로 짝하여 사물을 낳는다. 따라서 양기가 굴신하여 서로 짝하여 음기가 생겨나니 음은 양에서 생겨나는 것이요, 음양이 서로 합하여 기를 이루는 것이니 [홑 양과 홑 음은 아직 이루어지지 않은 기氣이다. 음양이 합하여 기를 이룬 연후에야 조화를 행할 수 있다.] 이를 하늘의 기[天之氣]라고 말한다.[56]

심대윤에 따르면, 기는 음과 양이 합하여 이루어진 이후에야 비로소 만물의 조화를 행할 수 있다. 태극의 기는 굴신운동을 통하여 스스로 음과 양을 갖추었지만 태극의 기 자체는 홑 양기이다. 홑 양기의 음과 양이 서로 짝하여 새로운 홑 음기를 생겨나게 하고 다시 양자가 서로 합할 때, 바로 그때부터 기氣는 만물을 생성하는 조화를 행하는 존재가 된다. 이 기氣를 '하늘의 기[天之氣]'라고 부른다. 《주역상의점법》에서 심대윤은 이 과정을 보다 자세히 설명한다.

> 태극의 기가 굽혀서 빨아들이면 그 텅 비게 되는 공간[虛空]으로 인해 기氣가 생겨나고, 펴서 내쉬면 기氣가 그것을 맞아서 사라지게 된다. 여기서 생기면 저기서 사라지고 여기서 사라지면 저기서 생기니, 태극의 굴신에 따라서 생겨나고 사라지는 것이다. 태극의 기[太極之氣]는 주인[主]이 되고, 생겨나고 사라지는 기[生滅之氣]는 손님[客]이 된다. 주인은 양陽이라 하고, 손님은 음陰이라 한다. 이것이 두 기[二氣]가 각각 굴신이 있어서

동정과 음양을 가짐이니, 이름하여 양의라고 부른다. 태극은 기의 선천先天이요, 양의는 기의 후천後天이다.[57]

허虛는 기氣를 생겨나게 하고, 기氣는 형태[形]을 생겨나게 하니, 스스로 그러한 이치[自然之理]이다.[58]

양기인 태극의 기氣가 굽혀서 빨아들이면 허공이 생기고 그로 인해 음기가 생겨난다. 반대로 양기가 펴서 내쉬면 음기가 그것을 맞고 사라진다. 이 음기를 심대윤은 '생겨나고 사라지는 기[生滅之氣]'라 부르면서, 그 또한 태극의 기와 마찬가지로 굴신이 있어 동정과 음양을 가지며, 이 둘을 함께 양의兩儀라 부른다고 설명한다. 이 양의는 앞서 언급한 하늘의 기[天之氣]와도 같은 것으로서, 기氣가 형태[形]를 가진 만물의 조화를 행하기 시작함을 의미한다.

둘째 인용문에서 심대윤은 허虛는 기氣를 낳고 기氣는 형태[形]을 낳는데 이것이 '저절로 그러한 이치[自然之理]'라고 말한다. 태초의 기의 굴신운동은 그것을 일으키는 자신 밖의 무엇을 필요로 하지는 않지만, 그 스스로의 운동하는 본성[性]으로 인해 일어나는 일들은 아무렇게나 일어나는 것이 아니라 일정한 법칙성을 보인다. 위에서 묘사되었듯이, 태극의 기가 굴신함에 이쪽과 저쪽이 생기고 이쪽에서 빨아들이면 저쪽은 허虛가 되고 그 허虛로 인해 새로운 기氣가 생성된다. 그런데 왜 그러한 일정한 법칙성이 관찰되는지 그 까닭[所以然之故]을 묻는다면, 그것은 기가 스스로 그렇게 되는 이치[自然之理]를 갖고 있다고 밖에 설명할 길이 없다는 것이 심대윤의 기본 입장이다.[59] 곧 주희가 리선기후理先其後의 입장이라면 심대윤은 기선리후氣先理後의 입장이라 할 수 있다.

그런데 순수한 기 자체에는 형태가 없으므로, 만물의 개별적이고 구체적인 형태[形]가 생성되기 위해서는 그 재료가 되는 원형적 형태가 필요하다. 이 원형적 형태로서의 재료가 바로 사상四象, 곧 사행四行(오행五行)이라는 기氣이다. 《주역상의점법》에서 심대윤은 양의가 사상을 생겨나게 하는 과정을 설명하고, 그것의 존재 양태 개념을 '선후천先後天'이라는 용어로 정의한다.

> 양의兩儀가 사상四象을 생겨나게 하니, 사상이란 곧 양의가 각각 음과 양이 있어서 태양, 태음, 소음, 소양이 되는 것이다. 사상이란 기가 처음 형태[形]를 얽어 만듦에 모양[象]이 생겨나 볼 수 있게 된 것이다. 그래서 모양이라고 하는 것이니, 수水·화火·금金·목木 사행四行이 그것이다. 사상은 기氣의 이름이고, 사행은 형태[形]의 이름이다. 기와 형태가 교합交合하여 하나가 되니 분간할 수 없다. 상象은 형태[形]의 상인데도 기氣를 이름 지음에 상象으로써 한 것은, 기가 형태를 통솔[統]한다는 것을 밝힌 것이다. 행行은 기氣의 행행인데도 형태[形]을 이름 지음에 행行으로써 한 것은, 형이 기와 짝하였다는[配] 것을 밝힌 것이다. 사상과 사행은 기와 형태의 다른 이름이지만 그 실제는 하나이고 둘일 수 없다. 사행에 토土가 있는 것은 사상에 태극이 있는 것과 같다. 상象과 행행이 서로 합쳐짐에, '선후천先後天'이라는 이름이 여기서 생겨나게 된다. 선후천이라는 것은 기가 형에 섞인[交] 것이니, 선천은 기요 후천은 형이다.[60]

심대윤은 양의가 사상, 곧 사행四行이라는 원형적 형태[形]를 생성하는 과정을 다음과 같이 설명한다. 양의에는 양기와 음기가 있고 또 양기와 음기 각각에는 음양이 있다. 양의가 서로 짝할 때 각각의 음양과 음양이 서로 짝하면서 사상이라 불리는 태양·태음·소음·소양 네 종류의 기氣가 생겨난다. 이 대목이 주목되는데, 기氣에는 본래 형태[形]가 없기 때문에 모양[象]도 없다. 그러나 사상이라는 네 가지 기氣는 '기氣가 처음으로 형태를 얽어 만듦으로써 모양이 생겨나 볼 수 있게 된 것'으로서, 이것이 곧 원형적 형태를 가진 기氣인 목水·화火·금金·목木 사행이다.

심대윤은 "사상과 사행은 기氣와 형태[形]의 다른 이름이지만, 그 실제는 하나"이며, "사행에게 토土가 있는 것은 사상에게 태극이 있는 것과 같은 것"이라 주장한다. 결국 볼 수 있는 상象은 형태의 상象인데도 기氣를 '사상'이라 명명한 것은 '기가 형태를 통솔함'을 밝힌 것이고, 만물의 조화를 행行함은 기氣의 행行함인데도 형태[形]를 '사행'이라 명명한 것은 '형태가 기와 짝지었음[配]'을 밝힌 것이다.

심대윤은 이로부터 '선후천先後天'이라는 개념이 생겨났으며, 그것은 '기가 형태에 교합한[交] 것'으로서 '선천은 기이고 후천은 형태'라 주장한다. 이러한 오행五行의 성격에 대해 심대윤은 "오행은 하늘의 기이자 땅의 형태이다. 천지의 작용[用]은 오행뿐이니, 사람이 어찌할 바가 아니다."[61]라고 말하고 있다. 예컨대, 땅의 수水라는 형태[形]은 하늘의 수水라는 기氣와 하나로 짝지어진 존재이다. 이러한 오행五行이란, 곧 심대윤이 《복리전서》에서 말하는 '하늘의 기[天之氣]' 또는 '천지의 기[天地之氣]'[62]가 만물을 생성하고 변화시키는 조화를 행하는 데 쓰이는 다섯 가지 재료와 같은 것이다.

《복리전서》에서 '하늘의 기[天之氣]'는 곧 '천지의 기[天地之氣]'로서, 이는

《주역상의점법》에서 양의兩儀의 기에 해당한다. 태극이 양의가 된다는 것은 천지의 근원이 되는 하나의 양기[太極之氣]가 음기[生滅之氣]를 생성하고 각각 천기와 지기로서 서로의 음양을 합하여 천지의 기가 됨을 의미한다. 다만 《복리전서》에서는 사상과 사행의 선후천 개념에 대해서는 설명하지 않고 곧바로 형태의 생성을 일반화하여 설명한다. 이때 오행의 생성 과정에 대한 설명을 건너뜀으로써 하늘에는 이미 오행의 기가 있고 땅에도 이미 오행의 형태가 있는 것으로 전제한다. 그런데 만물은 그 생성 과정에서 음양의 짝지음이 들쑥날쑥 일정치 않아 제각각 다르게 생성된다. 《복리전서》의 다음 설명을 보자.

기氣가 누적되어 형태[形]을 낳고, 형태[形]이 움직여 다시 기氣를 낳는다. 기氣의 성질은 비슷한 류類끼리 서로 감응하는 것이다. 사람[人]과 만물[物]이 처음 생겨남이란, 천기天氣의 음양과 지기地氣의 음양이 서로 짝지은[相配] 것이 누적됨에, 종자 없이도 저절로 만물이 태어나는 것이니, 바로 기氣가 쌓여 형태[形]을 낳는 이치이다. 비유하자면 수水와 토土의 기가 서로 짝지음이 두텁게 누적되면 물고기·자라가 저절로 생겨나는 것과 같다. 기의 음양이 들쑥날쑥하여 똑같지 않기 때문에 생겨나는 물物도 똑같지 않은 것이다. 사람과 만물이 태어난 뒤에, 식물은 천지의 기氣를 따라서 번성했다 시들고, 동물은 그 형태를 사용하여 기가 생겨나니, 바로 형태[形]이 움직여서 다시 기氣를 낳은 이치이다. 비유하자면 바람이 물건을 움직이는데 물건이 움직이면 다시 바람을 일으키는 것과 같다. 형태를 사용하여 나온 기는 각기 그 비슷한 류類로써 천지의 기氣를 자극하여 부른다[感召]. 천지의 기氣가 형태를 사용해 나온 기와 함께 서로 짝하면 거기에서 화복이 생겨나며 자손이 생겨난다. 이것이 바로 기의 성질이 비슷한 류끼리 감응하는 이치이다. 《역易》에서 "같은 소리는 서로 응하고 같은 기운은 서로 구하니, 물은 습한 데로 흐르고 불은 건조한 데로 번진다."라고 한 것이 이를 두고 한 말이다. 【천지의 기를 자극하고 불러내어 종자가 태어난 뒤에는 천지의 기가 다시 축적되는 일이 없다. 그러므로 다시 만물이 저절로 생겨나지 않는 것이다.】[63]

사람[人]과 만물[物]이 처음에 생겨나는 것은 "천기天氣의 음양과 지기地氣의 음양이 서로 짝지음이 누적되어 종자 없이도 저절로 만물이 태어나는 것이니 곧 기가 쌓여 형태를 낳는 이치"로서, "기의 음양이 들쑥날쑥하여 똑같지 않기 때문에 생겨나는 물物도 똑같지 않은 것"이라고 말한다. 곧 최초의 사람과 만물은 모두 천기의 음양과 지기의 음양이 서로 짝지어 생겨났으며, 그 과정에서 음양의 짝지음이 일정하지 않아 수많은 형태를 갖게 되었다는 것이다. 이는 양의가 사상을 생성하듯이 천지의 기氣가 사람[人]과 사물[物]을 생성한다는 것을 의미한다.

양 가운데 또 음양이 있고, 음 가운데도 또 음양이 있다. 음양과 음양이 서로 짝하여 형태[形]가 생기니, 형태[形]은 기에서 생겨난다. 형태[形]과 기氣가 서로 합하여 형태[形]을 이루는 것이니 【형태[形]은 기氣가 없으면 생겨날 수 없고 기氣는 형태[形]이 없으면 존재하지 못한다.】 이것을 땅의 형태[形]이라 말한다. 기氣는 지각이 있을 수 없으나 형태[形]에 의지하여 지각이 생기며, 기氣는 변화할 수 없으나 형태[形]에 의지하여 변화한다. 그러므로 기氣와 형태[形]이 서로 짝하면 정精이 생기고, 기氣와 정精

이 서로 짝하면 신神이 생겨나니, 신神이 생기고서야 지각이 있고 변화가 있는 것이다. 이에 천지, 일월성신, 산천강해의 신神과 토석초목의 령靈이 생기는데, 이것들은 혈육의 형기形氣와 섞이지 않은 것들이어서, 령靈이 밝고 변화무쌍하며 오래도록 유지되어 없어지지 않기 때문에 조화의 주인이 되고 화복禍福의 정사를 행하는 것이다.[64]

우선 위에서 심대윤이 "기氣는 형태[形]이 없으면 생겨날 수 없고 기氣는 형태[形]이 없으면 존재하지 못하"며, "기氣는 지각이 있을 수 없으나 형태[形]에 의지하여 지각이 생기며, 기氣는 변화할 수 없으나 형태[形]에 의지하여 변화한"다고 말하는 점에 주목해보자. 이러한 설명은 심대윤 세계관의 무게중심이 리理가 아닌 기氣와 형태[形]에 있다는 것을 알 수 있게 해준다. 주희가 기본적으로 리理와 기氣를 주로 하여 세계를 설명했다면, 심대윤은 그 역할을 기氣와 형태[形]으로 바꾼 것이다.

또 심대윤은 '정精'과 '신神' 개념에 대해서도 말하고 있다. 기氣는 본래 형태가 없고 따라서 볼 수도 없는 무형의 존재이나 '정精'이라는 중간적 존재를 매개로 '신神'을 생성함으로써, 형태[形]에 의탁하여 지각知覺과 변화하는 존재가 된다. 심대윤에 따르면, 기氣에 의해 생성된 만물의 형태[形]에 다시 기氣가 짝하면 정精이 생겨나고, 또 그렇게 생성된 정精에 다시 기氣가 짝하면 신神이 생겨난다. 그렇게 신神이 생겨난 후에야 비로소 기氣는 지각을 할 수 있고 변화를 행할 수 있게 된다. 심대윤에게 만물[物]이란 기氣라는 주인[主]이 형태[形]이라는 몸[體]을 사용하여 작용[用]을 일으키는 것이다.[65]

위에서 심대윤은 '기氣와 형태[形]이 서로 짝하면 정精이 생기고, 기氣

와 정精이 서로 짝하면 천지, 일월성신, 산천강해의 신神이 된다'고 말한다. 이때 형태[形]이 어떠한 것인지에 따라 그 정신精神 또한 어떠한지가 결정되는데, 이때 형태[形]의 범주를 구분 짓는 가장 큰 기준은 형태에 혈육血肉이 섞여 있는지 여부이다. 혈육이 섞이지 않은 형태의 정신은 령靈이 밝고 변화가 무상無上하며 오래도록 사라지지 않아 조화의 주인[主]이 되고 화복의 정사를 행한다. 이는 천지의 기가 형태를 빌어 지각하고 변화를 행함에 있어서, 형태를 이루고 있는 기氣가 혈육의 잡됨(혈기血氣 혹은 기질氣質)이 없어 천지의 기의 능력을 그대로 발휘하게 된 것이다. 이에 반해, 형태에 혈육이 섞이는 인간과 동물의 경우는 그 정신의 지각과 변화에도 잡됨이 섞이게 된다.

심대윤에 따르면, 혈육이 있는 형태는 그 형태를 움직이거나 사물을 사용할 때마다 모종의 정기精氣를 발생시킨다. 인간은 평생에 걸쳐 자신의 마음[心]과 힘[力]을 쓰고 선과 악을 행하는데, 이 모든 행위가 각각의 정기精氣를 발생시킨다.[66] 심대윤은 이것을 "바람이 물건을 일으키는데, 물건이 움직이면 다시 바람을 일으키는 것과 같다."[67]고 비유한다. 그렇게 발생한 정기는 동류의 천지의 기氣를 불러들여 다시 그것과 짝한다. 이렇게 한 인간이 발생하고 불러들이는 정기는 크게 다음과 같은 세 가지 결과를 야기한다고 심대윤은 말한다.[68][69][70]

첫째, 자손의 유무와 현賢·불초不肖에 영향을 준다. 모든 인간은 '부친'과 '모친'이라는 각각 음양이 합한 형태들의 정精과 '천지 진원의 기'라는 총 세 가지 것의 결합으로 생겨난다. 여기서 천지 진원의 기는 곧 하늘의 기 혹은 천지의 기라고 불리는 것이다. 부모로 인해 태어난 한 인간에는 육체적 측면과 정신적 측면이 공존한다. 자식의 육체의 강약과 수명은 음陰

의 형태인 모친의 정精이 어떠한지에 달려 있다. 이와 달리, 자식의 유무와 현·불초는 양陽의 형태인 부친의 정精이 어떠한지에 달려 있고, 부친 또한 자신의 부친의 정精의 영향을 받아 태어났으나(선천적 측면), 그 정精은 또한 부친이 살면서 어떠한 행위를 해서 어떤 정기를 발생하였는지에 계속해서 달라진다(후천적 측면). 이처럼 한 인간의 정신과 육체에는 태생적으로 부모의 정精이 섞여 들어감으로 인해, 지각과 변화에 있어서도 순수하지 못한 측면이 섞이게 된다.

둘째, 만약 한 사람이 세상에 태어나 살아있는 동안 부지런히 마음과 힘을 써서 그 공덕이 높고 사업이 두터이 쌓인 자라면 그 사람의 정기 또한 두텁고 견고하게 엉겨있게 되며, 그로 인해 그 사람이 죽어서 형태[形]이 사라진다 해도 그의 백魄(정精)은 곧바로 소멸되지 않고 그 속에 혼魂(신神)을 계속 가두어 무형의 혼백으로서, 즉 귀신鬼神으로서 존속하게 된다.

셋째, 인간의 기가 형태를 써서 발생한 정기는 그 선악 여부에 따라 화와 복을 불러온다. 예컨대, 인간이 선한 행위를 하여 선한 정기를 발생하였다면 그 선한 기는 하늘의 동류의 기를 자극하여 복을 불러온다. 심대윤은 이러한 이치를 진·한秦漢 이후로 수천 년간 오직 동중서董仲舒만이 대략 알았다고 언급한다. 다음을 보자.

> 동중서가 강도江都의 재상이 되어 가물면 비를 구하고 장마가 지면 개기를 기도하였다. 모든 음기를 막고 양기를 풀어놓으면 날이 개고, 양기를 막고 음기를 풀어놓으면 비가 와서 바라는 대로 얻지 못한 적이 없었다. 그래서 그가 "하늘과 사람이 서로 관여하는 지점[天人相與之際]은 매

우 두려워할 만하다."라 한 것이다. 사람의 화복은 자신이 그것을 자극하여 불러서 이르게 되는 것이다. 성인의 경전들이란 오직 화복禍福은 스스로 하늘에게서 오게 한 것이고, 이해利害는 스스로 사람에게서 취한 것일 뿐이라는 것을 밝힌 것일 뿐이니, 진·한 이후로 수천 년간 오직 동중서만이 그 이치를 대략 알았다.[71]

곧 사람과 하늘 간에는 서로 관여하는 지점이 존재한다는 것, 이러한 인간이라는 존재에 대해 심대윤은 "천지는 만물을 생성하지만 쓸 수는 없으며, 능히 사람을 생성하지만 가르치고 안정시킬 수 없다. 천지가 생성하는 것을 도와주고 능히 쓰고 가르치고 안정시키는 것은 사람이다. 그러므로 '사람은 천지의 마음[心]'이라고 하는 것"[72]이라고 말하고 있다. 천지의 마음은 사람의 마음을 통해 집행된다는 것, 곧 사람이 천지의 집행자라는 것이다.

2) 리理 : 기의 리[氣之理]와 형태의 리[形之理]

이 절에서는 심대윤의 리理 개념에 대해 고찰한다. 심대윤에 따르면, 태극의 기는 형태가 없는 무형의 기이며, 양의의 기에 의해 형태가 생성되기 이전의 우주에는 오직 무형의 순수한 기만이 존재한다. 이 기에는 '기의 리'라고 불리는 것이 존재한다. 그러나 심대윤은 그것은 리라고 말하지 않고 기라고 부른다고 말한다. 그렇다면 이처럼 '기의 리는 리이지만 리라고 부르지 않고 기라고 부른다'라는, 일견 모순적으로 들리는 심대윤의 주장의 진의는 무엇일까?

　　기氣는 수數가 있고, 형태[形]은 리理가 있다. 수數는 시時가 있고, 리는 도道가 있다. 시時는 명命이 있고, 도道는 교敎가 있다. 선천先天은 기와 수를 주로 하고, 후천後天은 형태와 리를 주로 한다. 기는 양의 양이고, 수는 양의 음이다. 형태는 음의 양이고, 리는 음의 음이다. 무릇 기가 있음에 리가 있으니, 기가 없으면 리가 어디에 붙을 것인가? 그러므로 형태 이전에 존재하는 리는 은미[微]하게 기에 붙으니, '기'라고 말하지 '리'라고 말하지 않는 것이다. 이것이 '낳고 낳는 이치[生生之理]'이다. 낳고 낳는 이치는 하나[一]일 뿐이다. 형태 이후에 존재하는 리는 기와 짝하여 드러나니, '기'라고 말하지 않고 '리'라고 말하는 것이다. 이것이 '쓸 수 있는 리'이다. 쓸 수 있는 리는 만 가지로 다르다. 【리理는 그렇게 되는 까닭이다. 가는 곳마다 존재하지 않음이 없다. 기의 리는, 비유하자면 하늘이 다섯 가지 재료[五材]가 있어서 이에 궁실과 배와 수레 및 갖가지 기물들이 만들어질 수 있는 것과 같다. 형태[形]의 리는, 비유하자면 궁실과 배와 수레 및 갖가지 기물들이 있어 이에 거처하고 자원을 쓸 수 있는 것과 같다. 노자老子는 "그 무無에 당하여 그 쓰임[用]이 있다.[當其無有其用]"라고 말했다. 그는 기가 있기 때문에 형태가 생기고[生], 형태가 있기 때문에 재료[材]가 이루어지고[成], 재료가 있기 때문에 기물器物이 갖춰지고[具], 기물이 있기 때문에 사람[人]이 쓴다[用]는 것을 몰랐던 것이다. 무無에 당하여 그 쓰임을 미리 아는[預知] 것은, 사람의 신지神知가 기틀[機]을 보아 먼저 알 수 있기 때문이다. 기에 인하여 형태의 기틀을 알고, 형태에 인하여 재료의 기틀을 알고, 재료에 인하여 기물의 쓰임의 기틀을 아는 것이지, 그 쓰임이 이미 기와 형태보다 먼저 갖춰져 있는 것이 아니다.} [난외주 : 비유하자면 수數에서 1 이후에 반드시 2가 있고, 2 이후에 반드시 3이 있는 것이지, 2와 3이 1보다 먼저 갖춰져 있지 않는 것과도 같다. 또 마치 아들이 반드시 나로부터 태어나고, 손자가 반드시 아들로부터 태어나는 것이지, 아들과 손자가 나보다 먼저 갖춰져 있지 않는 것과도 같다.]⁷³

심대윤에 따르면, 기氣는 수數가 있고, 형태[形]는 리理가 있다. 또 수는 시時가 있고, 리는 도道가 있다. 다시 시時는 명命이 있고 도는 교敎가 있다. 이렇게 선천의 기氣 → 수數 → 시時 → 명命과 후천의 형태[形] → 리理 → 도道 → 교敎는 서로 구분되며, 선천은 기와 수를 주로 하고, 후천은 형태와 리를 주로 한다. 위에서 심대윤은 분명하게 리를 형태보다 '뒤에' 위치시키고 있다. 이는 형태가 이른바 리라는 것을 생겨나게 한다는 말과도 같으며, 형태 이전에는 사실상 리가 없다는 말과도 같다.

선천의 기氣에는 오직 '낳고 낳는[生生]' 리가 있을 뿐이다. 그것은 단지 '낳고 낳는' 것만이 있는, '도덕적 역할이 약화된 리'이다. 심대윤이 말하는 선천의 세계에는 리가 아닌 수가 후천의 리의 역할을 한다. 이처럼 심대윤은 사실상 선천, 즉 형태[形] 이전에서의 리의 존재를 부정하고 있다고 볼 수 있다.

이러한 심대윤의 주장은 기가 리를 생성한다[氣生理]고 보는, 리에 대하여 기를 우선시하는 기본 입장을 반영한다. 형태[形]의 리라는 것은 기에 의해 형태가 생성되기 이전에는 없었으나 형태가 생성된 이후에 생겨난 것이다. 리는 먼저 기가 있고 형태가 있고난 이후에 생겨나는 것이지, 무無에서 생겨나는 것이 아니라는 것이다. 만약 형태의 리가 무無에서 생겨나는[無生理] 것이라 한다면, 이는 기氣와 형태가 생겨나기도 전인 무에 이미 갖가지 형태의 리가 전부 존재한다는 논리로 귀결되기 때문이다. 심대윤은 바로 이런 생각이 도가의 '노자老子적인' 논리라며 비판한다. 인용문에서 직접 언급되지는 않았지만, 이 비판은 사실 주희의 이론이 노자의 무생리無生理 논리와 동일함을 지적하는 것이라고도 볼 수 있다.

태극의 기가 있음에 기의 리가 있고, 그로 인해 생겨난 형태가 있음에 각 형태의 리도 있다는 것이 심대윤의 생각이다. 심대윤에 따르면, 리란 '그렇게 되는 까닭'으로서 '가는 곳마다 존재하지 않음이 없는' 것이다. 그리고 리는 반드시 먼저 기가 있어야만 존재할 수 있는데, 왜냐하면 기가 없으면 리는 붙어[附]있을 것이 없기 때문이다. 심대윤은 형태가 생겨나기 이전에는 오직 무형의 기만이 우주에 가득하고 그로 인해 리 또한 오직 '기의 리[氣之理]' 하나만 존재하며, 이 리는 기에 은미하게[微] 붙어 있기 때문에 '리라고 부르지 않고 기라고 부른다'고 말한다. 이것이 기의 '낳고 낳는 이치[生生之理]'이다. 다시 말해, 기는 그것에 붙어있는 리를 갖고 있지만 그 리는 역할이 미미하여 드러나지 않는다는 것이다. 그것은 그 리가 '기의 리', 다시 말해 형태를 생성하기 이전의 '순수한 무형의 기' 본연의 생성과 변화의 능력으로서의 리이기 때문이다. 이런 맥락에서 심대윤은 '기의 리'를 기에 부속된 것으로서 기와 함께 형태를 생성하는 재료[材]에 비유하는 것이다.

위에서 심대윤은 기물器物의 예시를 들어 '기의 리'와 '형태의 리'의 차이를 설명한다. 각 문장은 다음과 같이 해석될 수 있을 것이다. 먼저 '기가 있기 때문에 형태가 생기고'라는 말은 무형의 기가 처음 형태를 얽어 만든 것과 같다. '형태가 있기 때문에 재료가 이루어지고'라는 말은 오행의 생성과도 같다. '재료가 있기 때문에 기물이 갖춰지고'라는 말은 천지의 기가 오행으로써 만물을 생성한다는 것과 같다. '기물이 있기 때문에 사람이 쓴다'는 말은 만물을 사람이 쓴다는 것을 말한다. 심대윤은 이러한 설명의 마지막 두 과정에 빗대어 '기의 리'는 하늘이 다섯 가지 재료가 있어 기물을 만들 수 있는 것과 같고, '형태의 리'는 기물이 있어 사람이 그것을 쓸 수 있는 것과 같다고 말한다.

 이 비유를 통해 심대윤이 말하는 '기의 리'는 곧 음양의 낳고 낳는 이치를 말함을 알 수 있다. 태극 양기가 음기를 낳아 서로 합쳐 음양기로서 양의가 되는 것, 양의에서 양기의 음양과 음기의 음양이 짝하여 선후천인 사상을 생성하는 것, 음양의 형태를 가진 암컷과 수컷이 짝하여 새끼를 낳는 것, 양陽인 기氣가 음陰인 정精과 짝하여 신神을 생성하는 것 등등의 모든 생생의 과정에서 하나로 일관되게 작용하는 것이 곧 음양의 낳고 낳는 이치[生生之理]인 것이다. 따라서 이 이치는 존재하는 모든 기가 '그렇게 되는 까닭'으로서 '가는 곳마다 존재하지 않음이 없는' 것이므로, 분명 '리'가 맞다. 하지만 그것은 형태를 생성하기 이전의 기 본연의 일정한 속성으로서의 리이기 때문에 드러나지 않는 것이다.

 최초 일기一氣의 굴신운동으로부터 시작된 생성과 변화가 반복되고 누적되면 음양과 오행의 기의 각종 조합으로 이루어진 만 가지로 다른[萬而殊] 형태들이 생겨난다. 개별 형태에는 '형태의 리'가 있게 되는데, 이 리는 그 형태를 구성하는 기와 짝하여 그 리가 드러나기[著] 때문에 기라고 말하지 않고 리라고 말한다. 따라서 형태의 리란 곧 개별 형태가 갖는 일정한 이치로서의 리라는 것을 알 수 있다. 이것이 형태의 '쓸 수 있는 리[克用之理]'이다. 이에 대해 심대윤은 각각의 형태에는 고유의 정해진 성질[質]이 있고 항구적인 리가 있으며, 사물[物]은 형태가 있고 난 이후에 각기 그 리를 갖게 된다고 말한다. 이는 아래의 내용에서 확인하자.

모든 사물[物]에 존재하며 모든 형태[形]를 투과하는 것이 기氣이다. 그 강함은 어지러움이 없고, 그 굳셈은 쉼이 없어, 만물의 스승이 될 수 있으나, 은미하여 볼 수가 없고, 지각이 없어 변화할 수 없다. 기를 싸서[籠] 사물[物]이 되고, 【형태가 기를 쌈에 기는 천지지기天地之氣와 별도의 분체分體를 가지니, 마치 그릇에 따른 물이 강하의 물과 별도의 분체를 갖는 것과 같다.】, 정精을 얽어서 변화를 일으키는 것은 형태이다. 그 질質은 정해진 것이 있고, 그 리는 항상성[常]이 있다. 【무릇 물物은 형태가 있고난 이후에 각기 그 리를 갖는다. 소[牛]는 소의 리가 있고, 말[馬]은 말의 리가 있다.】 능히 만물의 체가 될 수 있지만, 고요하여 움직일 수 없고 막혀서 밝힐 수가 없다. 기와 형태가 짝한 연후에 지각이 있고 변화가 있다. 명계明界에서는 사람이 되고, 유계幽界에서는 귀신이 되어, 이해利害와 화복禍福의 작용[用]을 주관한다."[74]

심대윤의 주장을 정리하자면, 형태란 무형의 기를 기의 체體인 천지의 기와 분리시키고 그 분리시킨 기와 짝하여 만물의 체가 되는 것으로서, '그 바탕[質]에는 정해짐[定]이 있고 그 리에는 항상성[常]이 있는' 것이다. 여기서 형태이 '만물의 체가 될 수 있다'는 것의 의미는 '아직 구체화되지 않은 원형적 형태가 만물의 구체적이고 개별적인 사물마다의 형태가 된다는 것'을 의미한다. 또 형태의 바탕이란 형태를 이룬 기[形氣]의 본성[性]을 말하는 것이고, 그 리에 항상성이 있다는 것은 그 본성에 따라 일어나는 일에는 일정한 이치가 있다는 것이다. 따라서 소의 리를 아는 자는 소를 쓸 수 있다. 이것이 형태의 쓸 수 있는 리이다.

심대윤의 리기론理氣論은 일기一氣가 만 가지 형태로 나뉘고 만 가지 형태는 각각의 리를 갖는다는 것, 따라서 만약 천지간의 개별 형태들 각각의 리를 파악하여 모두 종합한다면, 그리고 오직 그러할 때 천지의 뭇 리를 총체적으로 파악할 수 있다는 것을 의미하며, 이는 곧 만물이 모두 각각의 리를 따를 때 비로소 일기一氣의 성性, 즉 천지의 성이 온전히 실현된다는 논리로 귀결된다.

제Ⅲ장
심성론 心性論

심대윤의 심성론을 이해하기 위해서는 앞서 다룬 그의 리기론과 삼극의 도[三極之道]에 대한 이해가 필수적이다.[75] 심대윤에 따르면, 성性에는 기氣 → 성性(천명지성天命之性) → 심성心性의 세 층위로 이루어진 성性의 삼극三極이 있고, 심心에는 심성心性 → 심心 → 감정[情]의 세 층위로 이루어진 심心의 삼극三極이 있다. 크게 보아, 심대윤의 심성론은 이 성性의 삼극과 심心의 삼극이 중첩되는 심성心性 개념을 연결고리 삼아 기氣 → 성性(천명지성天命之性) → 심성心性 → 심心 → 감정[情]의 다섯 층위를 이루는 구도를 갖고 있다.

심대윤은 우주의 시작이자 궁극적 일자인 '태극太極'의 존재론적 본질을 '기氣'라고 규정한다. 천지 만물의 궁극적 근원은 태초의 순일한 무형의 기인 태극의 기[太極之氣]이다. 만물은 서로 다른 개별 형태[形]과 무관하게 하나의 궁극적 근원으로부터 동일한 '기氣 본연의 성性'을 얻게 된다. 심대윤은 이것이 천명지성天命之性으로서 '이로움을 좋아하고 해로움을 싫어하는 것[好利惡害]'인 욕구[欲]라고 주장한다.

심대윤에 따르면, 천명지성인 욕구는 심성心性의 주인이자 심심과 감정[情]의 주인이다. 천지의 기가 만물을 생성할 때, 천지의 기는 수水·화火·목木·금金·토土라는 원형적 형태를 가진 오행五行의 기를 재료로 삼아 구체적 개별 형태를 가진 만물을 생성한다. 이 과정에서 오행의 기의 음양의 짝함이 들쑥날쑥함으로 인해 만물은 형태 또한 각기 다르게 된다. 이에 만물의 심心의 형태[形]이 같지 않게 되는 것이며, 형태가 다름으로 인해 심心의 성性 또한 같지 않게 되는 것이다.

그럼에도 불구하고 만물의 본질이 기氣라는 것은 변함이 없다. 개별 사물이란 하나의 무형의 기가 만 가지로 다른 형태를 이루는 기[形氣]와 짝한 것이다. 무형의 기는 모든 사물의 주인이 되어 형기를 통수한다. 이런 맥락에서, 심대윤은 무형의 기의 본성 즉 천명지성인 욕구가 인간의 형기의 본성인 심성心性의 주인이 되고 심心과 감정[情]의 주인이 되어 사람의 모든 행위가 그로 인해 일어난다고 말하는 것이다.

이상의 설명을 바탕으로, 이 장에서는 천명지성天命之性, 심성心性 그리고 또 하나의 본성 개념인 습성習性에 대한 원문을 중심으로 심대윤 심성론의 특징을 고찰한다.

1. 천명지성 天命之性

1) 천명지성인 욕구

67세 때인 1872년 2월, 심대윤은 《예기정해禮記正解》를 탈고한다. 죽음을 5개월 앞둔 시점이었다. 여기서 심대윤은 전해오는 《예기》에 수록된 매 구절 각각의 진위 여부를 스스로 판정하고 주해한다.[76] 물론 그 판정의 기준은 심대윤이 생각하는 참된 공자의 가르침, 곧 유학자로서 심대윤 자신의 철학이라 할 수 있다.

특히 〈악기樂記〉 10장과 같은 경우, 심대윤은 그것을 성인이 남긴 經이라 판정함은 물론이거니와 "경전에서 천명지성天命之性을 말한 것 중 유독 이것이 상세하다."[77]라고 평가하며 적극적인 동의의 의사를 표시하는데, 이러한 평가는 곧 〈악기樂記〉 10장의 내용이 심대윤의 천명지성 개념과 가장 잘 합치된다는 것을 의미한다. 지금부터 해당 주석의 내용을 단락을 나눠 분석해보자.

① 사람이 태어남에 전일하고 바꿀 수 없는 것은 하늘의 본성인 천명 지성이다.
② 외부사물로부터 자극을 받으면 본성의 주인인 욕구로부터 감정이 생겨난다.
③ 마음의 밝은 지각이 사물을 접하면 지각활동이 있게 되어 감정이 생겨난다. 이에 욕구의 좋아함과 싫어함이 드러난다.
④ 좋아함과 싫어함이 안에서 절제가 없으면 지각이 밖으로 끌려간다.
⑤ 성을 회복할 수 없어 천리가 멸하게 된다. 무릇 외물이 끊임없이 사람을 자극하여 사람의 좋아함과 싫어함에 절제가 없다면, 이것이 바로 사람이 외물이 시키는대로 변화 되는 것이다.

"①人生而靜, 天之性也, ②感於物而動, 性之欲也. ③物至知知, 然後好惡形焉. ④好惡無節於內, 知誘於外, ⑤不能反躬, 天理滅矣. 夫物之感人無窮, 而人之好惡無節, 則是物至而人化物也."〈악기樂記〉10장. 문장 번호는 필자)

경經이다. ①'정靜'이란 전일專一하고 바꿀 수 없다는 것이다. '하늘의 본성[天之性]'은 천명지성天命之性이다. ②'사물로부터 자극받아 움직인 것'은 감정[情]이다. 감정[情]은 욕구[欲]에서 생겨난다. 욕구는 본성[性]의 주인이다. 그래서 '본성의 욕구[性之欲]'라 한 것이다.[78]

심대윤은 경문 ①의 '하늘의 본성[天之性]'이란 곧 '천명지성天命之性'을 뜻하는 것이며, 그것이 '정靜하다'는 것은 '전일하고 바꿀 수 없음'을 말하는 것이라고 주장한다. 따라서 ①의 '인생이정人生而靜, 천지성야天之性也.'는 '사람이 태어남에 전일하고 바꿀 수 없는 것은 하늘의 본성인 천명지성이다.'라고 해석된다. 또 심대윤은 경문 ②에 대해서 '외물로부터 자극받아 움직인 것[感於物而動]'이란 곧 '감정[情]'을 말하는 것이며, 감정은 욕구에서 생겨나고 욕구는 본성의 주인이기 때문에 감정을 '본성의 욕구[性之欲]'라 말한 것이라고 설명한다. 따라서 ②의 '감어물이동感於物而動, 성지욕야性之欲也.'는 '외물로부터 자극을 받으면 본성의 주인인 욕구로부터 감정이 생겨난다.'라고 풀이된다.

위에서 직접 언급되진 않지만 심대윤이 다른 곳에서 명시적으로 "욕구는 천명지성이다."[79]라고 정의한다는 점을 고려할 때, 경문 ①과 ②에 대한 해석은 "사람이 태어남에 전일하고 바꿀 수 없는 것은 하늘의 본성인 천명지성이다.(천명지성은 욕구이다.) 외물로부터 자극을 받으면 본성의 주인인 욕구로부터 감정이 생겨난다."라고 해석된다. 여기서 하늘의 본성(천명지성)인 욕구와 구분되는, 욕구를 주인으로 삼는 또 하나의 본성 개념의 존재가 포착된다. 심대윤은 천명지성인 욕구가 또 다른 본성의 주인이며, 감정이란 후자의 본성에서 생겨나는 것이 아니라 그것의 주인인 욕구로부터 생겨나는 것이라고 주장하는 것이다. 계속해서 다음을 보자.

> 욕구[欲]은 본성[性]과 마음[心]과 감정[情]의 주인[主]이다. 욕欲은 도심道心이다. 넘치면 욕정[慾]이 된다. 욕정은 인심人心이다. 감정이 마땅히 발해야 할 경우에 발하면 욕구가 되고, 마땅히 발하지 말아야 할 경우에 발하면 욕정이 되니, 선善과 악惡이 나뉘는 까닭이다.[80]

위에서 심대윤은 욕구가 '본성과 마음과 감정의 주인'이라고 주장하고 있다. 하늘의 본성인 욕구가 사람의 본성의 주인이자 마음과 감정 모두의 주인이라는 것이다.

또 심대윤은 '욕구[欲]'가 곧 도심이고, 욕구가 넘쳐 '욕정[慾]'이 된 것이 곧 인심이라고 주장한다. 이런 설명은 도심과 인심은 모두 욕구를 주인으로 삼는 인간 마음의 두 양태이며, 다만 그로 인해 도덕적 선을 성취할 가능성이 있는 순수한 욕구의 마음 상태와 그렇지 않은 욕정의 마음 상태로 구분된다는 말과도 같다. 이는 심대윤이 다른 곳에서 '욕구가 있기 때문에 선을 행할 수도 있고 악을 행할 수도 있다.'고 말하는 것과도 일치한다.[81]

③ '물지지지物至知知'란 마음의 밝은 지각[明知]이 사물을 접하면 지각활동[知]이 있게 되어 감정[情]이 생긴다는 것이다. 마음속에는 감정[情]이 있지 않지만 마음의 밝은 지각이 사물을 접하면 감정이 생기는 것이다. 그 감정을 따라서 호오好惡(좋아함과 싫어함)가 드러난다.[82]

심대윤은 ③의 '물지지지物至知知'란 것은 '마음의 밝은 지각이 사물을 접하면 지각활동이 있게 되어 감정이 생겨난다는 것'을 의미한다고 해석한다. 심대윤에 따르면, 감정[情]이라는 것은 마음에 내재하는 것이 아니라 마음의 밝은 지각[明知]이 사물을 접하면 생겨나는 것이다. 그리고 감정이 생겨나면 그 감정을 통해서 '좋아함과 싫어함이 드러나는 것이다. 이를 앞의 ①과 ②의 해석과 종합해보면, '사람이 태어남에 전일하고 바꿀 수 없는 것은 하늘의 본성인 천명지성이다.(천명지성은 욕구이다.) 외물로부터 〈마음의 밝은 지각이〉 자극을 받으면 〈지각활동이 있게 되어〉 본성의 주인인 욕구로부터 감정이 생겨난다. 감정은 마음에 내재되어 있는 것이 아니라 마음의 밝은 지각이 사물을 접하면 〈욕구로부터〉 생겨나는 것이다. 이에 그 감정을 통해서 욕구의 좋아함과 싫어함이 드러난다.'는 것이 된다.

> 성性은 같지 않음이 없지만 감정[情]은 평탄함과 가파름이 있으니, 도심과 인심이 섞여 있기 때문이다. ④'호오好惡가 안에서 절제가 없다'는 것은 도심이 확립되지 않았기 때문이다. '지각[知]이 밖으로 끌려간다'는 것은 인심이 힘을 쓰기 때문이다. ⑤'궁躬'은 마땅히 '성性'으로 써야 한다. '성을 되돌릴 수 없다'라는 것은 자기【인심이다. 혈기가 그렇게 만든 것이다.】를 이겨내어 성을 회복할 수 없다는 것이다. '사람이 물物로 변화한다[人化物]'는 것은 사람이 외물이 변화시킨 대로 된다는 것이다. 경전에서 '천명지성'을 말한 것 중에 유독 이것이 상세하다. 【자세한 것은 《일용기언日用記言》[83]에 보인다.】 욕欲은 두 가지가 있다. 이익[利]을 욕구하는 것과 명예[名]를 욕구하는 것이다. 명예와 이익을 둘 다 이루되 치우치지 않는다면 중용지선의 도이다.【《서書》 '하늘이 내신 백성들이 욕구가 있으니'】[84]

위에서 심대윤은 본성은 같지 않음이 없음에도 불구하고 감정에는 다름이 있는 이유를 인간에게 도심과 인심이 섞여 있기 때문이라 보고 있다. 또 ④에 대해 심대윤은 '도심이 확립되지 않고 인심이 힘을 쓰기 때문에 호오가 안에서 절제가 없고 지각이 밖으로 끌려간다는 것'을 의미한다고 풀이한다. 그리고 ⑤가 바로 그 결과로서 사람이 자기의 인심, 즉 혈기를 이겨내지[克己] 못하고 본성을 회복할 수 없어서 결국 외물이 변화시킨 그대로의 존재로 변화됨을 말하는 것이라 해석한다.

이상의 내용을 종합해보면, 심대윤이 생각하는 천명지성이란 곧 욕구[欲]이며, 그것은 인간의 성-심-정의 주인으로서, 마음의 밝은 지각이 외부 사물을 접할 때 감정을 생기게 하며 그 감정을 통해서 욕구의 호오가 드러나게 된다. 천명지성인 순수한 욕구를 바탕으로 외부 사물과의 지각활동이 이루어지는 마음이 곧 도심이며, 마음에 섞인 혈기로 인해 마음이 도심으로써 외부 사물을 지각하지 못하게 되면 그것이 인심이다.

천명지성인 욕구는 하나이지만 현실에서 인간의 마음에는 혈기로 인해 욕구[欲]와 욕정[慾], 즉 도심과 인심이 모두 존재하게 된다. 아직 극기克己하지 못한, 다시 말해 자신의 탁하고 잡된 혈기를 완전히 제거를 하지 못한 인간의 마음속에는 순수한 욕구가 제대로 확립되지 못하고 욕정이 활개를 치게 된다. 만약 끝내 극기하지 못하여 마음이 그것의 본성인 '순수한 욕구'를 회복하지 못하면 마음은 결국 외물이 이끄는 대로 변화된 상태 그대로가 된다.

이처럼 심대윤이 말하는 천명지성으로서의 욕구는 사실상 그것만으로도 인간의 본질을 규정하고 인간의 모든 행위의 본질을 설명할 수 있는 개념이다. 심대윤은 인간에게 이러한 욕구가 있는 것은 마치 '하늘에 태극이 있는 것과 같다'고 말하고 있다. 다음을 보자.

욕구[欲]란 천명지성이다. 사람과 만물이 함께 얻은 것으로서 옮겨 바꾸거나 증감할 수 없는 것이다. 하늘에 태극太極이 있는 것과 같다. 태극의 도道는 철두철미하여 모든 곳에 있고 모든 것에 있으니[有], 만물을 거느리는 장수가 되고 모든 변화의 강령이 된다. 그렇기 때문에 욕구는 성性·심心·감정[情]의 주인이 되는 것이다. 사람에게 욕구가 없다면 목석木石과 다를 바가 없다. 말하고 행동하고, 보고 듣고, 사려하고, 식욕과 성욕을 느끼는 것은 욕구가 있기에 일어나는 것이다. 사람에게 욕구가 없다면 어찌 사람이라 하겠는가?"[85]

심대윤에 따르면, 사람에게는 욕구라는 천명지성이 있는데, 그것은 마치 하늘에 만물의 궁극적 근원인 태극이 있는 것과도 같다. 태극의 도가 모든 곳에 있고 모든 것에 있는 만물의 장수이자 모든 변화의 강령인 것처럼, 심대윤은 사람이 말하고 행동하고, 보고 듣고, 사려하고, 식욕과 성욕을 느끼는 것은 모두 욕구라는 천명지성이 있기 때문에 일어난다. 만약 어떤 사람에게 욕구가 없다면 그 사람은 목석과도 같은 존재이지 결코 사람이라 할 수 없다. 다음 절에서 심대윤이 말하는 욕구의 본질에 대해 더 깊이 살펴보자.

2) 욕구의 본질

이로움의 본질

심대윤은 천명지성天命之性인 욕구를 '이로움'이라고 정의하기도 하는데[86], 《주역》 건乾 괘사卦辭의 "건 원형이정乾元亨利貞"에 대한 주석에서 심대윤이 말하는 이로움의 의미가 무엇인지 알 수 있다.

　　건乾 괘사卦辭 "건 원형이정乾元亨利貞"【춘하동春夏冬은 모두 추秋를 위한 것이다. 원형정元亨貞은 모두 이利를 위한 것이다. 만물은 추秋에서 이뤄지고, 만사萬事는 이利에서 이뤄진다.】…… 원元은 이것을 시작하는 것이고, 형亨은 이것을 성장시키는 것이고. 이利는 이것을 이루는 것이고, 정貞은 이것을 지키는 것이다. 이것은 무엇인가? 이로움이다. 천지가 존재하는 까닭, 사람과 만물이 서는 까닭은 이로움일 뿐이다. 하루라도 이利가 없다면 천지天地는 멈추고 사람과 만물은 다할 것이다.《논어》에서 말한 "스승께서는 이利와 명命과 인仁을 드물게 말씀하셨다."에서 이利를 명命과 인仁보다 먼저 말한 것에서 또한 이利의 지대至大함을 볼 수 있다. 무릇 군군君君·신신臣臣·부부父父·자자子子·부부夫夫·부부婦婦·형형兄兄·제제弟弟 모두 이롭고자하는[利之] 것이다. 제물濟物·이용利用·박문博文·집례執禮·위정爲政·입사立事 모두 이롭고자 하는 것이다.【맹자가 말했다. "천하에서 성性을 말하는 것은, 이利를 근본으로 삼는다."】[87]

　　심대윤은 '천지가 존재'하고 '만물이 서는' 까닭이 모두 이로움일 뿐이어서 하루라도 이로움이 없다면 천지가 멈추고 사람과 만물이 사라질 것이라 말하고 있다. 세상만사의 본질은 모두 이롭고자하는 것이라는 주장이다. 곧 춘하추동春夏秋冬과 원형리정元亨利貞에서도 보이는 '이로움의 시작 → 이로움의 성장 → 이로움을 이룸 → 이로움을 지킴'이라는 네 가지 과정의 순환과 반복이 모두 이로움을 위한 것이듯이, 인간의 모든 행위를 포함한 천지간의 만사만물의 본질은 곧 이로움을 위한 것이라고 주장한다. 이러한 맥락에서 심대윤은 천명지성天命之性을 욕구라고 말하기도 하고 이로움이라 말하기도 하는 것이다.

명예와 이익의 본질

심대윤은 욕구에는 이익[利]을 욕구하는 것과 명예[名]를 욕구하는 것 이렇게 두 가지의 욕구가 있으며, 둘 중 하나만이 아닌 둘 다를 성취하면서 동시에 둘 중 어느 한쪽에 치우치지도 않게 하는 것이 바로 중용中庸의 지극한 선善이라 말하고 있다.[88] 여기서 반드시 살펴보아야 할 것은 심대윤이 문맥에 따라 달리 사용하는 이익[利]과 이로움[利]의 의미 차이이다. 결론부터 말하자면 이로움[利]은 이익[利]과 명예[名]를 포괄하는 개념으로서, 두 가지를 조화롭게 성취하는 것이 진정한 이로움이라고 말할 수 있다. 그렇다면 심대윤이 말하는, 사람의 욕구가 추구하는 대상인 명예와 이익의 본질은 무엇일까?

> 사람은 천지의 기를 품부 받아 본성으로 삼는데, 그것을 욕구라고 한다. 욕구에는 두 가지가 있는데 이익을 좋아하는 것과 명예를 좋아하는 것이다. 사람이 막 태어나자마자 입을 벌려서 먹을 것을 구하는 것이 이익의 시작이다. 무릇 이익을 도모하는 것은 모두 먹는 것이 근본이 된다. 진실로 먹는다는 것이 없다면 사람은 이익을 구하지 않는다. 어린 아이도 지각[知]이 있어서 칭찬해주면 좋아하고 꾸짖으면 우는데, 이것이 명예의 시작이다. 무릇 명예를 추구하는 것은 모두 칭찬을 받으려는 것이 근본이 된다. 진실로 칭찬을 받는다는 것이 없으면 사람은 명예를 구하지 않는다.[89]

심대윤은 갓난아기도 이익을 좋아하는 것의 본질은 먹을 것[食]에 대한 욕구이며, 어린 아이도 지각을 갖자마자 명예를 좋아하는 것의 본질은 자신을 기려주는 것 곧 칭찬[譽]에 대한 욕구라고 분석하고 있다. 곧 인간의 모든 행위는 자신과 종족의 생존을 생각하는 동물적 존재로서의 욕구와, 남의 입장에서 자신을 생각하는 사회적 존재로서 사회 내에서 영예로운 존재로 인정받고자 하는 욕구로 인해 일어난다고 판단한 것이다. 명예를 좋아하는 것, 즉 칭찬을 받고자 하는 욕구는 어린 아이에게도 '지각[知]'이 있어서 칭찬해주면 좋아하고 꾸짖으면 우는 것으로 드러난다. 이런 욕구는 타인에게 인정받는 영예로운 존재가 되고자 하는 사람의 욕구로서, 그것은 사회 속에서 타자와의 관계를 전제로 하는 '사회적 차원'의 욕구이다.

이 대목에서 심대윤이 어린 아이도 "지각이 있어서" 칭찬해주면 좋아하고 꾸짖으면 운다고 말한 것, 다시 말해 어린 아이의 '지각'이 다른 이의 칭찬을 접하는 지각활동을 할 때 비로소 좋아한다고 말한 점에 주목할 필요가 있다. 물론 이것이 이익에 대한 욕구는 지각을 통해서 드러나지 않는다고 말하는 것은 아니다. 심대윤은 "비록 금수라도 이익을 좋아할 줄은 안다[知]."[90]라고 말하는 동시에 "오직 금수만이 명예를 좋아할 줄 모른다[不知]."[91]라고 말하고 있다. 다시 말해, 인간은 어린 아이라도 이익은 물론이고 칭찬 또한 지각할 수 있는 마음의 지각을 가졌고, 금수는 이익에 대해서는 지각하지만 명예에 대해서는 지각하지 못하는 지각을 가졌기 때문에, 금수는 오로지 금수의 마음이 지각할 수 있는 이익만을 욕구하게 된다는 것을 알 수 있다. 여기서 심대윤이 생각하는 인간과 동물이 갈리는 경계가 곧 명예에 대한 마음의 지각 가능 여부임을 알 수 있다.

이것이 의미하는 것은 인간과 금수의 '마음'이 다른 것이지 '욕구'가 다른 것은 아니라는 것이다. 천지의 기를 얻어 생성된 만물은 욕구라는 천명지성天命之性을 공유하며, 만물 중 오직 인간만이 그 마음을 통해 양자를 동시에 지각할 수 있다. 그렇다면 욕구라는 본성은 이익과 명예를 동시에 그것도 한 쪽으로 치우치지 않게 충족시킬 때 비로소 온전히 실현되는 것이지, 소나 말처럼 오직 자신과 족류의 이익만을 욕구할 때 실현되는 것은 아니다. 여기서 명예욕이라는 사회적 욕구, 다시 말해 나 자신이 아닌 남의 존재를 전제로 하는 욕구가 중요해진다. 물론 여기서 중요하다는 의미가 명예욕이 이익에 대한 욕구보다 더 중요하다는 것은 아니며, 오히려 심대윤은 그 반대의 입장을 가지고 있다.

> 소인이 앎이 미치지 못해서 이롭고자 하는 것은 오히려 인간의 감정[情]에 가깝다. 잘난체하는 자들은 이로움을 버리고서 명예롭고자 하니, 인간의 감정이 아님이 심하다.[92]

인용문에서 심대윤은 생존을 위한 이익에 대한 욕구가 인간의 본질에 더 가깝다는 입장을 분명히 하고 있다. 다만 명예에 대한 욕구를 언제나 이익에 대한 욕구와 함께, 또 어느 한 쪽으로 치우치지 않게 적절하게 실현하는 것이 중용의 지극한 선이라는 것이다. 이 둘이 함께 짝해서 행해지는 것에 대하여 심대윤은 다음과 같이 말하고 있다.

> 이익은 실이다. 명예는 허이다. 명예와 이익이 서로 짝해서 행해지면 자기 몸과 살아있는 존재들[生類]이 모두 온전해지고 무궁할 수 있다.[93]

이러한 생각은 이익과 명예에 대한 욕구가 인간의 행위로 드러나는 양상이 애초에 서로 다른 두 방향으로 나뉜다는 점에서도 드러난다.

> 이익은 나를 위하는 데서 생겨나고 명예는 남을 위하는 데서 생겨난다. 이익으로써 삶을 윤택하게 하고 명예로써 자신을 영예롭게 한다. 이 두 가지는 사람의 본성이 원하는 것이다. 사람의 도는 본성을 이루는 데 있다. 따라서 이익을 추구하지 않을 수 없고 명예를 추구하지 않을 수 없다.[94]

심대윤은, 이익은 나를 위하는 데서 생겨나고 명예는 남을 위하는 데서 생겨난다고 주장한다. 이익에 대한 욕구는 나를 위하는 행위로 이어지고, 명예에 대한 욕구는 남을 위한 행위로 이어진다. 따라서 이익과 명예를 동시에 조화롭게 추구한다는 것은 곧 나를 위하는 행위와 남을 위한 행위를 조화롭게 추구한다는 것, 다시 말해 나와 남 누구도 소외되지 않는 사회 전체의 이로움을 도모하게 되는 것이다. 이처럼 심대윤이 말하는 천명지성天命之性으로서의 욕구는 이익과 명예를 조화롭게 성취함으로써 실현되는 것으로서, 개인은 물론 사회 전체, 궁극적으로는 만물의 이로움을 지향하는 것이다. 이는 '천명지성'이라는 용어 자체에 대한 해석에서도 그대로 드러난다.

> 본성[性]이란 이로움을 좋아하고 해로움을 싫어하는 것이다. …… 사람은 천지의 기氣를 받아 생겨나고 그 성性을 닮는다. 그래서 '하늘의 명령[天命]'이라 한다.[95]

심대윤은 먼저 '천명지성'이라는 용어 자체의 유래라 할 수 있는 《중용》의 '천명지위성天命之謂性' 구절에 대해 논하고 있다. 여기서의 성性이 천명지성, 즉 '하늘이 명령한 본성'인 이유는 사람이 천지의 기를 받아 생성되고 그것의 본성을 그대로 닮게 되었기 때문이다. 다시 말해, 천지의 성을 인간이 그대로 얻게 되었기 때문이며, 이러한 천명지성의 내용은 '이로움을 좋아하고 해로움을 싫어하는 것'이라 말한다. 이는 심대윤이 생각하는 인간은 천지의 본성을 실현하는 명령을 받은 존재라는 것을 보여주며, 천명지성, 즉 욕구의 본질이 '천지'가 이롭기를, 다시 말해 천지간에 존재하는 모든 존재가 이롭길 욕구하는 것임을 의미한다.

2. 심성心性

1) 오행의 기氣에서 유래된
   사단이자 도심인 심성心性

심성心性에 대한 심대윤의 자세한 설명은 《중용훈의中庸訓義》 천명지위성장天命之謂性章 주석을 통해 확인할 수 있다.

> 사덕四德은 어디서 얻는가? 하늘은 그것에게 없는 것으로써 사람에게 명령할 수 없고, 사람은 아무 것도 없는[無] 가운데서 있는 것[有]를 생성하여 도道로 삼을 수 없다. 천지로부터 받아 천명지성天命之性이 되는 것은 마치 하늘에 태극이 있는 것과 같다. 오행의 기를 받아 심성心性이 된 것은 태극이 사상四象을 낳는 것과 같다. 사상은 기氣가 형태[形]에 교접한 것이다.[96]

심성心性이란 것 또한 기氣가 형태에 교접한 것이다. 그리하여 사단이 사상의 수와 같은 것이니, 이를 도심道心이라 이른다. 토土는 형태의 극이 되어서 사행에 붙어 다스리며, 신信은 마음의 극이 되어 두루 사단의 기초가 되니, 그리하여 사단만 말하는 것이다. 목木의 성은 부드럽고 선하고 자애롭고 사랑하니 인仁의 단서가 되고, 화火의 성은 뚜렷하게 한계 짓고 구분하니 예禮의 단서가 되고, 금金의 성은 엄숙히 차갑고 마르고 끊으니 의義의 단서가 되고, 수水의 성은 흘러가고 두루 통하니 지知의 단서가 된다. 그러니 곧 심성心性의 근본[本]은 선하다.[97]

심대윤에 따르면, 하늘(천지)로부터 받게 된 천명지성과는 달리 심성心性은 '오행의 기'로부터 받은 것이다. 하늘은 그것에게 없는 것으로써 사람에게 명령할 수 없기 때문에 그것의 본성을 통해 인간에게 모종의 명령을 내렸다. 그 하늘의 본성이란 이로움을 좋아하고 해로움을 싫어하는 것, 즉 욕구이다. 그 '명령'이란 인의예지 사덕四德을 얻는 것, 즉 인간이 사덕을 성취하는 것이다. 이는 하늘이 인간에게 욕구라는 그것의 본성을 그대로 준 것의 의미가 곧 인간에게 '사덕'을 성취할 것을 명령한 것과도 같다는 것이며, 반대로 말하자면 인간이 사덕을 완성하면 하늘의 본성이 실현되는 것과도 같다는 것이다.

그런데 문제는 욕구가 곧바로 사덕으로 이어지는 것이 아니라는 데 있다. 인간이 사덕의 완성이라는 임무를 완수하기 위해서는 그 시초가 되는 모종의 단서가 있어야 한다. 왜냐하면 인간은 아무 것도 없는 무에서 유를 생성하여 그것을 도로 삼을 수 없기 때문이다. 이 모종의 단서가 바로 심성이다. 심성이란, 태극이 사상을 낳는 것과 같이 오행의 기가 인간의 형태[形]와 교접하여 생겨난 본성이다.

심대윤에 따르면, 오행五行(화·수·목·금·토)과 오상五常(인·의·예·지·신)은 사단四端보다 숫자가 하나 많지만, 그 중 토土는 형태의 극이 되어서 사행에 붙어 다스리며, 신信은 마음의 극이 되어 두루 사단의 기초가 되기 때문에 사단만 말한다. 목木의 성은 부드럽고 선하고 자애롭고 사랑하니 인仁의 단서가 되고, 화火의 성은 뚜렷하게 한계 짓고 구분하니 예禮의 단서가 되고, 금金의 성은 엄숙히 차갑고 마르고 끊으니 의義의 단서가 되고, 수水의 성은 흘러가고 두루 통하니 지知의 단서가 된다. 그러니 곧 '심성心性의 근본'은 선하다는 것이다. 이러한 심성의 근본이 인간 마음의 지각으로 온전히 드러나게 된다면 그것이 사단이다.

심대윤의 사단 개념은 맹자가 말한 사단과 완전히 다르다. 심대윤은 사단을 '친여지심親與之心(사람들과 친하게 지내고 함께하려는 마음으로서 인仁의 단서), 차등지심差等之心(차례와 등분을 두려는 마음으로서 예禮의 단서), 취사지심取捨之心(취하고 버리려는 마음으로서 의義의 단서), 변통지심變通之心(변통하려는 마음으로서 지智의 단서)'으로서 인예의지 사덕의 시초라고 정의하고 있다.[98] 여기서 '시초'라는 표현에 주목할 필요가 있다. 심대윤이 이런 표현을 사용하는 것은 그가 사람에게는 사덕의 시초로서의 사단이 있어 사덕을 완성할 가능성이 있을 뿐, 사덕이 처음부터 내재된 것이 아니라고 보기 때문이다.[99] 가령 어떤 사람의 친여지심親與之心이 가려져 다른 사람과 교류하는 것을 꺼려하는 것이 아니라 남과 더불어 살면서 친하게 지내고자 하는 친여지심이 온전히 드러날 때, 취사지심取捨之心이 가려져 취할 것을 버리고 버릴 것을 취하는 것이 아니라 취할 것을 취하고 버릴 것을 버리려는 취사지심이 온전히 드러날 때 사람은 이러한 사단을

'시초'로 삼아 확충하여 '사덕'을 성취할 수 있고, 이에 욕구라는 천명지성을 실현할 수 있다고 본 것이다.

그런데 문제는 오행의 기의 본성, 즉 심성의 근본이 언제나 인간 마음의 지각으로 드러나게 되지 않는다는 것이다. 만약 인간 마음의 형태를 이루는 기[形氣]가 완전히 순수하다면 마음은 언제나 오행의 기의 본성 즉 심성의 근본을 그대로 드러내겠지만, 인간 마음의 형태를 이루는 기는 태생적으로 완전한 순수성을 확보하지 못한다. 왜냐하면 인간은 누구나 자신의 부모라는 불완전한 존재로부터 그 형태의 기질을 받아 태어나기 때문이다.

2) '심성' 개념을 통한 '기질지성' 개념 부정과 대체

심대윤은 '기질'은 '기질'일 뿐, 그것을 '기질지성氣質之性'이라 부르는 것은 잘못되었다고 비판한다. 이처럼 '기질지성'이라는 개념에 대하여 심대윤이 애초에 그것의 존재 자체를 부정하는 것은 다른 유학자들에게서는 찾아보기 힘든 매우 독특한 면모이다.

> 사람은 이 네 가지의 지각知覺이 있으나, 그것이 형질에 가려져 비추지 않는 것이 있게 된 것이 인심人心이 된다. 그 도심을 기르고 인심을 이겨낸다면 확충하여 사덕이 될 수 있으니, 사덕을 이루면 중용은 그 가운데 있다. 이것(中庸)으로써 성을 따르는 것을 도道라고 하고, 이것에서 닦고 다스리는 것을 교라고 한다. 도道는 길이요, 교敎는 가는 것이다. 성

性에서부터 나오고 밖에서 말미암지 않으니, 떨어질 수 없는 것이다. 도심은 양의 사상이니, 가릴 순 있어도 없앨 순 없다. 그래서 '심성心性'이라 한다.[100]

인심人心은 이겨내어 없앨 수 있으니 음의 사상과 같다. 그래서 〈인심을〉 성性이라 하지 않으니, '기질지성氣質之性'이라 부른 것은 잘못되었다. 무릇 사람은 양陽이 성性이 되고 음陰이 의지[志]가 된다. 양과 음이 교접한 것을 심心이라 말한다. 따라서 성은 변할 수 없지만 의지는 바뀔 수 있다. 성은 움직이고 의지는 고요하니, 얽매여 치우친 것이 없는 것을 움직인다 말하고, 오로지 주로 하는 것이 있는 것을 고요하다 말한다. 【이것은 심성을 말한 것이니, 《예기》에서 말한 '인생이정人生而靜'과 같지 않다. 《예기》에서는 천명지성을 말한 것이다.】[101]

기질은 어디까지나 기질일 뿐 성性이 아니다. 성의 본질은 양陽의 사상으로서 가릴 순 있어도 없앨 순 없는 것인 반면, 기질의 본질은 그것을 이겨내어 없애버릴 수 있는 음陰의 사상과 같은 것이다. 이처럼 '기질지성'이라는 개념의 존재 가능성 자체를 부정하는 것은 심대윤의 독특한 면모이다. 심대윤은 기존의 학자들이 펼쳤던 본연지성本然之性과 기질지성氣質之性에 대한 논의를 심성心性과 도심道心·인심人心에 대한 논의로 대체한다. 인간에게는 만물이 공유하는 천명지성天命之性(욕구)과 별도로, 하나의 심성과 두 가지 마음이 있다. 편의상 하나의 심성을 '도심①'이라 하고, 두 가지 마음을 '도심②'와 '인심'이라 해보자. 심대윤은 도심①과 도심②를 개념상 명확히 구분하고 있다.[102] 인간의 마음에는 첫째 순수한 심성의 근본인 '도심①'을 그대로 드러내는 마음의 지각인 '도심②'와, 둘째 마음의 형기에 섞인 탁한 형질(기질·혈기)로 인해 '도심①'이라는 순수한 심성의 근본이 가려져 비추지 않게 된 마음의 지각인 '인심' 또한 갖게 된다. 다시 말해, 도심①이라는 심성의 근본이 현상세계에서 인간이 가진 마음의 지각에 그대로 드러나면 도심②이고, 기질에 의해 가려지면 인심이다.

도심①이 심성의 근본이라면, 도심②와 인심을 모두 드러내는 것이 현상에서의 인간 심성의 실상이다. 심대윤의 이러한 주장은 인간 심성의 '근본'은 선하지만, 현실에서의 인간의 심성은 사실상 선하지 않다는 것으로 귀결된다. 그러나 바로 그러한 까닭으로 인해, 거꾸로 인간은 탁한 기질을 모두 제거함으로써 다시금 마음의 본성의 본체와 짝지어질 수 있는 가능성이 있는 존재다. 위에서 심대윤이 '마음이란 성性이 양陽이 되고 의지[志]가 음陰이 되어 하나로 합쳐진 것'으로서, '성은 변할 수 없지만 의지는 바뀔 수 있는 것'이라 말한 것도 이러한 맥락에서 이해할 수 있다.

이처럼 심대윤은 기존의 유학자들에게 통용된 기질지성氣質之性 개념을 전면적으로 부정하면서 심성 개념으로 교체하고, 탁한 기질의 교정 대상을 성性의 차원이 아닌 심心의 차원으로 바꾸어 버린다. 이로써 심대윤은 기질의 교정 문제에 관하여 기존의 학자들이 기질지성 개념으로 인해 겪었던 어려움으로부터 자유로워진다. 곧 사실상 교정 불가능한 선천적으로 결정된 성性 차원의 기질지성에 관한 교정이 아니라, 이발已發의 심心 차원에서 인심을 제거하고 도심을 확충함으로써 스스로 자신의 이발 감정의 지향을 바로잡을 수 있다는 것이다. 이러한 결론은 운명론을 거부하는 것으로서, 심대윤이 심성 개념을 제출한 이유이자 가장 큰 소득일 것이다.

3) 기질에 가려져 불완전한 현실의 인간 심성

  기질의 가림에 의해 태생적으로 불완전한 현실의 인간 심성心性의 실상에 대한 심대윤의 생각은 《상서尙書》〈탕고湯誥〉 2장의 주석에서 매우 분명하게 드러난다. 여기서 심대윤은 군주란 곧 백성의 '심성'을 '바로잡아[正]'서 그들 '본성의 욕구[性之欲]'를 이루어주는 사람이어야 한다고 말하고 있다.

  왕이 말했다. "아! 너희 만방의 백성들이여, 나의 고함을 분명하게 들을지어라. 위대한 상제께서는 백성들에게 충衷을 내리셨다. 이와 같은 항구적인 본성이 있으니 오직 이를 편안히 보존할 수 있는 자만이 임금이 될 것이다."
  王曰, "嗟爾萬邦有衆, 明聽予一人誥. 惟皇上帝, 降衷于下民, 若有恒性, 克綏厥猷, 惟后."

  황皇은 위대함이다. 충衷은 중中이다. 초목과 금수는 각각 치우친 기氣를 얻었지만, 인간은 중화의 기를 받았다. 《예기》에서 '오행의 빼어난 기'[103]라 말하고, 류강공劉康公이 '백성은 천지의 중中을 받아 태어났다.'[104]라고 말한 것이 그것이다. 행위가 중을 얻으면 곧 명을 따르는 것이어서 복을 받고, 행위가 중을 잃으면 곧 하늘을 거스르는 것이어서 재앙을 재촉한다. 하늘은 중화의 기氣를 주고 중화의 덕德을 명하였으니, 그리하여 '백성에게 중을 내렸다.'라 한 것이다. 【중화의 덕을 명했다'라는 것은 주어서 성성이 되게 했다는 것이 아니라 그 덕德을 요구한[責] 것이다.】
  '약若'자는 '다음과 같이 말하길[日若]', '왕께서 다음과 같이[王若]'라고 할 때의 '약'자로서, '이와 같이[如是]'라 말한 것과 같다. 인간의 마음이 동물과 같은 것을 '천명지성天命之性'이라 하니, 〈중훼지고仲虺之誥〉에서 '하늘이 내신 백성들이 욕구가 있으니'[105]가 그것이다. 인간의 마음이 발현함에 친하게 어울리고자 하는 지각[親與]·차등을 두고자 하는 지각[差等]·취사선택하고자 하는 지각[取捨]·변통하고자 하는 지각[變通之知]이 있는 것을 '심성'이라 한다. '이와 같이 항구적인 본성이 있다[若有恒性]'고 한 것은 〈천명지성과 심성을〉 통틀어 말한 것이다. 그 기질의 가림에 의해 잘못 드러나는 것은 이겨내어 없앨 수 있기 때문에 '항구적 본성'이라 말하지 않는다. '궐유厥猷'라는 것은 백성의 도모함이니, 능히 그들을 안정시키고 그들의 지려가 사악한 것에 움직이지 않게 하고, '심성'을 바로잡아서 '본성의 욕구'를 이루어줄 수 있다면, 이것이 명명덕, 신민, 지선이니, 백성의 군주가 될 수 있는 것이다. 【만약 《집전集傳》[106]에서 말한 것처럼 '중中이 인간의 본성이 된다'라면 장차 모두 학습하지 않아도 할 수 있고 가르치지 않아도 이루니, 아기가 태어나자마자 성인일 것이다. 중이란 덕의 자리[位]이다. 사물에 있는 것이며 마음에 있지 않다. 마음이 사물의 중을 얻을 수 있는 것이지, 중이 사물의 선善을 얻을 수 있는 것이 아니다. 마음속에 중이 있다니, 어찌 거짓이 아니겠는가! 또 성이 이미 중하다면 감정[情]에는 어찌 욕慾이 있겠는가? 감정이 기질에서 단독으로 나오는 것이고 마음은 나무기둥처럼 지각이 없다는 말인가? 또 〈중훼지고〉의 '하늘이 낳은 백성들에게 욕구가 있으니'가 감정을 가지고서 말한 것이라면, 감정의 함부로 발함 또한 하늘에서 나왔단 말인가? 하늘은 인간에게 선善을 명하고서는 또 사람에게 불선을 명했단 말인가! 거짓됨이 또한 심하도다.】"[107]

심대윤은 먼저 초목과 금수는 치우친 기를 얻었지만, 오직 인간만이 치우치지 않은 중화의 기를 받았다는 것을 언급한다. 그것의 경전적 근거는 《예기》에서 '오행의 빼어난 기'라 말하고, 류강공이 '백성은 천지의 중中을 받아 태어났다.'라고 한 것이다. 이는 오직 인간만이 천지의 기를 품부하여 생성되면서 천지의 기가 가진 오행의 기를 치우치지 않고 조화롭게 얻었다는 것을 의미한다. 이어서 "하늘은 중화의 기를 주고, 중화의 덕을 명령하였다."라고 하여, 하늘이 기는 준 것이고 덕은 준 것이 아니라 그것을 성취할 것을 명령한 것이라고 말한다. 곧 '중화의 덕을 명령했다'라는 것은 하늘이 인간에게 중화의 덕을 성性으로서 주었다는 것이 아니라, 인간에게 중화의 덕을 성취할 것을 요구했다는 것이다. 심대윤의 이런 비판은 곧 주희에 대한 비판과도 같다. 《서경채전변정書經蔡傳辨正》이라는 서명이 말해주듯, 이 글은 주희의 제자 채침이 작성한 《서집전書集傳》을 논변하고 바로잡기 위해 작성된 것이기 때문이다.

이어서 심대윤은 경문 '惟皇上帝, 降衷于下民, 若有恒性' 구절의 마지막 네 자인 '약유항성若有恒性'에 대해 집중적으로 설명한다. 그는 '약若'이란 '다음과 같이 말하길[曰若]', '왕께서 다음과 같이[王若]'라고 할 때의 '약'자로서, 그 의미는 '이와 같이[如是]'라고 주장한다. 이는 채침이 '약'자를 '순順'이라 해석한 것[108]을 변정한 것이다. 심대윤은 인간의 본성에는 천명지성天命之性으로서 욕구가 있음을 이야기 하고, 〈중훼지고〉의 '하늘이 내신 백성들이 욕구가 있으니'를 경전적 근거로 든다. 그리고 심성心性을 설명하며 사단의 네 조목을 나열한 뒤, '이와 같이 항구적인 본성이 있다.'는 말은 천명지성과 심성 둘을 함께 말한 것이라고 언급한다.

경전에서 마음이 기질의 가림에 의해 함부로 발하는 것에 대해 '항구적 본성[恒性]'이라고 하지 않은 이유는 그것이 없앨 수 있는 것이기 때문이라고 주장하고, 군주는 백성의 '심성'을 바로잡아서 '본성의 욕구'를 이루어 주는 사람이어야 한다고 말한다. 바로 여기서 심성에 대한 심대윤의 기본 입장이 재확인된다. 1) 사단이라는 심성은 항구적 본성이지만, 그것은 그 자체로 덕이 아니다. 2) 게다가 그것은 마음이 기질의 가려짐에 의해 잘못 드러난다. 3) 따라서 기질을 없애 마음을 바로잡아 항구적 본성을 드러나게 하여야 한다. 4) 드러난 심성인 사단을 시초 삼아 사덕을 성취해야 한다.

이런 맥락에서, 심대윤은 만약 채침의 주석대로 '중中이 인간의 본성이 된다'고 한다면 아기가 태어나자마자 성인일 것이므로, 아무것도 학습하지 않아도 할 수 있고 가르치지 않아도 이뤄낼 것이라며 비판한다. 왜냐하면 '중'이란 성性이 아니라 덕德의 자리[位]를 갖는 것으로서, 확충하여 완성하는 것이지 태어나면서부터 갖는 성이 아니기 때문이다. 또 중中이라는 것은 마음속에 있는 것이 아니라 거꾸로 마음이 외부 사물에 있는 중을 얻는 것으로서, 만약 중이 본성이라면 감정에 욕정이 있는 것도 설명할 수 없다고 지적한다. 왜냐하면 본성이 중하다면 불선한 감정의 유래는 마음 밖으로 두어야 하는데, 그렇다면 불선한 감정은 마음이 아닌 기질에서 나오는 것이 되기 때문이다. 그런데 만약 그렇다면 불선한 감정이 발할 때에는 기질이 단독으로 지각 활동을 한다는 말인데, 그렇다면 불선한 감정이 발하는 동안에는 마음이 나무기둥처럼 아무런 지각이 없는 상태가 된다는 말이 된다는 것이다.

마지막으로 심대윤은 채침이 '하늘의 낳은 백성들에게 욕구가 있으니, 주인이 없으면 곧 어지러워진다.[惟天生民有欲, 無主乃亂.]'라는 경전 구절이 '감정'을 가지고 말한 것이라 해석한 것에 대해, 그렇다면 곧 감정의 함부로 발함 또한 하늘에서 나왔다는 말이므로, 하늘이 인간에게 선을 명하고는 다시 불선을 명했다는 말이 된다고 비판한다.

　이처럼 악의 근원의 문제, 즉 인간에게 완벽히 순선한 본성이 태어날 때부터 주어졌다면 인간이 왜 악을 행하고 그 악의 근원은 어디인가의 문제는, 정주학자들에게 '기질지성氣質之性'이라는 새로운 성性 개념을 만들게 했다. 그러나 심대윤은 앞서 언급한 것처럼 '기질'은 성이 아니기 때문에 그것을 '기질지성'이라고 부르는 것은 잘못되었다고 비판한다. 심대윤은 마음이 기질의 가림에 의해 함부로 발하는 것은 '항구적 본성[恒性]'이 아니며, 그것은 모두 없앨 수 있는 것이라 주장한다. 심대윤은 선후천인 마음의 본성이 선하게 된 근원을 마음의 본성이 근거하고 있는 '본체'의 본성에 두기 때문에, 마음에 기질이 섞이면 그 기질이 본체의 성을 가려 하나의 마음에서 선한 감정과 악한 감정이 발한다는 것을 설명할 수 있다. 그러나 주희의 경우는 그렇지 않다. 순선한 초월적 리가 그대로 인간의 마음에 내재되어 성이 되었다[性卽理] 함으로써 인간의 본성에 그 자체 자연적으로 정당화되는 규범성을 부여하고, 또 마음은 그 본성을 감정으로 발한다는 것[性發爲情, 心統性情]을 심성론의 대전제로 하는 주희에게는, 악한 감정의 근원을 설명하는 것이 골치 아픈 일이었기 때문에 주희는 '氣質之性'이라는 또 다른 성 개념을 주장하게 된 것이다. 이러한 차이는《논어》〈양화陽貨〉편의 '子曰. 性相近也, 習相遠也.(공자가 말하였다. '성은 서로 가깝지만, 학습한 것에 따라 서로 멀어진다')' 구절 주석에서도 그대로 드러난다.

이것은 심성心性을 말한 것이지 천명지성天命之性이 아니다. 사람의 심성은 멀지 않으나 학습學習한 것이 같지 않아서 선善과 악惡의 차이가 생긴다. 천명지성은 바로 이로움[利]이며, 심성은 바로 도심道心이다. 두 가지 모두 심心의 밝은 지각[明知]이지, 심의 외부에 다시 천명지성이 있는 것이 아니다. 만물의 동일한 것이며 증감하거나 바꿀 수 없는 것들은 마치 하늘에 태극이 있는 것과 같기 때문에 천명지성이라 말하는 것이다. 형기形氣와 섞이고 사물마다 각각 다른 것은 심성이라 말하니 마치 하늘에 사상四象이 있는 것과 같다.【이는 감정[情]을 겸하여 말한 것이다.】 천명지성은 따를 수는 있지만 기를 수 없고, 심성은 기를 수는 있지만 따를 수 없다. 본성性에는 천명지성, 심성, 습성習性이 있어 삼극三極을 이룬다. 이에 대한 설명은 곤괘坤卦의 해설에 보인다. 사단四端이란 마음이 감정[情]으로 발현된 것이다.[109]

먼저 심대윤은 '性相近也, 習相遠也.'에서 공자가 말한 인간의 '서로 가까운' 본성은 심성이지 천명지성이 아니라 말한다. 천명지성은 만물의 동일한 것이고 또 형태의 기[形氣]와 섞이지 않아 따를 수 있지만 기를 수는 없는, 곧 증감하거나 바꿀 수 없는 것이다. 반면, 심성은 만물마다 다르고 또 형기와 섞이는 것이어서 기를 수는 있지만 따를 수는 없다. 이어서 심성은 마치 하늘에 사상이 있는 것과 같은 것이라 하여, 그것이 형태와 기가 짝한 선후천임을 언급하고, 이는 '감정도 겸해서 말한 것'이라고 부연한다. 그리고 이러한 심성은 개개인의 '서로 가까운' 본성으로서 다시 후천적으로 학습한 바에 따라 선과 악의 차이가 생겨 '서로 멀어지게' 된다고 주장한다.

주희의 경우, 위 구절에서 성性이라 말한 것은 "기질을 겸하여 말한 것으로서, 기질지성氣質之性이란 진실로 미악美惡의 같지 않음이 존재"하며 다만 "처음에는 미악의 같지 않음이 심하지는 않기" 때문에 공자가 "서로 가깝다" 말한 것이고 "선을 학습하고 악을 학습하면 서로 멀어지기 시작하는 것"이라고 하여 이 구절 전체를 '기질지성'에 관한 논의로 해석한다.[110] 따라서 주희에게는 모두에게 동일한 순선한 사덕의 본연지성本然之性이 있고, 사덕이 기질에 의해 가려져 미악이 존재하는 기질지성氣質之性이 있게 된다.

3. 천명지성, 심성, '습성'의 삼극의 도

심대윤이 천명지성天命之性, 심성心性, 습성習性을 함께 설명하는 구절은 《주역상의점법周易象義占法》 곤괘坤卦 〈문언전文言傳〉에 나온다. 여기서 심대윤은 성性의 삼극三極과 성의 선후천, 심心의 삼극과 심의 선후천, 나아가 천명지성 – 심성 – 습성의 삼극의 도道를 압축적으로 설명하고 있다.

사람은 천지의 기를 받아 본성으로 삼는다. 본성은 인도人道의 태극이다. 기는 본성의 극極이다. 본성에 이로움을 좋아하고 해로움을 싫어함이 있는 것은 양의兩儀이다. [난외주 : 이것은 성의 삼극三極을 말한 것이다.] 심心에 사단이 있는 것은 사상이 막 얽혀 행하는 것이니, 이름하여 '선후천'이라 한다. 본성은 기이니, 하나일 뿐이다.

심은 기가 형과 접한 것이니, 수만 가지 리理가 되어 달라진다. 그러므로 사람과 동물은 본성은 같지만 마음은 다르니, 본성은 이로움을 좋아하고 해로움을 싫어하지 않음이 없지만, 심은 이로움을 쫓고 해로움을 피하지 못함이 있는 까닭은, 그 형에 가려져 비추지 못하는 바가 있기 때문이다. [난외주 : 맹자가 말한 성선性善이 이것이다.] 명명이 비추지 못하는 바가 어둡게 되는 것이지, 해와 달에 어둠이 있는 것이 아니다. 지각이 미치지 못한 바가 악이 되는 것이지, 마음에 악이 있는 것이 아니다.

성性은 심心의 극이다. 사단은 심의 지각이다. [난외주 : 이것은 심心의 삼극을 말한 것이다.] 이 사단으로 인하여 가히 확충하여 사덕이 될 수 있으니, 이름하여 심성心性이라 한다. 《중용》에서 '자성명自誠明, 위지성謂之性'이라 하고 《논어》에서 '성상근야性相近也, 습상원야習相遠也'라 한 것은 심성을 말한 것이다. [난외주 : '심성'은 선하지 않은 것이 없지만, 그 인간의 마음이 형기에 가려진 것이 고르지 않기 때문에 '서로 가깝다'라고 한 것이다.] 마음에 '도심道心'과 '인심人心'이 있음은 양의이다. 마음이 오행의 기를 받아서 사단이 되나, 항상 남음과 부족함, 치우쳐 왕성함과 홀로 미미함이 있어 평탄하고 순수하며 고를 수 없으니, 혹은 중中하고 혹은 부중하여, 도심과 인심의 다름이 있다.

감정[情]에 희로애락이 있는 것은 사상이다. [난외주 : 기氣-성性-심心은 체體의 태극-양의-사상이 된다. 성性-심心-감정[情]은 용用의 태극-양의-사상이 된다.] 심이 발하여 물物과 접하니 '선후천'이 되는 것이다. 심心은 물과 불 같아서 지知와 명明이 있지만 반드시 물物에 짝으로 붙은 후에야 존재하니, 정正에 붙지 않으면 반드시 사邪에 붙어서, 습習하여 행한 바에 따라 성性을 성成하니, 마치 물이 땅에 의하여 흐름을 통제하고 불이 물物에 따라서 체體를 이루는 것과 같아 이름하길 '습성習性'이라 한다. [난외주 : 천명지성, 심성, 습성은 삼극의 도道이다.]¹¹¹

위 인용문의 전체적 내용을 도표화하면 다음과 같다.

삼극의 도			성性의 삼극 (기氣-성性-심心)		심心의 삼극 (성性-심心-감정[情])		천명지성-심성 -습성의 삼극
태극		주主	기	천지지기	심성	사단= 도심	천명지성
양의		체體	성	천명지성	심	(선후천)	심성
						도심, 인심	
사상= (선후천) =사행	사상	용用	심 (선후천)	심성	정 (선후천)	심	습성
				사단 =도심			
	사행			심		희로애락	
				도심, 인심	물物		

위에서 심대윤은 성性의 삼극이란 '성性(천명지성)'을 가운데 양의兩儀로 두고 위에는 (태太)극極에 해당하는 '천지의 기氣', 아래에는 사상四象에 해당하는 '심성心性'이 위치하는 삼극의 관계라고 말하고 있다. 태극은 그것 이상이 없는 것이므로, 심대윤은 그것 이상이 존재하는 하위 차원에서 삼자 간의 상대적 관계로서의 삼극의 도道를 논할 때에는 태극의 '태太'자를 빼고 극極-의儀-상象이라고 이른다. 먼저 천명지성이란 사람이 '천지의 기氣'를 받아 성性으로 삼은 것으로서, 인간의 도[人道]에서는 태극에 해당한다. 기氣는 성性의 극極이므로, 거꾸로 성은 기의 두 측면인 양의에 해당하며 '이로움을 좋아하고 해로움을 싫어하는' 본성을 의미한다. 다음으로 심성이란, 천지의 기의 사상에 해당하는 것으로서, 마음이 천지의 기를 구성하는 '오행의 기'를 받아 생성되었기에 마음의 지각[心之知覺]으

로 삼게 된, 사단四端이라는 도심道心이다. 성性은 사람과 만물이 같지만, 마음은 기와 형태가 접한 선후천이기 때문에 만물의 형태에 따라 마음도 각각 다르다. 사람의 마음은 오행의 빼어난 기를 받았기 때문에 그 심성으로서 사단이라는 마음의 지각을 얻었고, 그로 인해 사단을 확충하여 사덕을 이룸으로써 천명지성을 실현할 수 있는 특별한 존재이다.

이어서 심心의 삼극을 살펴보자. 심의 삼극이란 심을 양의로 두고 위로는 심의 극極에 해당하는 성性인 심성, 아래로는 사상四象에 해당하는 감정[情]이 위치하는 삼극의 관계이다. 따라서 성性의 삼극에서 선후천인 사상에 해당되었던 심성이 심의 삼극에서는 극極에 해당한다는 것을 알 수 있다. 곧 심을 선후천으로 규정함으로써 성의 삼극과 심의 삼극의 차원이 서로 연결되는 것이다.

심대윤은 심성을 사단四端이라고 말하기도 하고 도심①이라고도 하는데, 도심①이 심의 극極으로서 심성이라면 심은 다시 심성의 양의兩儀로서의 '도심②와 인심人心'이 되고, 감정[情]은 사상으로서의 심이 '발하여' 물物과 접한 것으로서 역시 선후천인 희로애락喜怒哀樂이 된다. 인심의 상태는 도심과 별도의 마음의 성性이 아니기 때문에, 만약 수양을 통해 탁한 기질을 제거하여 마음의 기에 형기의 가려짐이 없게 하면 인심 또한 사라진다. 반면, 도심②는 마음이 인심으로써 지각활동을 할 때에도 그동안에만 숨어 있다가 기질이 제거되면 언제고 다시 드러나게 된다. 왜냐하면 도심①은 선천의 기氣의 본성이기 때문이다. 이것이 마음을 거울에 비유하는 까닭이다.

비유하자면, '태양의 빛'이 도심①이라면 도심②는 태양의 빛이 내가 가진 마음이라는 거울에 그대로 반사되어 외부 사물을 비추는 '마음의 태양의 빛'이며, 나는 도심②로써 외부 사물을 비추어 이에 오롯이 드러나는 사물의 진상[理]을 다시 내 마음의 거울에 그대로 아로새길 수 있는 것이다. 그러나 만약 내가 가진 거울에 얼룩과 티끌이 잔뜩 묻어있다면 거울은 태양의 빛을 제대로 반사하지 못하게 되고, 그에 따라 외부 사물의 모습을 비추어도 그것의 진상을 알지 못하는 마음을 갖게 된다. 다시 말해, 외부 사물의 리를 인식하지 못하게 된다는 것이다. 그러나 이렇게 얼룩과 티끌이 잔뜩 낀 거울로서의 마음은 나의 마음의 본체(태양)의 본성(태양의 빛)이 아니기 때문에, 얼룩과 티끌(기질)을 제거하면 나는 언제고 다시 태양의 빛을 그대로 반사하여 외부 사물을 비추는 마음을 갖게 된다. 이것이 도심은 사라지지 않고 인심은 사라진다는 심대윤 주장의 요지이다.

심心의 삼극에서 사상四象에 해당하는 감정은 마음의 지각이 발하여 외부 사물과 교접한 것으로서, 마음과 외부 사물이 짝한 선후천이 된다. 이렇게 선후천인 마음을 매개로 다시 감정을 마음의 선후천으로 규정할 수 있게 됨으로써, 심대윤은 감정의 발함을 극기복례로서 통제하길 오래도록 지속하면 인심이 점차적으로 사라지고 결국에는 도심만이 남아 마음이 중中을 얻게 된다는 것, 곧 감정의 통제를 통한 마음의 기질의 교정으로써 마음을 교정할 수 있는 가능성을 확보하게 된다. 이런 맥락에서, 심대윤은 학문을 힘쓸 때에는 반드시 감정에서부터 시작해야 한다고 강조하며, 의지[志]를 세우길 굳게 하는 것으로부터 출발한다고 말한다. "무릇 선비는 의지를 숭상하니, 의지를 세우길 굳게 한 연후에라야 진보할 수 있을 것이다."[112] 심대윤은 양陽인 성性과 음陰인 의지가 서로 짝한 것이 마음이며, 의지는 성性이 아니기 때문에 변화시킬 수 있는 것이라 주장한다.[113] 의지와 감정을 통제를 통한 마음의 기질 교정을 주장하는 것이다.

습성習性에 대하여, 마음은 물과 불과 같아서 지각[知]과 밝힘[明]이 있지만 반드시 어떤 것[物]과 짝지어 붙은 후에 존재하기 때문에, 올바른 것에 붙지 않으면 반드시 간사한 것에 붙게 되어 있다고 주장하였다. 따라서 인간의 마음은 학습[習]하여 행한 바대로 성性을 이루어 가니 마치 물이 땅에 의해 흐름을 통제하고 불이 사물에 따라서 그 체體를 이루는 것과 같다는 것이다. 이러한 주장을 통해 심대윤이 생각하는 습성과 감정과 의지와 같은 방향으로 흘러감을 알 수 있다. 곧 한 사람이 어떤 환경에서 태어나 무엇을 보고 듣고 행위하면서 어떤 마음으로 어떤 감정을 반복적으로 발생시키느냐에 따라, 그 사람의 마음의 지각은 도심이 주가 될 수도 있고 인심이 주가 될 수도 있다. 극단적인 경우 어떤 사람은 하루 종일 마음의 지각이 인심의 지각으로서만 작용하여 매사에 예에 맞지않는 감정만을 발하는, 다시 말해 도심의 지각이 평생 숨어서 전혀 작용하지 않는 상태가 된다.

이는 위 《주역상의점법》의 인용문에서 심대윤이 《논어》의 '성상근야性相近也, 습상원야習相遠也' 구절을 '심성'에 대한 언급으로 규정하면서 인간의 마음이 형기에 가려진 것이 고르지 않기 때문에 '서로 가깝다'라고 한 것이라고 말한 것과 더불어, 《논어주설論語注說》의 해당 주석에서는 "이것은 심성을 말한 것이지 천명지성天命之性이 아니다. 사람의 심성은 멀지 않으나 학습한 것이 같지 않아서 선과 악의 차이가 생긴다."[114]라고 말하는 데서도 확인된다. 곧 공자가 본성을 '서로 가깝다'고 한 것은 천명지성이 아니라 심성을 가리킨 것이다. 심대윤에게 천명지성은 만물이 동일한 것으로서 증감하거나 바꿀 수 없기 때문에 '가깝다'라는 약간의 오차 범위도 두어서는 안 되는 것이다. 그러나 심성은 선천의 본체의 본성은 인간 모두가 같지만 후천의 형태의 기가 형질(기질)로 인해 가려지는 문제를 발생시킴으로써 개개인 간의 편차가 생긴다. 따라서 '가깝다'라는 말이 현실의 인간 심성의 실정과 맞는 표현이다.

그러나 습성의 경우에는 아예 선한 것과 악한 것으로 멀게 나뉜다. 곧 심대윤은 인간의 성性에 선과 악이 생겨나는 까닭은 천명지성은 상관없고 심성도 상관이 있지만 그래도 그보다는 주로 인간이 후천적으로 학습한 것이 같지 않기 때문에, 곧 학습한 것에 마음이 짝하여 그것을 마음의 성으로 이루어 나간 습성이 다르기 때문에 생긴다고 보는 것이다. 곧 습성은 심성이 후천적으로 변화된 것이다. 여기서 천명지성 – 심성 – 습성 삼자 간의 삼극의 도道의 의미가 포착된다.

크게 보아 천명지성과 심성은 태극과 양의에 해당하는 선천의 본성이라 할 수 있고, 습성은 사상에 해당하는 후천의 본성이라 할 수 있다. 선천의 본성은 학습에 의해 후천의 본성이 된다. 이것이 심대윤이 말하는 천명지성 – 심성 – 습성의 삼극의 도道의 의미이다.

제Ⅳ장
수양론修養論

1. 수양의 착수점 : 감정의 통제를 통한 마음의 기질 변화

1) 감정의 통제

심대윤은 마음 수양은 '감정[情]'을 조절하는 것으로부터 시작한다고 말한다.

마음의 밝은 지각[明知]이 발하여 외물과 접하면 감정이 생기니 희로애락喜怒哀樂이 이것이다. 평소 마음속에는 본래 감정이 없지만 사물이 밖에서 접촉해오면 발생하는 것인데, 마음의 혈기에서 움직여 함부로 발하면 마음을 상하게 된다. 감정이 마땅히 발생해야 할 데에서 발생하고 발생하지 말아야 할 데에서 발생하지 않으며, 발생하되 모두 법도에 맞으면 마음이 평온해진다. 마음이 평온하면 고요하고, 고요하면 밝아지고, 밝으면 인의예지의 사덕四德을 이루고 중화中和를 이룰 수 있으며 중화를 이루면 복리福利를 얻어서 본성의 욕구를 이룰 수 있다. 그러므로 그 본성을 이루고자 하는 자는 먼저 그 덕을 닦아야 하며, 그 덕을 닦고자 하는 자는 먼저 그 몸을 선하게 해야 하며, 그 몸을 선하게 하고자 하는 자는 먼저 그 마음을 다스려야 하며, 그 마음을 다스리고자 하는 자는 먼저 그 감정을 조절해야 한다. 무릇 사람이 공부할 적에 반드시 감정으로부터 시작하는데 감정이 발생하는 까닭은 욕망이 있기 때문이니 욕망이 없으면 감정이 발하지 않는다. 감정이 조절되는 까닭도 욕망이 있기 때문이니 욕망이 없으면 감정을 조절하지 않는다. 따라서 욕망이 감정의 주인이 되는 것이다.[115]

심대윤에 따르면, 본성을 실현하려는 자는 먼저 덕을 닦아야 하며, 덕을 닦고자 하는 자는 먼저 그 몸을 선하게 해야 하며, 그 몸을 선하게 하고자 하는 자는 먼저 그 마음을 다스려야 하며, 그 마음을 다스리고자 하는 자는 먼저 그 감정을 조절해야 한다. 왜냐하면 감정이란 마음의 밝은 지각이 발하여 외물과 접하면 생기는 것으로서 희로애락인데, 감정이라는 것은 평소 마음속에는 없지만 외부 사물이 접촉해오면 발생하는 것으로서, 이 때 마음의 밝은 지각이 마음의 혈기에서 움직여 감정을 함부로 발하면 마음이 상하게 되기 때문이다.

심대윤이 이렇게 '마음'이라는 것이 '감정'에 의해 '상하게' 된다고 말할 수 있는 이유는 그가 생각하는 마음이 가진 존재 양태가 선후천, 기와 형태가 짝지어진 것이기 때문이다. 이는 감정 또한 마찬가지다. 마음의 지각이 외물과 접촉하여 지각활동을 하면 감정이 발생하는데, 이 또한 기와 형태가 짝지어진 것으로서 선후천이다. 따라서 감정과 마음은 선후천으로서 마음의 형태 측면을 공유한다.

이처럼 감정은 마음과 형태를 공유한다. 그로 인해 마음의 형태에는 감정에 따라 잡된 기질이 섞일 수도 있고 제거될 수도 있는 가능성, 즉 기질의 교정 가능성이 존재하게 된다. 인용문에서 심대윤은 "감정이 마땅히 발생해야 할 데에서 발생하고 발생하지 말아야 할 데에서 발생하지 않으며, 발생하되 모두 법도에 맞으면 마음이 평온해진다."고 말한다. 마음이 평온하면 고요하고, 고요하면 밝아지고, 밝으면 인의예지의 사덕四德을 이루고 중화中和를 이룰 수 있으며 중화를 이루면 복리福利를 얻어서 본성의 욕구를 이룰 수 있다는 것이다. 여기서 중요한 것은 수양의 시작은 '감정'이고 '감정의 조절'이란 곧 "감정이 마땅히 발생해야 할 데에서 발생하고 발생하지 말아야 할 데에서 발생하지 않으며, 발생하되 모두 법도에 맞게" 발함으로써 마음이 평온하게 하는 것이다.

2) 감정의 '미발未發'에 대한 재규정 : 《중용》 '희노애락지미발위지중喜怒哀樂之未發謂之中' 해석

심대윤에 따르면, 《중용》 1장의 '희로애락지미발위지중喜怒哀樂之未發謂之中' 구절은 극기복례의 조목이며, 사람이 감정을 통제하여 마음의 중을 얻는 방법을 의미한다. 해당 주석에서 심대윤은 '희로애락'이란 감정으로서, 감정은 마음속에 있는 것이 아니라 외부 사물과 접촉하면 그 때 비로소 발생하는 것이며, 감정의 '미발未發' 즉 아직 발생하지 않은 감정이란 존재하지 않는다고 말한다. 그러면서도 '희로애락지미발위지중' 구절은 '마음이 중中을 이루는 방법'이라 주장한다. 이처럼 일견 모순적으로 보이는 해당 구절에 대한 심대윤의 해석을 아래의 원문을 통해 확인해보자.

"희노애락이 아직 발하지 않음을 중中이라 하고, 발하여 모두 중中에 맞는 것을 화和라고 한다. 중은 천하의 큰 근본이다. 화는 천하에 두루 행하는 도이다.[喜怒哀樂之未發謂之中, 發而皆中節謂之和, 中也者天下之大本也, 和也者天下之達道也.]"

사단은 마음의 극極이지만, 인심에 상대하여 양의가 된다. 그리고 감정[情]은 마음이 물에 교접하여 마음의 사상四象이 된 것이다. 욕欲은 마치 토土가 고정된 방위가 없는 것과 같으니, 희로애락은 사행四行의 수와 같다. 희로애락이 리理의 마땅히 드러나야 할 것에서 드러나고 마음의 기氣에서 움직여 드러나지 않으면, 리에 따르고 마음에 뿌리를 두지 않아서 마음이 평탄해지고 움직이지 않으니 이를 일컬어 '중中'이라 한다. 사물의 마땅히 발할 곳에 따라서 드러나고 모두 절도에 딱 맞고 어긋남이 없는 것을 '화和'라고 한다.

인간의 마음속에는 희로애락이 있지 않다. 마음에는 오직 밝은 지각[明知]만이 있으니, 물물과 접촉하여 그 기뻐할만한 것, 분노할만한 것, 슬퍼할만한 것, 즐거워할만한 것을 보면 능히 지각해서 그렇게 하는 것이다. 희로애락이 아직 발하지 않았다면 애초에 희로애락이라 이름할 수 있는 것이 없다.

'희로애락지미발喜怒哀樂之未發'이라는 그 말에서의 '미발未發'은 그 '마음에서 발하지만 시청언동에서 발하지 않음'을 일컫는 것이다. 마음에서 발하지만 시청언동에서 발하지 않는다는 것은, 리에서 발하고 마음의 기에서 발하지 않았음에 기인한다. 진실로 능히 마음에서 발하지만 시청언동에서 발하지 않게 할 수 있다면 오래 지나서 마음에서 함부로 발하지 않을 것이니, 오직 리에 인해서만 발하여서 마음이 평탄하고 움직이지 않게 되는 것이다.[마음에서 발하는 것은 자신이 힘쓸 수 없는 것이다. 시청언동에서 발하지 않는 것은 자신이 힘쓸 수 있는 것이다. 리에 인한다는 것은 충서와 중용을 준칙으로 삼는 것이다.] 이렇게 한 후에야, 희로애락이 비로소 중을 얻을 수 있을 것이다. 그러므로 "'희로애락이 〈마음에서 발하지만 시청언동에서〉 발하지 않음'을 중이라 한다."고 말한 것이다. '喜怒哀樂之未發 謂之中'이란 중中이 되는 방법인 것이다. '發而皆中節 謂之和'란 중中이 외부로 행해져 이뤄진 것이다. 중中이라 말하고 화和라 말하는 것은 문장의 호거互擧이니, 중하면 곧 화한다. 군자의 학문은 반드시 감정[情]에서부터 힘써야 할 것이니, 정이 함부로 발하지 않고 시청언동이 예에 맞는다면, 감정은 자연히 바르게 될 것이다. 감정이 발하여 절도에 맞는다면, 곧 마음은 저절로 바르게 될 것이다. 이것이 마음을 다스리는 요결이다. 오래도록 하면 사악한 마음이 없어지고, 도심이 홀로 온전하게 되니, 도가道家의 신체 단련법과도 같다. 중을 확립하여 사방에 두루 응하니, '대본大本'이라 한다. 천하와 화합하여 두루 행하기 때문에 '달도達道'라 한다. 무릇 천하의 모든 사람에게 두루 행할 수 없는 것은 사람의 도가 아니다.

  ○이는 곧 《논어》의 '극기복례'의 조목이니, 마땅하게 그 설을 참고해야 한다. [희로애락이 마음에서 발하지만 시청언동에서 발하지 않음, 이 또한 사람이 할 수 있는 것이나 아직 다하지 못한 것이다.] "중화를 이루면 천지가

제 자리를 편안히 하고 만물이 생육한다.[致中和, 天地位焉, 萬物育焉]【마음 다스림의 묘함이 이와 같음에 이르렀다.】

천지의 조화로운 기가 감응하여 재앙과 허물과 쇠하거나 좀먹는 변화가 없으며 만물이 창성한다.

○이것이 제1단이다. 도가 천성에서 나와서 바꾸거나 옮길 수 없는 것이 곧 '성誠'이고, 교가 도를 닦음이 감정[情]으로부터 시작하여 기질을 바꿀 수 있는 것이 곧 '성지誠之'라는 것을 말한 것이다. '성'은 이로움이고, '성지'는 이롭게 하는 것이다. 이것이 '지지知止'라 이르며, 이것이 '명선明善'이라 일컬어지는 것이다.【선을 하는 것이 스스로를 이롭게 하고 천지와 귀신과 많은 사람들과 합하여 복과 경사가 반드시 이른다는 것과, 불선을 하는 것이 스스로 해를 취하고 천지와 귀신과 많은 사람들과 어긋나 불행과 재앙이 반드시 미친다는 것을 안다면 이것을 '명선'이라고 이른다. 이미 명선했다면 심心은 자연히 의혹이 없고 선善에 머물며 안정됨이 있다.】[116]

심대윤은 "군자의 학문은 반드시 감정[情]에서부터 힘써야"하며, "감정[情]으로부터 시작하여 기질을 바꿀 수 있는 것이 곧 '성지誠之'"라고 말하고 있다. 심대윤은 희로애락喜怒哀樂이라는 '감정[情]'이라는 것은 그것이 아직 '발하지 않은[未發]' 것으로서의 어떤 존재가 없기 때문에, 경문의 '희로애락지미발위지중喜怒哀樂之未發謂之中'을 "희로애락이 아직 발하지 않은 것을 중이라 한다."라고 읽어서는 안 된다고 주장한다. 이는 주희가 "희로애락은 감정이요, 발하지 않은 것은 본성이니, 편벽되고 치우친 바가 없으므로 중이라 이른다."[117]라고 하여, 감정이 발하지 않은 것이란 곧 마음속의 편벽되고 치우친 바가 없는 중으로서의 본성을 말한다고 본

것과 대조적이다. 이를 주장하기 위해 심대윤은 심의 삼극三極 개념을 간단히 서술하는데, 먼저 심성(極)-심(儀)-정(象)의 관계에서 사단은 도심이자 심성心性으로서 심의 극이지만 심 차원에서는 인심과 함께 도심으로서 양의를 이루는 것이다. 그리고 감정은 마음이 사물과 교합하여 마음의 사상이 된 것이다. 마음에는 오직 밝은 지각[明知]만이 있을 뿐이어서 가령 사물을 접했을 때 그것이 기뻐할 만한 것이면 능히 지각하여 기뻐하는 감정을 발하는 것이지 마음속에 감정이 발하기 전의 무엇이 내재되어 있는 것이 아니다. 따라서 경전의 구절을 '감정이 발하지 않은 것이 중中이다'라는 의미로 해석해서는 안 된다는 것이다.

심대윤은 "희로애락지미발喜怒哀樂之未發"이란 "희로애락이 마음에서 발하지만 시청언동에서 발하지 않음"을 말하는 것으로서, 이는 희로애락이 리에서 발하고 마음의 기에서는 발하지 않음에 기인한다고 말한다. 심대윤에 따르면 희로애락이 리理의 마땅히 발해야 할 곳에서 발하고 마음의 기氣에서 움직여 발하지 않으면 리에 인하고 마음에 근거하지 않아서 마음이 평탄해지고 움직이지 않게 되는데 이것이 '중中'이다. 또 사물의 마땅히 발할 곳에 인하여 발하고 모두 절도에 딱 맞고 어긋남이 없는 것이 '화和'이다.

심대윤은 어떤 사람이 자신의 감정을 마음에서 발하지만 시청언동에서 발하지 않게, 진실로 능히 그렇게 할 수 있다면 오래 지나더라도 마음에서 감정이 함부로 발하지 않게 되며, 이는 감정이 오직 리에 인하여 발하여 마음이 평탄해지고 움직이지 않기 때문이라고 주장한다. 심대윤은 '감정이 마음에서 발하는 것'은 자신이 힘을 쓸 수 없는 부분이지만, '시청언동에서 발하지 않게 하는 것'은 자신이 힘쓸 수 있는 영역이라 말한다.

그리고 이 경전의 구절은 극기복례克己復禮의 조목과 일치하고, 군자의 학문은 반드시 감정[情]에서부터 힘써야 하며 감정이 함부로 발하지 않고 시청언동이 모두 '예에 들어맞는[中禮]'다면 감정은 자연히 바르게 될 것이라 말한다. 여기서 심대윤이 리라고 말하는 것의 현실태가 곧 성인이 제정한 예禮임을 알 수 있다.

곧 심대윤이 말하는 '喜怒哀樂之未發'이란 사람이 자신의 마음에서 감정이 발하는 것은 어찌 할 수 없지만 시청언동에서 감정이 발하지 않게는 할 수 있으므로, 스스로 언제나 예禮(곧 리理)에 맞지 않는 것은 보고 듣고 말하고 행동하지 않으려고 하고 동시에 예에 맞는 것만을 보고 듣고 말하고 행동하고자 함으로써, 그 과정에서 생겨난 감정의 본질이 마음에서 발하였지만 시청언동에서 발하지 않은 것, 곧 마음이 그 감정을 리理인 예禮에 기인해서 발한 것이지 자신의 마음의 기에서 발하지 않은 것이 되게끔 지속적으로 노력하는 것을 의미한다. 그리고 그러한 노력을 경주하여 어느 시점에 이르러 능히 그렇게 할 수 있게 된다면 그것이 곧 마음이 평탄해지고 움직이지 않아 마음이 오직 리에 인하여 감정을 발생하는 상태, 즉 중中의 상태가 됨을 말한다. 이런 맥락에서 '喜怒哀樂之未發謂之中'이란 감정의 조절을 통해 마음이 중中이 되는 방법[所以爲中者也]을 말한 것이다. 나아가 마음이 중이 되었다면 그 마음이 발한 감정은 모두 예禮(리理)에 중절한 것이므로, '發而皆中節謂之和'라는 말에서 화라는 말은 다른 것이 아니라 중이 외부에 행해진 것으로서 중하면 곧 화하다고 말한다.

심대윤은 경전의 '중화를 이루면 천지가 제 자리를 편안히 하고 만물이 생육한다.[致中和, 天地位焉, 萬物育焉.]'라는 구절은 인간이 감정을 조절하는 수양을 통해 마음을 다스려 중화를 성취하면 천지의 조화로운 기가 감응하여 재앙과 허물과 퇴락하는 변화가 없으며 만물이 창성한다는 것을 말하는 것으로서, 마음 다스림의 묘함이 이와 같다고 말한다. 마지막으로 《중용》 1장 1단에 대한 주석을 마무리하며, 심대윤은 "도가 천성에서 나와서 바꾸거나 옮길 수 없는 것이 곧 '성誠'이고, 교가 도를 닦음에 감정[情]으로부터 시작하여 능히 기질을 변화시킬 수 있는 것이 곧 '성지誠之'라는 것을 말한 것이다. '성誠'은 이로움이고, '성지'는 이롭게 하는 것[利之]이다."라고 하여 천성, 즉 천명지성天命之性인 욕구가 바꾸거나 옮길 수 없는 이로움이라는 지상 가치를 지향하는 것으로서 '성'이라면, 감정으로부터 시작하여 능히 기질을 변화시킬 수 있는 것이 이롭게 하는 것으로서 '성지'라고 말하고 있다.

  이처럼 심대윤은 감정의 미발을 재규정하고 예禮의 수용과 감정의 통제를 통한 마음의 기질 변화를 주장하는 것이다.

2. 충서忠恕·중용론[118]

1) 중용中庸의 일차적 의미 : 예禮로서의 중용

심대윤의 중용 개념을 파악하기 위해서는 그가 주희의 중용 개념을 비판하는 논점을 확인할 필요가 있다.

주희는 《중용장구》 첫 문장에서 중용을 "중이란 치우치지 않고 기울지 않으며, 과함과 불급함이 없는 것이다. 용이란 평범하면서도 항구적인 것이다.[中者, 不偏不倚, 無過不及也. 庸, 平常也.]"라고 정의한다. 그는 중용의 중中은 중中과 화和를 겸한 것[119] 곧 체體와 용用을 겸한 것이라 규정하면서,[120] 치우치지 않고 기울지 않다.[不偏不倚]라는 명제로부터는 사방 어느 곳으로도 치우치지 않은 완벽히 정중앙에 위치한 공간적 이미지를 가진, 감정이 발하기 전[未發]에 존재하는 마음의 본체의 의미를 취하고, 과함과 불급함이 없다.[無過不及]이라는 명제로부터는 모든 일을 행함에 있어서 주어진 상황에 시의적절하다는 시중時中의 의미를 취하고 싶었다고

말한다.[121]

  그리고 중용의 용庸은 평범하면서도 항구적인 것[平常]이라고 규정함으로써, 정자程子가 용을 '바뀌지 않음[不易]'이라 규정했을 때처럼 오랜 시간이 지난 뒤에야 검증할 수 있는 것이 아닌, 군자에 의해 행해진 것이며 동시에 인류의 일상 속에 자리 잡은 것이라는 의미를 취한 것이라 설명한다.[122] 정리하자면, 주희에게 중용이란 성인이 자신의 미발의 본성으로써 이발의 일상다반사에 자연스레 응대하는 과정을 통해 저절로 드러나게 된 만사만물의 마땅한 이치[理]이며, 바로 그렇기 때문에 일상에 드러남과 동시에 인류에게 평범하면서도 항구적인 것으로 자리 잡게 된다는 의미를 갖고 있다. 이처럼 주희의 중용론은 곧 중용이라는 것이 군자의 본성으로부터 발출된 일상의 리理라는 것을 주로 자신의 심성론(성즉리性卽理, 심통성정心統性情)에 입각하여 설명한 것이라 할 수 있다.

  심대윤은 이러한 주희의 입장을 비판한다. 먼저 심대윤에게 중中이란 무엇인지 살펴보자.

  황皇은 위대함이다. 충衷은 중中이다. 초목과 금수는 각각 치우친 기氣를 얻었지만, 인간은 중화의 기를 받았다. 《예기》에서 '오행의 빼어난 기'[123]라 말하고, 류강공劉康公이 '백성은 천지의 중中을 받아 태어났다.'[124]라고 말한 것이 그것이다. 행위가 중을 얻으면 곧 명을 따르는 것이어서 복을 받고, 행위가 중을 잃으면 곧 하늘을 거스르는 것이어서 재앙을 재촉한다. 하늘은 중화의 기를 주고 중화의 덕을 명하였으니, 그리하여 '백성에게 중中을 내렸다.'라 한 것이다. 【'중화의 덕을 명했다'라는 것은 주어서 성性이 되게 했다는 것이 아니라 그 덕을 요구한 것이다.】 …… 【만약

《집전集傳》[125]에서 말한 것처럼 '중中이 인간의 본성이 된다'라면 장차 모두 학습하지 않아도 할 수 있고 가르치지 않아도 이루니, 아기가 태어나자마자 성인일 것이다. 중이란 덕의 자리[位]이다. 사물에 있는 것이며 마음에 있지 않다. 마음이 사물의 중을 얻을 수 있는 것이지, 중이 사물의 선善을 얻을 수 있는 것이 아니다. 마음속에 중이 있다니, 어찌 거짓이 아니겠는가! 또 성이 이미 중하다면 감정[情]에는 어찌 욕慾이 있겠는가? 감정이 기질에서 단독으로 나오는 것이고 마음은 나무기둥처럼 지각이 없다는 말인가? 또 〈중훼지고〉의 '하늘이 낳은 백성들에게 욕구가 있으니'가 감정을 가지고서 말한 것이라면 감정의 함부로 발함 또한 하늘에서 나왔단 말인가? 하늘은 인간에게 선善을 명하고서는 또 사람에게 불선을 명했단 말인가! 거짓됨이 또한 심하도다.】"[126]

심대윤은 중中은 인간의 본성이 아닌 사물事物, 즉 현상에 존재하는 사태와 만물 속에 있는 것이라 주장한다. 인간의 마음에 중이 있어서 사물을 선하게 하는 것이 아니라, 반대로 인간의 행위가 사물 속에 있는 중을 얻거나 잃음으로써 복을 받거나 재앙을 재촉한다는 것이다. 심대윤에 따르면, 하늘은 오직 인간에게만 초목과 금수와 달리 치우치지 않은 중화의 기氣를 주었고 대신 중화의 덕德을 성취할 것을 요구했다. 그런데 중화의 기를 받았다는 것은 단지 중화의 덕의 성취를 이룰 수 있는 가능성만 갖는 것이지 결코 그 성취를 보장해주지 않는다. 왜냐하면 인간의 심성心性은 태생적으로 기질에 가려져 있기 때문에 함부로 발하기 일쑤이고, 중이라는 것이 마음속에 있는 것이 아니라 현상의 사태 속에 있는 것이기 때문에 인간은 마음이 사태의 중을 받아들여 실제로 행한 행위가 사태 속에서 중을 얻었을 때 비로소 중을 얻었다고 할 수 있는 것이기 때문이다. 그래도 기질이라는 것은 이겨내어 없앨 수 있는 것이기 때문에, 기질과 섞여 함부로 발하는 심성을 '항구적 본성'이 아니라 '마치 항구적 본성이 있는 것 같다'고 말할 수 있다.[127] 곧 인간에게 순선한 본성은 없지만 그래도 인간에게는 마음에 중을 받아들이고 힘써 기질을 제거할 경우 선을 성취할 수 있는 가능성 또한 분명히 존재한다는 것이다. 따라서 인간은 학습을 통해 현상 사물의 중을 마음에 습득하고 이를 실천하도록 노력해야 한다.

그렇다면 기질에 가려 함부로 발하곤 하는 마음이 현상 사물의 중을 어떻게 포착할 수 있는가? 《중용》에서 순임금의 위대한 지혜[大知]에 대해 논하는 대목을 보면 실마리를 얻을 수 있다.

'묻길 좋아한다[好問]'라는 것은 자신을 쓰지 않고 남에게서 취하는 것이다. '천근한 말[邇言]'은 사람들이 소홀히 하는 것이다. 악은 가려주고 선을 드날려 준다면 사람들이 고무되어 원망이 없을 것이다. 양쪽 끝을 잡지 않는다면 중을 알 수가 없으니, 반드시 그 이로움과 해로움의 결과와 경중의 끝을 밝힌 후에 비로소 그 의로움을 얻어서 그 중을 쓰는 것이다. 【모든 일을 그 상하의 양단을 헤아리면 중이 자연스레 얻어진다. 높아서 더 올라갈 수 없는 것이 위의 끝이고, 낮아서 더 내려갈 수 없는 것이 아래의 끝이다. 사물마다 있고 일마다 있으니, 사람이 다르고 지위가 다르고 때가 달라도 따르는 것은 그 중이 있기 때문이다.】[128]

심대윤에 따르면, 순임금이 위대한 지혜[大知]인 까닭은 바로 자신의 지혜를 쓰지 않고 다른 사람들에게서 취해 쓰기 때문이다. 어떤 문제 상황이 생겼을 때, 그 해결책은 자신에게 있는 것이 아니다. 다른 사람들의 생각을 가장 낮은 것부터 가장 높은 것까지 모두 들어보고 이해 경중을 끝까지 따져 검토할 때, 중中이 자연스레 포착된다. 이처럼 성인이 중을 포착하는 방법의 핵심은 다른 사람들의 생각을 꼼꼼히 듣고 검토하는 것에 있으며, 그렇게 하면 사람과 지위와 때가 같지 않아도 모두 중을 따르게 된다는 것이다. 이런 주장은 인류의 호오는 동일하기 때문에 어떤 문제에 대해서도 인류 전체의 호응을 이끌어낼 수 있는 중의 지점이 반드시 있다는 것을 전제로 하고 있다. 성인은 사회문제를 해결하기 위해 바로 이 중을 찾고자 끝없이 노력하는 사람이다.

  같은 문장에 대한 주희의 주석은 심대윤과 근본적으로 다른 입장을 보여준다. 주희는 순임금이 위대한 지혜인 이유는 자기를 쓰지 않고 남의 지혜를 취했기 때문이라 말하면서도, 애초에 그렇게 될 수 있었던 보다 근본적인 이유는 바로 선한 것들 중에서도 가장 선한 것이 무엇인지를 파악할 수 있는 순임금 자신에게 있는 저울과 자[權度]가 정밀하고 적절하여 어그러지지 않았기 때문이라고 주장한다.[129] 이는 순임금이 위대한 지혜인 까닭은 남들의 이야기를 듣기 이전에 이미 그 자신의 저울과 자를 정밀하고 적절하게 만들어 놓았기 때문이라는 말이다. 그렇게 선의 기준을 자신의 내부에 갖추어놓았기 때문에, 남들이 제시하는 선택지 중 무엇이 가장 좋은지 평가하여 선택할 수 있다는 것이다. 이에 반해 심대윤의 생각은, 순임금은 남의 견해를 최하에서 최상까지 모두 듣고 그 견해들의 중을 포착해 나가는 태도로 인해 위대한 지혜가 된다는 것이었다. 곧 선의 기준은 나의 내부가 아닌 외부, 즉 사태 속에 있는 것이기 때문에 내가 해야 할 일은 사심 없는 태도를 지속적으로 유지함으로써 사태 속에 있는 중을 끊임없이 탐색하는 것이다.

심대윤에게 성인聖人은 현상 속의 중을 포착하여 일상의 규범인 예禮를 제정하는 사람이다. 곧 "선왕께서 만세의 중용을 제정하시어 예로 만드셨으니, 여력이 충분한 자들은 낮추어서 나아가고 부족한 자들은 발돋움하여 이르러야 한다."[130] 심대윤은 이처럼 중이 외재적이며 그것은 성인이라는 매개자를 통해 예라는 현실태로 제작됨으로써 인간 사회에 일상적 규범으로서 드러나게 된다는 논리를 전개하고 있다. 그런데 성인이 제정한 예를 실천함에 있어서 어떤 이는 여력이 충분할 수도 있고, 어떤 이는 힘이 부족할 수도 있다. 문제는 여력이 충분한 사람들의 경우이다.

지나친 행위는 모자란 것과 똑같이 좋지 않다. 뛰어난 자는 충분히 할 수 있다고 할지라도 모자란 자에게는 절대 바랄 수 없는 것이라면, 마침내 노력해서 따라가려는 뜻을 끊어버리고 날로 하류로 나갈 것이다. 이와 같이 된다면 예라는 알맞은 제도는 없어질 것이다. 천하에 뛰어난 자는 적고 모자란 자는 매우 많은데, 모자란 자들의 희망을 끊어버린다면 천하에 예는 없어질 것이다. 예가 무너지는 이유는 뛰어난 자가 낮추지 않는 데서 비롯한다. 그러므로 예는 한계를 줄여나가는 것을 근본으로 삼아서 백성들이 위로 넘치는 것을 막아야 한다. 무릇 남편이 죽었는데 따라 죽지 않고 개가하는 것은 인지상정이고 예에서도 금지하지 않는 것이요, 차마 절개를 고치지 못하여 시집을 가지 않는 것은 인정에 어려운 것이고 예에서도 숭상하는 것이며, 남편이 죽으면 따라 죽는 것은 사람의 정상적인 정도 아니고 예에서도 금지하는 것이다.[131]

성인이 최저부터 최고까지 사람들의 생각을 살펴 중용의 예를 제정한 까닭은 그것이 선한 자 악한 자 할 것 없이 인간이라면 누구나 이로움을 좋아하고 해로움을 싫어하는 본성에 의해 호응하는 지점, 곧 '모든' 인간을 도덕적인 행위로 인도할 수 있는 중이기 때문이다. 그런데 소수의 뛰어난 자들이 보통 사람들은 할 수 없는 수준의 행위를 하기 시작하면 과도한 도덕의 기준이 설정되어 소수의 도덕적인 사람과 다수의 비도덕적인 사람이라는 기형적인 양극화가 진행되면서 결국 예가 무너진다는 것이다. 이 대목에서, 심대윤의 중용론은 개개인들의 욕구를 조율하고자 자신을 점진적으로 변화시키려 하는 수양론으로 변모한다. 성인이 중용을 포착하여 예를 제정할 수 있었던 것은 사회 전체의 조화로운 안정을 위해 나를 낮추고 남의 말에 귀 기울이며 남의 선은 높여주고 악은 들춰내지 않는 겸손의 태도 때문이었다. 이번에는 역으로, 수양을 하는 자가 성인이 제정한 예를 마음에 받아들여 겸손을 실천해나감으로써 사회적 화합을 이루어나가는 수양론으로서 중용의 의미가 도출된다.

2) 중용의 이차적 의미 : 수양론으로서 중용

심대윤은 《중용훈의中庸訓義》 서문에서 중용 개념을 다음과 같이 정의한다.

주자가 말했다. "중은 치우치지 않고 과불급이 없는 것이다. 용은 평범하면서 항구적인 것이다." ○용庸은 겸謙이다. 중中·화和·겸謙·용庸은 서로 붙어서 함께 행해지는 것이다. 충서를 인이라 하니 도의 근본이다. 예로써 절제하거나 꾸며주고, 의로 제재한다. 예의는 중용을 이루는 방법이다.[132]

심대윤은 여기서 중용을 중中·화和·겸손[謙]·용庸의 약어인 것처럼 표현한다. 중화와 겸용은 서로 붙어 병행하므로 중용은 곧 중·화·겸·용이라는 것이다. 그런데 곧바로 이어지는 설명에서 '예의는 중용을 이루는 방법'이라고 말한다. 곧 그는 예의, 곧 예禮를 통해 중·화·겸·용이 이루어진다고 본 것이다.

> 예는 중용을 이루는 방법이다. 희로애락이 발하여 중절하는 것은 예로써 마음을 바르게 하는 것이다. 시청언동이 모두 예에 맞는 것은 예로써 수신하는 것이다. 예에 서면 중하고, 중하면 용하고, 용하면 겸하며, 겸하면 화하다. 예는 중화겸용의 수단이다.[133]

곧 예를 나의 기준으로 받아들이면 '중 → 용 → 겸 → 화'로의 이행이 이루어진다는 것이다. 그런 의미에서 '예는 중화겸용의 수단'인 것이다. 그런데 여기서 언급된 네 가지 개념은 심대윤의 저술에서 여러 조합의 형태를 보인다.

1) "중하면 화하다.[中則和也.][134]"
2) "중·화·용·겸은 명칭은 다르지만 효과가 같은 것들이다.[中也, 和也, 庸也, 謙也, 異名而同功者也.][135]"

3) "중·화·겸·용은 명칭은 다르지만 같은 도이다.[中·和·謙·庸, 異名而同道也.][136]"

4) "중하면 용하고, 용하면 화하다. 중용은 중화다.[中則庸, 庸則和. 中庸者, 中和也.][137]"

5) "중하면 용하고, 용하면 겸하고, 겸하면 화하다. 중·화·겸·용은 하나에 이른다.[中則庸矣, 庸則謙矣, 謙則和矣. 中·和·謙·庸, 一致也.][138]"

6) "예에 서면 중하고, 중하면 용하고, 용하면 겸하고, 겸하면 화하다. 예는 중·화·겸·용의 수단이다.[夫立于禮則中矣, 中則庸矣, 庸則謙矣, 謙則和矣. 禮者, 中和謙庸之具也.][139]"

위 문장들을 들여다보면 우선 중·화·겸·용은 "명칭은 다르지만 효과가 같다."라든가 "명칭은 다르지만 같은 도이다." 혹은 "중·화·겸·용은 하나에 이른다."라고 규정됨을 알 수 있다. 다시 말해, 이 네 가지는 기본적으로 어떤 동일한 목적을 지향하는 것이고, 그 효과도 같은 개념이라는 것이다. 그 다음 알 수 있는 사실은 1)의 중 → 화, 4)의 중 → 용 → 화, 5)의 중 → 용 → 겸 → 화는 모두 중에서 시작하여 화로 마무리 되는 일관성을 보인다는 것이다. 그리고 6)의 문장에서는 네 개념들의 공통적 목적과 효과가 제시되고 있다. 곧 네 가지 개념은 모두 예禮를 받아들임으로써 획득되는 것으로서, 예의 본질과 궤를 같이하는 수양의 덕목, 곧 실천의 덕목인 것이다.

그런데 이처럼 심대윤이 네 가지 덕목을 수양의 덕목으로 삼은 배경에는 당시 사회에 대한 문제의식이 담겨 있다. 심대윤은 당대의 사회적 혼란의 원인을 크게 두 가지로 꼽고 있다. 하나는 기존의 유학자들이 성인의 가르침을 왜곡시킨 점이고, 다른 하나는 그 틈을 타 서학이 들어와 백성을 유혹한다는 것이다.[140] 곧 심대윤은 기존의 유학자들이 헛된 명예[虛名]에 치우쳐 버리는 바람에 그들과 같은 방식의 삶을 살 수 없는 백성들마저 '도덕은 도덕이고, 이익은 이익이다'라고 이분법적으로 생각하며 이익에만 치우친 삶을 살게 되었으며,[141] 이런 혼란 상황을 틈타 서학이 들어와 천주가 화복의 권한을 움켜쥐고서 구원을 바라는 백성들을 휩쓸어 간다는 것이다.[142] 심대윤은 무엇인가에 기도하여 복을 비는 사회는 반드시 망하게 되어 있으며,[143] 오직 내가 살아있을 때 인간의 도[人道]에 따라 행한 행위가 선했는지 악했는지 부지런했는지 게을렀는지 여부가 처음부터 끝까지 이해와 화복을 결정한다고 주장한다.[144]

심대윤이 제시한 인도는 충서와 중용이라는 두 가지 방법을 힘써 실천함으로써 궁극적으로는 사회를 '하나로 만드는 것[致一]'이다. 심대윤이 추구하는 하나가 된 사회는 군주와 신하와 백성이라는 사회계층간의 구분이 엄격히 존재하면서도 삼자가 조화롭게 합하여 하나의 국가를 이루고 있는 사회이다.[145] 곧 심대윤에게는 사회적 안정과 조화가 궁극적 목적인 것이다.

3) 실천적 수양론으로서 두 인도人道

심대윤은 인간의 모든 행위가 이익과 명예라는 두 가지 이로움을 추구하는 것이라 본다. 그런데 문제는 사회를 이루어 살아가는 개인들의 욕구충돌로 인해 끊임없이 사회적 혼란이 일어났다는 것이다.

옛날부터 지금에 이르기까지 오륜이 서로 어지러워지고 여러 씨족들이 원수가 되는 것은 모두 이익을 다투고 명예를 다투는 것에서 비롯한다.[146]

이런 문제의식 하에서, 심대윤은 사회적 혼란을 종식시키고 각 구성원들이 서로 조화롭고 안정된 상태를 이루기 위해 이익과 명예라는 모든 개개인이 가장 욕구하는 두 가지 것을 조율할 수 있는 방법을 제시하고자 했다.

그렇다면 무언가를 원하는 사람들에게 그 욕구를 절제하도록 만들려면 어떻게 말해야 할까? 심대윤은 천지의 도는 반대로 행한 이후에야 이루어지는 것이므로 무엇인가를 원한다면 반대로 그것을 남에게 양보하는 것이 그것을 얻는 방법이라는 논리를 편다.[147] 심대윤은 이 양보의 논리를 이익에 대한 욕구와 명예에 대한 욕구에 각각 다른 방식으로 적용한다.

공평[公]으로서 충서

이익에 대한 개개인의 욕구를 사회적 차원에서 조율하는 역할을 수행하는 것은 충서忠恕의 도이다. 심대윤은 자신이 원하지 않는 것을 남에게 하지 않는 것이 서恕이고, 자신이 바라는 것을 남에게도 미루어 행하는 것이 충忠이라고 정의하고, 충서는 인도人道의 규구規矩로서 사람 간의 감정을 소통하여 나와 남을 공평하게 하고 천도를 따르는 방법이라고 말한다.[148] 곧 충서는 나와 남을 공평하게 하는 방법이다. 그런데 충서가 곧바로 공公으로 연결되는 것은 아니다. 공이란 충서를 모종의 규칙에 맞게 실천했을 때 비로소 실현된다. 그렇다면 어떻게 해야 하는가? 심대윤은 네 가지 사례를 들어 공의 규칙을 제시한다.

> 남과 이익을 함께 하는 것은 지극히 공평한 도이다. 그러나 이익이라는 것은 남에게 이로우면 나에게 해가 되고 나에게 이로우면 남에게 해가 되니, 양쪽 모두 완전할 수는 없는 것이다. 어떻게 하면 함께 할 수 있는가? 1) 나와 남이 함께 이익되는 일이 있으면 재빨리 하고, 2) 나에게는 이로우나 남에게는 해가 없고, 남에게는 이로우나 나에게는 해가 없다면 재빨리 하며 3) 나에게 이로움이 많으나 남에게 해가 적고, 남에게는 이로움이 많으나 나에게는 해가 적으면 또한 한다. 4) 나에게는 이로우나 남에게는 심히 해가 되고 남에게는 이로우나 나에게는 심히 해가 되면 해서는 안 된다. 나와 남을 잘 저울질하여서 한 쪽에 치우지지 않는 것, 이것이 이익을 함께 하는 지극히 공평한 도이다.(번호는 필자)[149]

이익이라는 것은 나와 남 양쪽 모두 완전할 수 없는 것이다. 하지만 나와 남이 이익을 함께할 수 있는 방법이 있다. 그 방법이 바로 충서와 공公이다. 심대윤에게 공평하다는 것은 나와 남을 잘 저울질하여 어느 한 쪽에도 치우치지 않는 것을 의미한다. 윗글에 언급된 사례 중에서 1)과 2)는 나와 남의 이해가 엇갈리지 않는다. 3)은 한쪽은 이로움이 많은 반면 다른 쪽은 해로움이 작게나마 있는 경우이고, 4)는 한쪽은 이로우나 다른 쪽의 해로움이 심한 경우이다. 이런 경우 충서와 공의 태도는 어느 한 쪽의 사람에게 자신의 욕구를 절제할 것을 요청한다. 3)의 경우에는 작은 해로움을 겪게 될 사람이 많은 이로움을 얻게 될 사람에게, 4)의 경우에는 이익을 얻을 수 있는 사람이 심한 해로움을 겪게 될 사람에게, 각각 자신의 이익에 대한 욕구를 절제하고 양보할 것이 요청된다. 왜냐하면 만약 양자의 처지가 정반대로 바뀐다면 그 또한 상대방이 양보하길 원할 것이기 때문이다. 그런데 이런 절제와 양보는 여전히 '요청' 사항이지, 그것을 '하라'라고 말할 수 있는 근거를 확보하지는 못한 것처럼 보인다. 왜냐하면 절제하고 양보함으로써 자신이 이익을 얻게 된다는 것을 보장할 수 없기 때문이다. 여기서 반전이 일어나게 된다. 내가 남에게 양보할수록 남으로부터 더 많은 이익이 되돌아오며, 하늘은 이 되돌아온 이익에 반드시 복을 내린다는 것이다.[150]

3절에서 살펴보았듯이, 성인은 이해화복에 대한 이러한 이치를 통찰하고 그 속에 있는 중中을 포착하여 대중들에게 예禮라는 일상의 규범을 제정해주는 매개자이다. 심대윤은 성인이 도를 행하는 것을 그릇 만드는 일에 빗대어 설명하면서, 충서는 규구에 중용은 척도에 비유하고는, 척도가 없으면 다른 것들이 다 있어도 그릇이 이지러져 쓸 수가 없다고 말한다.[151] 또 "충서는 있는데 중용이 없으면 도를 이룰 수 없다."고 말하기도 한다.[152] 이런 맥락에서 심대윤이 네 가지 사례별로 제시한 공의 규칙을 충서의 척도, 곧 성인이 제정한 예로서의 중용이라고도 말할 수 있을 것이다.

동시에 공으로서 충서는 도덕적 측면에서 인간의 사회적 악행을 제어하는 실천적 수양론이다. 심대윤에 따르면 이익이란 나를 위하는 데서 생겨나는 것이다.[153] 곧 남이 아닌 나를 위한 행위를 해야 이익이 생겨난다. 따라서 이익에 대한 욕구는 나를 위한 행위로 연결되어 악행을 야기할 가능성이 높다. 그런데 충서와 공 개념에서 드러나는 양보는 동등한 인간

간의 상호 이익에 대한 수평적 조율이자, 호혜적인 양보라 할 수 있다. 곧 이런 양보는 남과 이익을 '함께'하기 위한 것이다. 만약 한 건의 행위만 놓고 본다면 그 행위는 나만을 위한 행위 혹은 남만을 위한 행위라 말할 수도 있을 것이다. 하지만 사회적 차원에서 각 구성원들이 장시간 지속적으로 충서와 공의 태도로써 행위 한다고 생각해보자. 그럴 경우에는 사회 구성원 모두가 자신만을 혹은 타인만을 위한 행위가 아닌, 전체적으로 보아 타인의 이익과 함께 조율된 것으로서의 각자의 이익을 위한 행위를 하게 되는 것이다. 그리고 각 구성원들은 그런 행위의 반복적 실천을 통해 점차적으로 자신의 이익을 추구하면서도 언제나 남의 이익 또한 존중하는 행위자가 되어가는 것이다. 이런 맥락에서 공으로서의 충서는 인간의 본성인 이익에 대한 욕구를 제어하는 실천적 수양론으로서, 이익에 대한 욕구로 인해 야기될 가능성이 높은 악행을 제어하는 효과를 발휘하는 것이다.

겸손으로서 중용

이번에는 명예욕의 조율 문제에 대해 살펴보자. 심대윤에 따르면 명예란 내가 높으면 남이 낮고, 남이 성하면 내가 쇠하는 것으로서 나와 남이 병립할 수 없는 것이다.[154] 또한 이익이 나를 위하는 데서 생겨나는 것과 달리, 명예는 남을 위하는 데서 생겨난다.[155] 곧 내가 아닌 남을 위하는 행위를 해야만 비로소 남으로부터 도덕적으로 선하다는 명성, 즉 명예를 얻을 수 있다. 따라서 명예에 대한 욕구는 인간에게 선행을 야기할 가능성이 높다. 문제는 명예에 대한 지나친 욕구가 사회적으로 문제를 일으키는 과도한 선행으로 이어진다는 점에 있다. 이 대목에서 겸손으로서의 중용 개념이 중요해진다. 겸으로서의 중용은 인간의 본성인 명예에 대한 양보의 규칙이자, 명예에 대한 욕구로 인해 야기될 가능성이 높은 선행을 제어하는 실천적 수양론이라 할 수 있다. 그렇다면 선행을 제어한다는 것은 어떤 의미인지부터 살펴보자.

> 중이란 과過함과 불급不及함, 치우침이 없는 것이다. 용庸은 평범하면서도 항구적인 것[平常]이니, 용은 겸손[謙]을 말하는 것이다. 언행이 '불급하다'는 것은 '남들만 못하다'는 것이고, '과하다'는 것은 '남보다 지나치게 높다'는 것이다. 남들만 못하면 천하가 업신여기는 대상이 될 것이고, 남보다 지나치게 높다면 천하가 시기하는 대상이 될 것이다. 남을 이롭게 하는 데 치우쳐 자신을 이롭게 하고자 하지 않는 것을 일컬어 '과하다'라고 한다. 헛된 명성을 얻고 실제적 이로움을 상실하니, 천하의 사람들이 겉으로는 공경하지만 마음으로는 원하지 않으며, 시기하고 꺼려서 친하게 붙지 않으니, 끝내 천하에 사용될 수 없다. 타인과 단절되고 성性을 상실하니, '간괘艮卦의 구삼 효사'와 같은 경우가 이것이다. 자기를 이롭게 하는 데 치우쳐 남을 해롭게 하는 것을 일컬어 '불급하다'라고 하니, 소인의 사욕이 이것이다. 군자는 그 중용을 행하여 과하거나 불급함이 없고 높고 낮음이 없으니, 천하와 화합하여 이利를 같이 한다. …… 충서는 실질적 이익이고, 중용은 실질적 명예이다.[156]

윗글에서 심대윤은 먼저 중용의 중은 과하거나 불급하거나 치우침이 없음을, 용은 평범하면서도 항구적인 것으로서 곧 겸손을 말하는 것이라 규정한다. 그리고 '과하다'라는 것은 '남을 이롭게 하는 데 치우쳐서 자신을 이롭게 하지 않는 정도가 남보다 지나치게 높다'라는 의미라고 설명한다. 또 여기서 언급된 간괘艮卦(☶)의 구삼九三 효사爻辭에 대한 주석에서 심대윤은 그것이 과도한 선善에 해당하는 경우로서 중용의 정반대라고 규정한다.[157] 이런 경우 천하 사람들은 겉으로는 공경하는 척하지만 마음으로는 꺼리고 피하게 된다. 그리하여 결국에는 천하에 사용될 수가 없어서, 명성만 높을 뿐 실제로는 단 한명의 백성에게도 은택을 미칠 수 없다는 것이다. 심대윤이 인간의 선행을 제어하고자 하는 이유가 바로 여기에 있다. 그렇다면 과하지도 불급하지도 않으며, 평범하면서도 항구적인 것이라 규정된 겸손[謙]이란 어떤 의미인지 살펴보자.

'부다익과裒多益寡'란 나에게 많은 것을 덜어서 남의 부족함에 더해주는 것이다. '덜어내다'라는 것은 거두어 모으되 장대하게 하지 않는 것이다. '더하다'라는 것은 은택이 아래로 미치는 것을 말하는 것이다. 스스로 자신의 귀함을 천하게 여기면서 남의 천함을 귀하게 여기고, 스스로 자신의 부유함을 가난하게 여기면서 남의 가난함을 부유하게 여기며, 스스로 자신의 똑똑함을 우둔하게 여기면서 남의 우둔함을 똑똑하게 여기는 것은 허위이니 겸덕이 아니다. 거두되 모자라게 되는 데까지 이르지 않고, 보태주되 허위에 이르게 되지 않는 것이 겸덕이다. '사물을 저울질하여 공평하게 베푼다.'는 것은 중용이다. 용은 겸이고, 중하면 용하다. ⋯⋯ 양讓은 겸손[謙]과 한 가지 일이다. 선은 남에게 돌리고, 악은 자신이 받는다. 이로움은 남에게 돌리고 해로움엔 자신이 거한다. 그러나 또한 그 중中을 넘지 않으니, 그 규칙은 《국어》에서 말한 "양보를 말할 것 같으면 반드시 필적할만한 상대에게까지 미쳤다."[158] 한 것이 그것

이다.[159]

《국어》에서 "양보를 말하자면, 반드시 필적할만한 상대에게까지 미쳤다."고 했으니, 선을 양보하는 것은 필적할만한 상대 이상에 머무는 것이다. 공로와 이익을 미루는 것은 밑으로 미친다. 필적할만한 상대 이상과 명예를 다투는 것은 공손하지 못한 것이고, 아랫사람과 이익을 다투는 것은 은혜롭지 못하다.[160]

윗글에서 심대윤은 용庸이란 겸손[謙]이며, 겸은 기본적으로 위에서 아래로 은택을 미치는 것이라 설명하고 있다. 그리고 겸덕의 수위를 자신의 현재 수준을 훼손하지 않는 정도로 제한한다. 심대윤은 그 이상의 겸덕은 진정한 겸덕이 아니라 허위, 즉 억지로 거짓된 행위를 하는 것이라고 비판하고 있다. 이렇게 겸덕에 대해 설명한 심대윤은 계속해서 겸손의 양보 규칙을 언급한다. "선을 양보하는 것은 자신과 필적할만한 상대 이상에 머무는 것이다. 공로와 이익을 미루는 것은 밑으로 미친다."는 것이 그것이다. 이익에 대한 충서로서의 양보가 공公이라면, 명예에 대한 중용으로서의 양보는 겸손이다. 곧 "충서는 실질적 이익이고, 중용은 실질적 명예이다."[161] 양자 간의 다른 지점은 공이 이익에 대한 수평적 조율이고 호혜적인 양보로서 이익을 함께하는 것이라면, 겸은 명예에 대한 양보이고 이는 나를 기준으로 상하의 방향성이 있다는 점이다.

심대윤은 '명예라는 것은 내가 높으면 남이 낮고, 남이 성하면 내가 쇠하니 병립할 수 없는 것'[162]이라고 말한다. 그런데 사회 속에서 살아가는 인간이 맺고 있는 여러 관계는 친족 간의 서열, 나이, 계급 등 개개인 간의 상대적인 높고 낮음이 존재하는 상하관계로서 얽혀있는 것이다. 따라서 인간이 처한 현실은 구조적으로 명예와 사회적 지위와의 불일치로 인한 혼란과 다툼이 발생할 가능성이 매우 높다. 그러나 겸손의 규칙은 사회적 상하 관계에 따라 자신을 기준으로 자신 이상의 상대에게는 선하다는 명예를 양보하고, 아랫사람에게는 은택을 내려준다. 그러면 나의 아랫사람은 나에게 명예를 양보하고 나의 윗사람은 나에게 은택을 내려준다. 그렇게 해서 차등이 존재하되 하나로 화합하는 사회적 치일致一이 가능해진다.

결국 심대윤이 생각하는 양보의 핵심은 개개인의 욕구 충돌 상황에서 다툼을 피하게 해주는 것이다. 그것은 모두가 받아들일 수 있는 적정지점을 찾아내어 상호 간의 욕구를 조율하는 것이며, 이처럼 인류 보편의 호오를 전제로 한 양보의 실천은 타인으로 하여금 그에 상응하는 보답을 필연적으로 야기한다는 응보관념도 함축하고 있다.

이것이 가능한 근본적 원인은 겸손의 실천이 지향하는 것이 궁극적으로는 사회 구성원 모두의 이로움을 도모하는 것이기 때문이다. 심대윤은 군자가 양보를 좋아하는 것이 아니라고 거듭 강조한다.[163] 군자는 양보 자체를 좋아하는 것이 아니다. 군자도 인간이며 이익과 명예를 욕구한다. 그러나 군자는 진심으로 자신의 욕구를 억제하며 다른 사회 구성원들에게 양보할 수 있다. 왜냐하면 군자는 사심 없는 태도로 사회 전체의 안정과 조화를 지향하기 때문이다.

제V장
격물치지론 格物致知論

1. 주희의 격물치지 개념[164]

　심대윤의 격물치지 개념은 인간이 지닌 정신精神과 명지明知의 기능적 특성과 본 것에 따라 선해지거나 악해지는 인간 마음의 본질적 특성에 의해 그 논리적 과정과 필요성이 설명되고 있으며, 격물치지의 효과는 인간의 실정은 물론이고 온 천하의 각종 사태의 실정 및 사물의 실정까지 두루 통하여 알 수 있게 해주는 무궁무진한 것으로 규정되고 있다. 나아가 심대윤은 성인이 격물치지를 통해 안 것을 천하의 뭇 사람들 또한 쉽게 시행할 수 있게 해주는 실천의 묘리로서 대중들에게 충서忠恕를 힘써 행할 것을 가르쳤다고 주장하며, 격물치지와 충서는 천하의 사람들이 모두 함께 이로워지고 편안해지는 위대한 유학의 도道라고 주장한다.

　이러한 심대윤의 격물치지 개념은 대중들로부터 유학의 권위가 땅에 떨어지고 사회적 혼란이 극심했던 19세기 조선에서 일생토록 유학자로서의 자기 정체성을 갖고 살았던 심대윤의 시대적·학문적 문제의식을 여실히 보여준다고 하겠다. 유학자이자 경학자로서 심대윤은, 이론적 의리 논변을 중시했던 송나라 주희라는 거대한 과거의 굴레를 벗어나 유학의 진정한 본의를 당대의 현실 속에서 대중들의 삶을 이롭고 편안하게 해줄 수 있는 것으로서 되살리고자 하였으며, 이를 위해 격물치지라는 유학의 핵심 개념을 19세기 조선의 대중들에게 충서라는 쉽고 단순한 실천적 요령으로 설파하고자 하였다.

심대윤의 격물치지설格物致知說을 논하기에 앞서 조선, 나아가서는 동아시아 학계에 큰 영향을 끼친 주희의 격물치지설에 대해 간단히 언급해보려 한다. 이를 위해 그간 학계에서 수없이 다룬 주희朱熹의 《대학장구大學章句》와 《대학혹문大學或問》보다는 그동안 상대적으로 덜 다루어졌던 《주자어류朱子語類》의 원문을 중심으로 주희의 '격물치지' 개념이 함축한 철학적 의의를 고찰해보고자 한다.

《대학》은 주희가 유달리 특별한 관심을 기울인 경전이다. 주희는 48세에 《대학혹문》을 저술하고 60세에 《대학장구》를 탈고한 이후에도 사망하기 3일 전까지 개정 작업을 계속했을 만큼 《대학》 주해 작업에 평생의 정력을 쏟았다.[165] 그렇다면 《대학》의 어떤 점이 주희의 관심을 사로잡았을까? 주희는 《대학》의 가르침은 격물格物에서부터 치지致知 – 성의誠意 – 정심正心 – 수신修身 – 제가齊家 – 치국治國 – 평천하平天下에 이르는 여덟 가지 일에서 벗어나지 않고, 그 여덟 가지 일들의 요점이란 명명덕明明德 – 신민新民 – 지어지선止於至善의 세 가지 일로 압축하여 말할 수 있으며[166], 또 이 셋 중에서도 빈주賓主와 선후先後 관계로 볼 때 '명명덕', 즉 명덕明德을 밝히는 일이 그 강령이라 말하고 있다.[167] 그렇다면 명덕을 밝히고자 하는 자라면 반드시 가장 먼저 실현해야만 하는 격물과 치지라는 사업은 정확히 어떠한 일을 의미하는 것일까?

《대학장구》에서 주희는 《대학》편의 "치지는 격물에 달려있다.[致知在格物]"라는 구절을 풀이하면서 '치致'와 '지知', '격格'과 '물物' 용어 각각의 의미를 다음과 같이 정의한다.

> 치致란 끝까지 미루는 것이다. 지知는 앎[識]과 같다. 나의 지식知識을 끝까지 미루어 앎[知]에 다하지 못함이 없고자 하는 것이다. 격格이란 다가가는 것이다. 물物은 일[事]과 같다. 사물의 리理에 끝까지 다가가서 그 끝에 도달하지 못함이 없고자 하는 것이다.[168]

이제 위의 개념적 정의의 내용을 주희가 격물치지 보망장補亡章에서 '치지재격물致知在格物'을 설명하는 대목에 그대로 적용하여 그 내용을 풀어보자.

> 소위 치지致知가 격물格物에 달려있다는 것은 나의 앎[知]을 끝까지 미루고자[致] 함이 사물[物]에 다가가서[卽] 그것의 리理를 궁구함에 달려있다는 것이다.[169]

여기에서 먼저 알 수 있는 점은 치지의 실현 여부는 격물의 실현 여부에 종속된다는 것, 격물의 실현이 선행되어야만 그것이 곧 치지의 실현으로 이행된다는 것이다. 다시 말해 치지의 과정이란 곧 격물, 즉 세상에 존재하는 모든 것[170]의 리理에 대해서 속속들이 깊이 연구[窮究]함으로써 얻어지는 앎의 확장 과정인 것이다. 따라서 지금부터 주희가 말하는 리란 무엇이며 주희가 리에 대한 앎[知]이 어떻게 궁구되고 완성된다고 말하는

지를 파악하면 그의 격물치지 개념의 진의 또한 드러날 것이다.

1) 리理의 의미 : 소이연지고所以然之故, 소당연지칙所當然之則

주희에 따르면 리理란 "천하 만물 각각에 반드시 있는 '그렇게 된 까닭[소이연지고所以然之故, 이하 소이연]'과 그 '당연한 법칙[소당연지칙所當然之則, 이하 소당연]'"이다.[171] 그는 "리를 밝힌다는 것은 그 소이연과 소당연을 밝히는 것일 뿐"이라 말하기도 한다.[172] 그런데 이 소이연과 소당연이라는 두 가지 이치에 관하여, 주희는 소이연이 소당연보다 한 차원 더 높다고 하는가 하면[173], 소이연은 소당연의 리理라고도 말한다.[174] 종합해 보면, 주희는 소이연과 소당연은 모두 리라 할 수 있지만 소이연의 리는 소당연의 리의 리, 한 층위가 더 높은 리라고 말하는 것이다. 이는 주희의 이일분수理一分殊론에서의 일리一理와 분수리分殊理의 관계 혹은 통체태극統體太極과 각구태극各具太極의 관계 설정과 같은 것이다.[175] 이와 관련하여 《주자어류》(이하 《어류》)에서는 다음과 같이 말하였다.

> 만약 사람들이 어린아이가 우물에 빠지는 것을 본다면 모두가 깜짝 놀라 불쌍히 여기는 마음을 갖게 된다. 이것이 그 일의 마땅하여 그러지 않을 수 없는 것이다. 그런데 그렇게 되는 까닭은 무엇이겠는가? 반드시 도리道理의 바꿀 수 없는 것이 있기 때문이다. 지금 공부하는 자들은 단지 한 쪽만을 보는 데에 그친다. …… 명도明道의 시에 "도는 천지의 형태[形]가 있는 것 밖에까지 통하고, 생각은 바람과 구름이 형태를 바꾸는

것 안에까지 들어간다."라는 말이 있다. 그의 이 말을 보고, 극히 지극한 리理에는 책에 담을 수 없는 것이 있음을 알아야 할 것이다.

〈그러자〉 보광이 말했다. "크게 음양과 조화에 이르기까지는 모두 '당연한 것이어서 그만두지 못하는 것[所當然而不容已]'이고, 소위 태극이라는 것은 곧 '그렇게 된 것이어서 바꿀 수 없는 것[所以然而不可易]'이겠습니다."

주희가 답했다. "실로 그렇다."[176]

위 인용문에서 주희는 먼저 사람이 출척·측은지심을 갖게 되는 사태를 소당연으로, 그리고 그렇게 되는 원인을 소이연으로 규정한다. 이어서 그는 명도의 시를 언급하며 소이연을 자연 전체의 리理 차원으로 끌어 올린다. 위에서 '도는 천지의 형태[形]가 있는 것 밖에까지 통하고'는 형태를 초월한 도道를 언급하는데, 이는 '형태가 없지만 실재하는 리[無形而有理]'라는 주희의 태극太極 개념, 곧 형이상학적 존재로서의 리 개념과 일치한다. 이어서 명도의 시 뒤 구절의 '생각은 바람과 구름이 형태를 바꾸는 것 안에까지 들어간다.'는 그가 바람과 구름 같이 그 당시 사람들에게 형태는 없지만 분명히 자연에 존재하는 신묘한 것으로 인식되던 것들의 형태 변화에까지 생각이 미쳤다는 것을 말한다. 이는 곧 온 자연의 리에 대한 총체적 깨달음에 도달한 자의 경지를 은유적으로 표현하는 것으로서, 주희의 활연관통 개념과 일치한다고 볼 수 있다.

이처럼 주희는 명도의 이 시로써 인간의 측은지심의 소이연을 인간의 본성을 넘어 자연의 리 차원까지 끌어올리고, 이에 대한 궁극의 직관은 언어로 표현 불가한 영역에 있음을 말한 것이다. 그러자 제자 보광은 곧 바로 자신이 이해한 대로 태극을 소이연으로 보고 〈태극의 작용으로서 발생한 모든 사태를 의미하는〉 음양과 조화를 크게 소당연으로 봐도 되겠냐고 질문하고 주희에게 그것을 인가받는다. 이런 맥락에서, 만약 인간이 어린 아이가 우물에 빠지는 사태를 목도했을 때 본성으로부터 '측은지심惻隱之心'이라는 반응이 나온 상황을 예로 들자면, 자연 전체의 차원에서 보았을 때 그것은 하나의 물物에서 그것의 소당연지칙으로서의 리가 발현된 하나의 사태라고 얘기될 수 있고, 따라서 재차 그 사태를 있게 한 원인인 소이연은 궁극적으로 자연의 리라고 말할 수 있게 된다.

2) 리理에 대한 앎[知]의 의미 : 진지眞知와 각覺

그렇다면 자연의 리理라는 궁극적 소이연에 대한 앎은 인간이 어떻게 획득할 수 있는 것일까? 예컨대 정명도와 같은 사람은 어떻게 그 경지에 도달한 것일까?

> 누군가 물었다. "'격물'장에는 본래 '소이연지고'〈라는 문구가〉 있었습니다. 〈그런데 지금은 왜 없는 겁니까?〉"
> 주희가 말했다. "나중에 보니, 소당연을 봐야 한다는 것이 핵심적 사항이었다. 만약 그만두지 못하는 곳을 끝까지 본다면 자연히 〈소이연지고를〉 알 수 있을 것이다"[177]

여기서 주희는 소당연지칙을 끝까지 보면 소이연지고를 저절로 알 수 있다고 말하고 있다. 그리고 지금 자세한 맥락을 파악할 수는 없지만, 적어도 '소이연지고'라는 문구가 주희가 온 정력을 쏟은 '격물'장에 한 번 들어갔다가 나중에 의도적으로 삭제되었다는 사실은 주목할 만하다. 그렇다면 소당연지칙을 끝까지 본다고 했을 때 그 '본다'는 것은 무슨 말이고, 또 그렇게 되면 소이연지고를 '저절로 알 수 있다'는 말의 의미는 무엇일까? 이는 지知와 각覺이라는 두 개념과 관련되어 있다.

《어류》에 기록된 구산龜山 양시楊時의 발언과 이에 대한 주희의 설명은 공통적으로 인간이 지知와 각覺을 통해 각각 사태의 소당연과 이치의 소이연에 대한 앎을 획득한다고 주장한다. 또 이런 생각은 주희의 《맹자집주》〈만장萬章 상〉 이윤장伊尹章 주석에서도 그대로 드러난다.

> 예전에 구산이 한 학생에게 질문했다. '어린아이가 우물에 빠지는 것을 그 마음이 놀라며 가엾게 여기는 것은 어째서일까?' 학생이 대답했다. '자연히 그런 것입니다.' 구산이 말했다. '어찌 그저 자연히 그런 것이라 말하고 마는 것인가? 반드시 그것이 어디서 왔는지를 알아야 인仁이 멀지 않을 것이다.' 구산의 이 말이 아주 좋다.
> 또 어떤 사람이 구산에게 물었다. 〈이정 선생께서〉'먼저 안 것(사람)으로써 뒤에 알 것(사람)을 깨닫게 한다.[以先知覺後知]'[178]라고 하셨는데, 지知와 각覺은 어떻게 구분됩니까?' 구산이 답하였다. '지知라는 것은 이 사태를 아는 것이고, 각覺이라는 것은 이 리理를 깨닫는 것이다.'라 했다. 임금의 인함, 신하의 공경함, 자식의 효성스러움, 아버지의 자애로움을 아는 것과 같은 것이 바로 이 사태를 아는 것이다. 또 임금이 인한 이유, 신하가 공경스러운 이유, 부모가 자애로운 이유, 자식이 효성스러운 이

유를 아는 것이 이 리를 깨닫는 것이다."[179]

지知라는 것은 그 사태의 소당연을 아는 것을 말한다. 각覺이라는 것은 그 리理의 소이연을 깨닫는 것을 말한다.[180]

두 인용문에서 공통적으로 지知는 현실에 벌어진 사태의 소당연을 아는 것으로, 각覺은 그 소당연의 리를 깨닫는 것으로 설명된다. 이 대목에서 '진지眞知' 개념을 살펴볼 터인데, 왜냐하면 지와 각의 의미를 보다 자세히 파악하는 데 도움이 되기 때문이다. 아래의 첫째 인용문은 《혹문》에 인용된 호랑이에게 당해 본 적이 있는 사람에 관한 정이천의 말이며, 둘째 인용문은 《어류》에서 주희가 그 말에 대해 설명한 내용이다.

어떤 사람이 호랑이가 사람을 해친 일에 대해 이야기했을 때, 많은 이들이 들었지만 그 중 한 사람의 얼굴빛이 갑자기 변했다. 그래서 그 이유를 물으니, 그는 일찍이 호랑이에게 당해 본 적이 있는 사람이었다. 호랑이가 사람을 해친다는 것은 그 어떤 사람이든 모르는 자가 없다. 그러나 그 이야기를 듣고서 두려워하는 자와 두려워하지 않는 자의 차이가 있는 것은 앎에 진眞이 있느냐 불진不眞이 있느냐에 달려 있다. 배우는 자들이 도에 대해 아는 것 또한 반드시 그 사람만큼 호랑이에 대해서 잘 알고 있은 뒤에야 도를 앎이 지극하다고 할 수 있다.[181]

진지眞知의 지知와 구이후유각久而後有覺의 각覺은 같은 것입니까?" 〈주희가〉 대답했다. "대략 서로 비슷하고, 각자 가리킨 것만 같지 않다.

진지란 진정으로 이와 같음을 알게 된 것이니, 그저 남의 말을 듣고서는 안다고 일컫는 것이 아니다. 각覺은 홀연히 마음에서 저절로 깨달은 것이 있어서 도리가 그러함을 환히 알게 된 것이다."[182]

위에 따르면 불진不眞이 있는 지知는 '호랑이가 사람을 해친다.'라는 말을 들어도 얼굴빛이 변하거나 두려움에 떨지 않는 반면에 진眞이 있는 지知, 즉 진지眞知는 실제로 호랑이에 물려본 사람이 갖고 있는 절실한 앎이다. 여기서 주희는 이 진지가 바로 각覺과 대략 유사하며 다만 양자가 각자 가리킨 것만 같지 않을 뿐이라고 말한다. 곧 진지는 자신의 절실한 경험을 통해 알게 된 것이고 각은 홀연히 마음에서 저절로 깨달은 것이 있어 알게 된 것이라는 차이가 있다는 것이다. 정리하자면, 진지와 각 양자는 앎의 경로가 '직접적 경험'이냐 '마음에서의 깨달음'이냐의 차이는 있지만 그 최종상태는 어떤 것이 실제로 어떠한지를 있는 그대로 절실하고 환하게 아는 것이라는 점에서 대략 유사하다.

위 인용문에서 또 주목되는 대목은, 많은 사람이 호랑이가 사람을 해쳤다는 소식을 들었지만 그 중에서도 오직 실제로 호랑이에 당해 본 적이 있는 사람만이 그 얘기를 듣고서 '갑자기 얼굴빛이 변하며 두려워했다'고 말한 부분이다. 정이천은 바로 이 점에 주목하면서 배우는 자들이 도를 아는 것 또한 호랑이에게 당해 본 적이 있는 사람이 호랑이에 대해서 진지하는 것처럼 해야 된다고 강조한다. 여기서 진지는 그 앎과 관련된 자극이 왔을 때 자연스럽게 마땅한 반응으로 이어짐을 의미함을 알 수 있다. 가령 어떤 사람이 자신의 지인이 호랑이에 물렸다는 얘기를 듣고서도 태연한 표정으로 두려움을 느끼지 않는다면 그 사람은 '호랑이는 사람을 해친다.'는 것에 대해 진지한 것이 아니다. 마찬가지로 도道에 대해 안다 말하면서도 도에 합치되거나 불합치되는 것에 대하여 자연스레 마땅히 반응하지 않는다면 도를 진지한 것이 아니라는 것이다. 주희 또한 이 점에 주목한다.

　　물었다.
　　"치지致知 밑에는 다시 절차가 있는데, 정자가 앎을 말하신 곳에서 단지 앎 측면에서만 얘기하신 것은 어째서 입니까?"
　　말했다. "이미 알았다면 자연스레 실천되니, 힘써 노력할 필요가 없다. '지知'자야말로 제일 중요하다."[183]

여기서 주희가 말하는 치지의 '지知'자는 곧 진지를 의미하는 것으로서, 이미 알게 되었다면 힘써 노력하지 않아도 자연스럽게 실천하게 되는 것이라 규정된다. 주희는 바로 이런 의미에서 치지의 '지'자가 가장 중요한 것이라 보는 것이다. 이러한 맥락에서, 주희가 진지와 대략 유사하다고 말한 바 있는 각覺이란 도리에 대한 마음에서의 홀연한 깨달음으로서 그 또한 진지와 마찬가지로 이미 깨닫게 되었다면 힘써 노력하지 않아도 자연스럽게 실천하게 되는 도덕적 덕목(예컨대 '지어지선止於至善'의 지선至善)에 대한 절대적이고 지시적 의무로서의 앎, 곧 소당연의 이치에 대한 당위로서의 앎이다.

　　지금 사람들은 아직까지 '당연한 것이어서 그만두지 못하는 것[當然而不容已]'을 제대로 보지 못했기에, 그저 하나의 호오好惡라고 짐작한다.

만일 이것이 내가 마땅히 해야 하는 것임을 진실로 본다면 저절로 그칠 수 없게 될 것이다. 가령 신하가 되어서 반드시 충성해야 한다는 말은 그냥 그렇게 말하고 마는 것이 아니라 신하가 되어서는 충성하지 않아서는 안 된다는 것이다. 자식이 되어서 반드시 효도해야 한다는 말 또한 그냥 그렇게 말하고 마는 것이 아니라 자식이 되어서는 효도하지 않아서는 안 된다는 것이다.[184]

이처럼 주희는 예컨대 '신하는 반드시 충성해야 한다.'라는 것을 진정으로 안다는 것은 충忠이라는 덕목에 대한 앎을 자신의 행위의 근원으로 삼아 신하된 자로서 저절로 마땅히 충성하게 되는 차원의 앎이라 말하고 있다. 따라서 격물이란 곧 인간의 마음이 자연의 리理를 온전히 지각하여 그 앎을 자신의 반응양식으로 삼게 되어가는 과정이라고 할 수 있겠다.

3) 격물치지의 방법

그렇다면 격물은 어떤 방식으로 해야 하는가? 이에 대해서는 주희가 불교의 석가모니와 정이의 제자들을 비판하는 논리를 살펴보게 한다. 특히 주희는 정이의 정론을 계승한 자신과 달리 정이의 제자들이 정이의 '격물치지설'을 어떻게 잘못 이해하였는지를 강조하고 있다. 우선 주희가 불교를 어떻게 생각하는지 보자.

행부行夫가 '모든 물物은 각각 하나의 리理를 갖추고 있지만, 모든 리는 동일한 하나의 근원에서 나온 것이다. 이것이 미루어 나가면 통하지 않음이 없을 수 있는 이유이다.'라는 것에 대해서 물었다.

〈주희가〉 말했다. "가까이는 한 몸의 안, 멀리는 팔방 밖에, 작게는 풀 한 포기 나무 한 그루, 각각 이 리理를 갖추지 않음이 없다 …… 그러나 비록 각자 하나의 리가 있다 하더라도 동일한 하나의 리에서 나올 뿐이다 …… 이것이 미루어 나가면 통하지 않음이 없을 수 있는 이유이다. 많이 격물한 이후에 저절로 관통할 수 있다고 있는 것은 오직 하나의 리이기 때문이다. 석씨가 말했다. '하나의 달은 모든 물에 두루 나타나며, 모든 물에 비친 달은 하나의 달에 포섭된다.' 이는 저 석씨도 이 도리를 약간이나마 엿보았다는 것이다. 주렴계의 《통서通書》는 오직 이 하나를 설한 것이다."[185]

이처럼 주희는 불교의 석가모니 또한 '모든 물物은 각각 하나의 리를 갖추고 있지만, 모든 리는 하나의 동일한 근원에서 나온 것이다.'라는 도리를 약간이나마 이해한 것으로 인정한다. 문제는 그 다음이다. 아래에 이어지는 인용문에서 주희가 정이천의 제자들이 불교에 물들었다고 비판하는 대목이다.

…… 주희가 답했다. "실로 그렇다. 사람은 반드시 안쪽을 향하여 깊이 들어가는 것으로부터 이해해 나가야 한다. 이 도리는 이해가 깊은 곳에 도달하자마자, 또 쉽게 선과 비슷해진다. 깊은 곳을 이해할 수 있으면서도 오히려 선과 서로 유사하지 않아야만 옳다. 지금 선학을 하지 않는 자들도 아직 깊은 곳에 도달하지 않았을 뿐, 깊은 곳을 도달하자마

자 반드시 선으로 달려 들어가 버린다. 비유하자면 사람이 회수淮水와 하수河水의 강가에 서있으면 자신도 모르는 사이에 반드시 이민족의 경계로 들어가 버린다. 예를 들어, 정자 문하의 고제인 유씨(유작游酢)는 분명히 이민족에게 뛰어들었고, 사량좌와 양시마저도 계속 회수와 하수의 강가에서 어슬렁거리다가 끝내 그것을 간파하지 못하고서는 시시때때로 그것의 저쪽 아래를 염탐하면서 마음속으로는 역시 그것의 저쪽 아래에 어떤 좋은 곳이 있을 것이라 끝내 의심했던 것이다.

학문을 한다는 것은 사방과 팔면 모두를 완전히 이해하고 나서도 또 다시 이해가 안쪽을 향하도록 해야 한다. 비유하자면 과일을 먹는 것과 같다. 먼저 그 껍질을 제거하고, 이후에 과육을 먹고, 또다시 저 가운데의 씨까지 모두 깨물어 부서뜨려야만 비로소 된다. 만약 〈씨를〉 깨물어 부서뜨리지 않는다면 또 〈씨〉 안쪽에 따로 더 맛있는 것이 있을 것이라 의심하게 된다. 만약 그 껍질을 제거하지 못하면 애초에 불가하다. 만약 껍질만 벗길 뿐이라면 안쪽의 씨를 관장하지 못해서 역시 불가하다. 이와 같으면 지극한 곳을 끝까지 할 방법이 없다.《대학》의 도道가 치지격물에 있는 이유이다. …… 만일 지금 어떤 자가 외면의 천지조화의 리理에 대해 모두 이해했다 하더라도 중간의 핵자核子(핵심, 알맹이, 씨)를 깨뜨리지 못하면 이해한 것 또한 반드시 모두 옳은 것은 아니어서, 끝내는 그 지극한 곳을 끝까지 하지 못함이 있게 된다."[186]

위 내용은 앞서 인용한《어류》에서 주희의 제자 보광이 명도의 시를 듣고 "크게 음양과 조화에 이르기까지는 모두 당연한 것이어서 그만두지 못하는 것이고, 소위 태극이라는 것은 곧 그렇게 된 것이어서 바꿀 수 없는 것이겠습니다."라고 말한 것에 대해 주희가 대답하는 내용으로서, 이 내용은 소당연과 소이연에 대한 격물치지의 방법과 관련이 있다. 여기서 주희는 정자 문하의 제자들을 선禪 불교에 물들었다고 비판하면서 학문을 하는 일을 과일을 먹는 일에 빗대어 설명하고 있다. 앞서 주희가 '모든 물物은 각각 하나의 리理를 갖추고 있지만, 모든 리는 동일한 하나의 근원에서 나온 것이다.' 정도는 불교도 알고 있다고 인정한 것을 확인하였다. 이 정도 수준의 앎은 과일을 먹을 때 '껍질을 벗겨내야' 과육을 맛볼 수 있다는 것을 아는 정도의 앎에 비유된다. 또 껍질을 벗겨서 '과육을 먹는 것'은 그가 말한 '외면外面의 천지조화의 리에 대해 모두 이해하는 일'에 해당되며, 이는 '소당연의 리'에 대한 앎으로서 앞서 살펴본 진지眞知의 지知에 해당하는 앎이라고도 말할 수 있다.

문제는 그 다음이다. 과육을 먹으면서 씨도 깨물어 부서뜨리느냐 그러지 않느냐의 차이가 발생하는 것이다. 주희는 만약 씨를 깨물어 부서뜨려 본다면 씨에 별 다른 맛이 없다는 것을 알 수 있지만, 만약 그렇지 않는다면 씨 안에 반드시 또 다른 과육보다 더 맛있는 어떤 것이 있을 것이라 의심하게 되며, 바로 이런 생각이 곧 선禪 불교적인 발상으로서 정이천의 제자인 양시와 사량좌가 끝내 떨치지 못했던 수준의 앎이라고 비판하는 것이다.

나아가 주희는 이 정도 수준의 앎의 단계에서 머물지 말고 계속해서 더 안쪽을 향해 이해하고자 노력해야 한다고 주장한다. 이는 씨를 깨물어 부서뜨리는 일에 비유된다. 씨를 깨물어 모두 부서뜨리고 나면, 그리고 오직 그러할 때에만 그 안에 과육과 다른 별도의 맛을 내는 어떤 것이 아니라 씨와 과육이 같은 것임을 알게 된다. 이는 내 안의 리가 내 밖의 리와 같다는 것을 아는 궁극의 앎이며, 이는 '소이연의 리'에 대한 앎으로서 앞서 살펴본 도리에 대한 마음에서의 홀연한 각覺에 해당하는 앎으로서 곧 자신과 자연 전체의 동일한 리(일리一理, 태극太極)에 대한 총체적인 앎에 해당한다. 이것이 바로 소당연과 소이연을 활연관통하여 비로소 격물치지가 완성된 상태로서 곧 정명도의 시에 묘사된 것과 같은 깨달은 자의 경지이다.

한 가지 더 언급하고 싶은 것은, 이정의 제자들에 대한 주희의 비판 요지가 인간 내면의 리에 대해 깨닫고자 하는 노력의 결여에 대한 것이긴 하지만, 그보다 중요한 것은 그의 격물치지설의 목표가 내면의 리에 대한 깨달음 자체에만 있는 것이 아니라 궁극적으로는 내면의 리에 대한 확신을 바탕으로 외부의 리에 대해서도 확고한 자연적 정당성을 가진 규범들을 주장할 수 있게 하고자 하는 데에 있다는 것이다. 주희는 궁리窮理의 과정을 외면의 리에 대한 앎(껍질을 제거하고 과육을 먹어보는 일)과 내면의 리에 대한 앎(씨를 깨물어 모두 부서뜨려 봄으로써 그 안에 과육과 다른 맛을 가진 어떤 것을 가지고 있지 않고 같다는 것을 확인하는 일)의 상호보완적 과정을 통해 점점 더 완전해지는 것으로 설명함으로써 앎의 자기 주관성을 탈피하고자 한다. 예컨대 다음과 같은 구절이 있다.

> 상채上蔡(사량좌謝良佐)가 "궁리란 오직 올바른 것을 생각하는 것으로서, '서恕'를 근본으로 삼는다."라고 말한 것에 대하여, 궁리란 본래 자신이 깨닫지 못한 도리를 궁구하고자 하는 것인데, 어찌 '서'를 설하는가? 그가 애초에 '서'자를 말한 것은 대강 오직 나의 마음을 미루어 나감으로써 궁리하라고 말한 것이니, 곧 리理에 장애가 된다. 구산龜山(양시楊時)

가 "자신을 반성해서 성실하게 하라."라고 한 것은 대단히 좋다. …… 그러나 그가 말한 "만물은 모두 나에게 구비되어 있으니, 외면에서 구할 필요가 없다." 한 것은 도리어 어긋나 버렸다. "자신이 친히 그것을 격물한다.[身親格之]"에서 '친히'라 말한 것도 급박하다. 자신이 격물한 것을 옳다고 여기고, 타인을 통한 격물은 하지 못했다.[187]

물었다. "의리를 생각하고 헤아리면 쉽게 '괴롭고 절박한 의사'를 얻을 수 있다는 것은 어떻습니까?"
말하였다. "옛 사람들이 격물·치지를 어찌 그렇게 가르쳤겠는가? 만약 재미있는 것을 보았다면 자연히 기뻐할 것인데, 잡아두려 해서는 안 된다. 만약 그저 좁은 마음으로써 그것을 구한다면 이처럼 쉽게 얻을 수 있을 것이다. 고착된 마음을 높이 세워서 세속의 일반적 재미에 끌려가지 않고서 그로써 나아가 의리를 본다면 단지 〈자신이〉 좋아하는 의사만 보게 될 뿐이다."[188]

첫째 인용문에서 주희는 사량좌가 '서恕'를 근본으로 해서 궁리하라고 하면서도 정작 '서'가 뭔지는 말하지 않음으로써 오히려 격물치지에 방해가 되었다고 말하고 있다. 또 양시에 대해서는 양시가 자신을 반성해서 성실하게 하라고 한 것까진 좋으나 만물이 나에게 구비되어 있으니 외면에서 구할 필요가 없다고 한 것을 비판하고, 또 자신이 직접 격물한 것만 옳다 여기고 타인을 통한 격물은 하지 못하고 있음을 비판한다. 둘째 인용문에서는 좁고 고착된 마음을 홀로 높이 세워보았자 결국에는 자신이 좋아하는 의사만 보게 될 뿐임을 지적하고 있다. 이처럼 주희는 분명히

제Ⅴ장 격물치지론格物致知論 151

격물치지가 외면 혹은 내면 일변에 치우쳐서는 안 되며 반드시 양자에 대한 앎이 상호 보완되어야 함을 강조하고 있다는 것을 알 수 있다.

2. 심대윤의 격물치지格物致知 개념[189]

주희가 말하는 격물치지의 과정이란 인간과 인간사회를 포함한 천지만물의 모든 이치가 하나의 근원에서 비롯된다는 것을 깨닫고, 각각의 이치를 하나하나 절실하게 파악해 나가면서(소당연에 대한 진지眞知), 궁극적으로는 내 안의 리理와 내 밖의 자연 전체의 리가 동일한 하나라는 것과 나의 마음의 반응이 나의 마음 안에 있는 리에서 비롯된다는 것을 홀연히 직관적으로 깨닫는 것이다(소이연에 대한 각覺). 그리고 그러한 깨달음은 한 번 알았다면 자연스레 실천되는 것이다. 이는 그 앎이 나의 반응 능력 자체에 적용된다는 것으로서, 여기서 우리는 주희가 말하는 격물치지 개념이 마음의 본래적 반응 능력(성性, 리理)이 온전하게 발휘되게 하는 것으로서 명명덕明明德의 시작이자 관건임을 알았다.

여기서는 심대윤의 격물치지 개념의 의미를 살펴보려 한다. 심대윤은 주희의 왜곡된 가르침으로 인해 조선의 유학자들이 이로움을 얘기하는 것을 천한 것으로 여기고 오직 헛된 명예만 좇아 현실에서의 대중의 삶과

영 동떨어진 존재가 되어버렸으며, 그 틈을 타고 들어온 서학西學이 급속히 확산되어 결국 대중들이 앞에서는 유학자를 존경하는 척하지만, 뒤에서는 비웃고 속으로 서학의 천주天主를 믿게 되었다고 진단하였다. 따라서 외부적으로는 서학을 극복하고 유학 내부적으로는 주희로 대표되는 기존의 유학경전 해석의 논리를 극복함으로써 대중들에게 심대윤 스스로가 생각하는 진정한 유학의 도를 설파하는 것을 학문적 목표로 삼았던 것이다.[190]

이러한 맥락에서, 주희가 사망 3일 전까지 수정하며 일생토록 각별한 관심을 두었던《대학장구》의 격물치지格物致知 보망장補亡章에 대한 심대윤의 반응에 주목해 볼 필요가 있다. 주희의《대학장구》는《대학》자체 경문의 내용보다는 주로 주해를 통해 주희가 자신의 철학을 설파한 것에 가까운 성격의 저술이라 할 수 있으며, 특히 보망장의 격물치지설은 당시 주희가 가장 심각한 위협으로 인식했던 불교의 이론을 극복하기 위해 제출한 핵심 논리라 할 수 있다.[191] 따라서 심대윤이 주희의 격물치지설을 비판하는 쟁점과 논리를 확인하고 나아가 심대윤의 경학에서 사용되는 격물치지 개념이 지시하는 의미를 정확히 파악해보는 일은 심대윤의 철학을 이해하는 데 중요한 참고 자료가 될 것이다.

1) 《대학고정》 격물치지장 분석

경문經文의 재구성 과정과 내용 분석

심대윤은《대학》이 주희가 말한 것처럼 죽간 일부가 망실되었던 것이 아니라 단지 착간이 발생했던 것일 뿐이라 주장하여 주희가 망실을 명분 삼아 제출한 격물치지 보망장의 정당성을 부정하고 나아가 주희가 편집한 《대학장구》의 분장체제(경문1장, 전문10장) 전부를 부정하였다. 심대윤은 경문經文과 전문傳文의 구분 없이 모두 28절의 경문으로 이루어진 새로운 《대학》 서술체제를 제시하였으며, 그 과정에서 이곳저곳에 잘못 배치되어 있던 구절들을 성인의 뜻에 맞게 되돌려 놓는다는 취지로 격물치지장 경문을 아래와 같이 재구성하였다.[192]

①所謂致知在格物者 ②人, 之其所親愛而辟焉, 之其所賤惡而辟焉, 之其所畏敬而辟焉, 之其所哀矜而辟焉, 之其所傲惰而辟焉. 故, 好而知其惡, 惡而知其美者, 天下鮮矣. 故, 諺, 有之曰, 人莫知其子之惡, 莫知其苗之碩. ③是以, 君子, 有絜矩之道也. 所惡於上, 無以使下. 所惡於下, 無以事上. 所惡於前, 無以先後. 所惡於後, 無以從前. 所惡於右, 無以交於左. 所惡左, 無於以交於右. 此之謂絜矩之道. (④詩云, 伐柯伐柯, 其則不遠 ⑤此謂格物,) ⑥此謂知之至也.[193] (괄호는 필자)

①치지가 격물에 있다는 것은(경문으로 새로 적어 넣음), ②사람이 가까이하고 사랑하는 바에 편벽되고, 천히 여기고 미워하는 바에 편벽되며, 두려워하고 존경하는 바에 편벽되고, 가엾게 여기고 불쌍히 여기는 바에 편벽되며, 오만하고 태만히 하는 바에 편벽된다. 그러므로 좋아하면서도 그의 나쁨을 알고 미워하면서도 그의 아름다움을 아는 자가 천하에 적은 것이다. 그러므로 속담에 이런 말이 있으니, "사람들이 자기 자식의 악함을 알지 못하고 자기 묘의 큼을 알지 못한다."고 하였다.(대학

장구 전8장(수신제가장) 경문 가져옴) ③그러므로 군자는 혈구지도가 있는 것이다. 윗사람에게 싫어했던 것으로써 아랫사람을 부리지 말고, 아랫사람에게 싫어했던 것으로써 윗사람을 섬기지 말고, 앞사람에게 싫어했던 것으로써 뒷사람에게 나아가지 말고, 뒷사람에게 싫어했던 것으로써 앞사람을 따라가지 말고, 오른쪽에게 싫어했던 것으로써 왼쪽에게 사귀지 말고, 왼쪽에게 싫어했던 것으로써 오른쪽에게 사귀지 말 것이니, 이를 일러 혈구지도라고 하는 것이다.(대학장구 전10장(치국평천하장) 경문 가져옴) ④《시경》에서 말하기를, '도끼자루를 쥐고서 도끼자루를 벰이여, 그 법이 멀리 있지 않다.' 하였으니 (이곳에 마땅히 《중용》13장의 '충서의 시'가 들어가야 한다고 주장) ⑤이것을 격물이라 이르고 (이곳에 마땅히 이 말이 들어가야 한다고 주장) ⑥이것을 앎의 지극함이라 이른다. (대학장구 전5장 경문 가져옴)

위처럼 재구성된 하나의 문단이 바로 심대윤이 생각하는 성인이 남긴 진정한 《대학》의 격물치지장의 전모로서, 경문의 요지를 풀어보면 다음과 같다.

①자신의 앎을 지극히 할 수 있는가의[致知] 여부는 그 이전에 격물의 과정이 있었는지 여부에 달려 있다. ②왜냐하면 사람에게는 미움과 두려움, 사랑과 오만과 같은 감정의 편벽됨이 있어서 자신과 타인의 본 모습을 있는 그대로 인식하지 못하기 때문이다. ③이것이 군자에게 마치 곱자와 같아서 있는 그대로를 정확하게 헤아릴 수 있게 해주는 방법, 즉 혈구지도絜矩之道가 있는 이유이다. 내가 누군가에게서 무언가 싫다고 느꼈던 것이 있다면 남 또한 똑같이 내가 그렇게 하면 싫어할 것이라는 점을 정

확히 헤아리는 것, 이것이 혈구지도다. ④이는 《중용》의 이른바 '충서忠恕의 시詩'에서 말한 도끼자루로 쓸 나무를 베고자 할 때에는 바로 내가 지금 손에 쥐고 있는 도끼자루를 잘 살핀 후 그와 똑같이 베면 된다는 이치와 마찬가지다. ⑤이것이 바로 격물이니, ⑥곧 앎이 지극해짐이다.

여기서 무엇보다 눈에 띄는 점은 심대윤이 의도적으로 격물치지와 혈구지도와 충서가 하나의 일인 것처럼 경문을 재구성했다는 것이다. 재구성된 경문은 '격물치지란 곧 군자들이 알고 있었던 혈구지도이고, 혈구지도를 실행하는 것이 곧 충서'라고 말하고 있다. 이어지는 내용에서는 이 경문에 대한 심대윤의 주해註解 내용을 분석해보기로 한다.

경문의 주해註解 내용 분석

심대윤은 새롭게 구성한 《대학》 격물치지장 경문에 스스로 장문의 주해를 달았으며, 그곳에서 본격적으로 격물치지에 관한 자신의 견해를 피력하고 있다. 주해의 내용은 크게 세 부분으로 나뉜다. 첫째, 격물치지와 충서 각각의 의미와 양자의 지행합일에 관해 서술한다. 둘째, 주희의 격물치지설의 잘못된 점을 지적한다. 셋째, 주희의 격물치지설이 주희 자신의 리기·심성론과 서로 어긋난다는 점을 지적한다. 아래에서 각각의 내용을 원문과 함께 살펴보기로 한다.

① 격물치지와 충서의 지행합일 관계 설정

심대윤은 자신이 새롭게 구성한 격물치지장 경문에 다시금 장문의 주석을 작성하였다. 여기서 우선 심대윤은 경문에서 말하는 '격물치지란 곧 군자들이 알고 있었던 혈구지도이고, 혈구지도를 실행하는 것이 곧 충서'

라는 말의 의미를 설명하고 있다.

격물치지란, 나의 감정[情]으로써 사물[物]의 감정을 통하는 것이다. 충서란 나의 호오好惡로써 미루어 남에게 베푸는 것이다. 산 사람의 도는 여기에 머물 뿐이니, 군자의 도에 어찌 다른 점이 있겠는가! 혈구란 사물을 견주어 리理를 격格하는 것이다. 사람이 선을 행할 수 없는 까닭은 모두 사사로운 허물에 가려짐으로 인해 공정할 수 없기 때문이다. 충서는 대공지선의 도이며, 성性의 이로움을 온전히 하는 방법이다. 반드시 그 가려짐을 제거한 다음에야 비로소 행할 수 있다. 《역易》에서 "오직 군자만이 천하의 뜻에 통할 수 있다."하였고, 의서醫書에서는 "혈맥이 통하지 않아 아프고 가려움을 모르는 것을 불인不仁하다." 하였다. 충서란 인정에 통하고 인을 베푸는 방법이자, 사벽을 제거하고 치지하는 방법이다. 공자가 "나의 도는 하나로써 관통한다." 하였다. 【격물치지란 아는 것이고, 충서는 행하는 것이니, 그 실제는 하나다. 그 설은 《주역周易》에 상세히 보인다.】[194]

심대윤에 따르면, 마치 다리에 피가 흐르지 않으면 감각이 마비되어 아픔과 가려움을 못 느끼는 것처럼, 사람은 사사로운 허물 때문에 한쪽이 가려져 공정함을 잃고 선善을 행하지 못한다. 곧 내가 남에게서 싫다고 느낀 것을 거꾸로 남에게 하면 남 또한 똑같이 나에게서 싫다고 느낀다는 점을 알지 못하는, 불인不仁의 상태에서 벗어나지 못한다는 것이다. 심대윤은 이 문제를 해결할 방책이 바로 격물치지와 충서라고 말하고 있다. 격물치지가 나의 감정[情]으로써 미루어 남의 감정을 통하여 알게 되는 것이라면, 충서는 격물치지를 통해 알게 된 남의 감정에 대하여 외면하지 않고 나의 감정과 같이 공정한 마음으로 대하는 것이다. 따라서 양자는 실제로는 한 가지 일의 지와 행의 측면이라 볼 수 있다고 주장한다.

여기서 언급하고 싶은 것은, 심대윤이 말하는 '지행합일'이란 표현은 양명학에서 말하는 '지행합일'과 서로 다른 의미를 가리키는 것으로 보인다는 점이다. 양명학에서 말하는 지행합일이란 이론적 차원에서 인간의 마음속에는 인간의 행위에 관한 모든 규범이 '심미적 도덕 주체로서 마음의 본체이자 작용인 양지良知'로서 이미 내재되어 있기 때문에, 인간이 양지의 작용에 따라 어떤 행위를 실천한다는 것은 곧 양지에 내재되어 있던 규범 스스로가 현실에 표현되는 것이다. 이것이 바로 치양지致良知라는 것이며 따라서 애초에 지와 행은 하나라는 것을 의미한다.[195] 그와 달리 심대윤의 지행합일설은 앞에서 확인하였듯 기본적으로 격물치지의 앎과 충서의 실천을 구분하고, 먼저 힘써 격물치지의 앎을 추구함으로써 남의 정을 존중할 줄 알고 나의 허물을 벗겨낼 줄도 알게 되면 그 후에 비로소 실천할 수 있게 되니, 그렇게 되었으면 충서를 힘써 실천함으로써 앎을 완성시킬 것을 촉구하는 이른바 '힘써 배우고 힘써 실천하라'는 주장에 가까운 것으로서[196], 양명학의 이론과 특별한 논리적 유사성은 발견되지 않는다.

② 주희의 격물치지 개념에 대한 비판

심대윤이 격물치지장 경문의 주석을 통해 주희의 격물치지 개념을 비판하는 논리는 크게 두 가지이다.

주자가 격물치지의 설을 주장하며 "천하의 모든 물物에 즉卽하여 그 리理를 궁구하면 어느 날 아침 활연히 관통하여 뭇 물의 표리정조에 모두 이르지 않음이 없을 것이다." 하였다. 나는 변론한다. 천하의 모든 일에는 전부 요령이 있으니, 그 요령을 얻은 연후에 조목을 찾을 수 있다. 요령을 모르고서 조목을 쫓아가면 수고롭지만 공효는 없다. 격물치지란 학문을 함의 요령이며 인도人道의 요령이다. 지금 "천하의 모든 사물에 즉卽하여 그 리를 궁구하라."고 말하면서 왜 요령은 없는 것인가? 천하의 만물과 인간의 만사를 사물마다 격格하고 사태마다 치致한다면 얼마나 얻고서 늙어 죽겠는가? 이미 요령에 어두운 즉 그 얻은 바 또한 참이 아닐 것이니, 끝내 무슨 보탬이 된단 말인가? 또 주자의 그 말이 아니더라도, 천하의 사람 누군들 사물에 즉하여 그 리를 궁구하고 싶지 않겠는가? 다만 그 요령을 모름을 걱정하기 때문에 힘을 쏟을 곳이 없는 것이다. 지금 요령을 알려주진 않고서는 "천하의 모든 사물에 즉卽하여 그 리를 궁구하라."고 말하니, 이는 곧 사람들에게 지름길을 가르치는 자가 "천하의 모든 길을 두루 다녀보고, 천하의 모든 문마다 들어가보라."고 말하는 것과 같으니, 과연 어떤 설을 이루겠는가?[197]

심대윤은 주희의 격물치지설의 요지를 '①천하의 모든 사물 각각에 대하여 사물에 즉하여 그 리를 궁구하라. ②그러면 어느 순간 활연관통豁然貫通하게 된다.'는 것이라고 정리하고 ①과 ②가 모두 잘못되었다고 비판한다.

먼저 심대윤은 '천하의 모든 사물 각각에 대하여 사물에 즉하여 그 리를 궁구하라'는 주장은 '수고롭지만 공효는 없는' 말에 불과하다고 지적한다. 여기서 중요한 것은 문제 제기의 근본적 사유가 '사물에 즉하여 그 리를 궁구하라' 자체에 있는 것이 아니라 '천하의 모든' 사물에 일일이 '사물에 즉하여 그 리를 궁구하라'는 데에 있다는 점이다. 이는 장병한(2005)이 언급한 바 있듯이, 심대윤과 양명학의 이론적 입장 차를 드러내는 상징적 사례이다.[198] 왕양명의 주희 격물설 비판의 핵심이 곧 주희가 사물에 즉하여 그 리를 궁구하라는 즉물궁리설을 통해 심과 리를 내와 외로 분리시키는 잘못을 저질렀다고 지적하는 이론적 차원의 것인 반면, 심대윤의 비판 요지는 유한한 시간적 존재인 인간이 무수히 많은 천하의 사물들 각각의 리를 궁구한다는 것은 현실적으로 도저히 실현 불가능하다는 점에 대한 지적이다. 곧 심대윤은 왕양명과 달리 주희의 즉물궁리설이 내포하는 것, 곧 학문을 하는 자는 자기 내부의 마음으로써 외부 사물의 리를 궁구하여 인식하고자 힘써 노력해야 한다는 견해에 동의하는 것이다. 다만 심대윤은 성인이라면 반드시 현실적으로 실현 가능한 요령[領]을 함께 알려줬을 것이라고 생각한 것이다. 이러한 맥락에서 심대윤은 그 요령이 바로 충서忠恕라고 주장한다.

> 충서란 학문을 하는 요령이며 인도人道의 요령이다. 《중용》은 도의 전체全體를 말한 것이니, 결코 그 요령을 빠뜨린 채 그 조목만을 자세하게 하지 않았을 것이다. '도는 사람과 멀지 않다.[道不遠人]' 말하고, '충서는 도道와의 간격이 멀지 않다.[忠恕違道不遠]' 말한 것을 미루어 보건대, 성인聖人의 도道는 곧 인도人道이며, 충서는 도를 행하는 요령임을 명확히 알 수 있다. '벌가伐柯'의 시를 인용하여 '나로써 남에게 미루어 나간다'는 것을 밝혔으니 곧 격물과 혈구를 말한 것이다. 주씨(주희)는 어찌하여 경전의 명백한 문장을 버리고서 함부로 뜻을 천착하는가?[199]

심대윤은 먼저《중용》이란 책은 도의 전체를 말한 성인의 경전이기 때문에 그 조목과 요령을 빠짐없이 말했을 것이라는 점을 전제한다. 그런 뒤《중용》의 몇몇 경문들을 취하여 자기 주장의 근거로 삼는다. 문제는《대학》의 격물치지를 논하다 갑자기《중용》에서 충서를 언급하는 구절들을 끌어와서 연결 짓는 심대윤의 이런 주장이 다소 갑작스럽고 논리적 연결고리가 약해 보인다는 점에 있다. 그렇다면 애초에 심대윤은 왜 이렇게 하였는가라는 근본적 의문이 제기된다. 사실 이러한 의문은 심대윤이 격물치지장 경문을 재구성할 때부터, 또 '격물치지'라는 말을 '나의 감정[情]으로써 사물의 감정을 통하는 것'으로 풀이할 때부터 제기되었어야 할 것이었다. 이에 관련해서는 뒤에서 다시 별도로 다루기로 한다.

지금까지의 내용이 주희의 '천하의 모든 사물 각각에 대하여 사물에 즉하여 그 리를 궁구[卽物窮理]하라.'는 주장에 대한 비판이었다면, 아래에서 심대윤은 '그러면 어느 순간 활연관통豁然貫通하게 된다.'는 주장 또한 잘못되었다고 비판한다.

무릇 천하의 일은 반드시 점진적으로 이루어지는 것이니, 일거에 완료되는 것이란 있지 않다. 갑자기 이루어짐이 있다면 곧 변이적인 것이다. 어찌 '어느 순간 활연관통하여' 모든 것이 다 밝혀지는 일이 있겠는가. '즉물궁리'란 하나 또 하나를 조금씩 쌓아서 많아지는 것일 뿐이니, 어찌 일거에 다할 수 있으랴? 부자(공자孔子)는 생이지지자生而知之者이니 의당 초학의 시기에 활연관통했을 것이고 이미 활연관통했다면 다시 배울 일이 없을 것인데도, 15세부터 70세에 이르기까지 단계를 밟아서 점진함이 있었고 '늙음이 다가오는 것'과 '배고픔을 잊을 정도로 배움에

몰두한 것'은 어찌된 일인가? 주씨의 망령됨은 실로 변론할 만한 것이 없다.[200]

심대윤은 학문의 발전은 점진적으로 이루어지는 것이지 주희가 말하는 것처럼 특정 시점에서의 비약적 발전을 통해 완성되는 것이 아니라고 주장한다. 만약 주희의 말이 옳다면 성인인 공자가 말한 15세에 학문에 뜻을 두기 시작하면서부터 70세에 이르기까지 학문의 단계적 발전이 옳지 않은 것이 된다는 것이다. 그렇다면 심대윤과 주희는 왜 학문의 완성에 대한 이러한 입장 차를 갖게 된 것일까? 그것은 ③에서 이어지는 두 학자의 리기·심성론의 차이에서 비롯된 것이라 볼 수 있다.

③ 주희의 격물치지설과 리기·심성론 간의 모순성 비판과 그 의미

앞서 심대윤이 주희가 말한 즉물궁리설에 대하여 그것을 '천하의 모든' 사물에 대하여 하라는 주장의 '실현 불가능성'을 비판하는 것이지, 왕양명처럼 즉물궁리설에 내포된 리기·심성론과 같은 이론적 차원의 문제 제기는 하지 않는다는 것을 확인하였다. 그렇다면 이러한 사실이 심대윤과 주희가 리기·심성에 관한 동일한 입장을 가지고 있음을 함축하는 것일까? 이어지는 대목에서 심대윤은 주목할 만한 주장을 한다. '천하의 모든 사물을 사물에 즉하여 그 리를 궁구[卽物窮理]하라.'는 주희의 주장은 주희 자신의 리기·심성론과 논리적 모순을 일으킨다는 것이다.

주씨는 항상 하는 말이 있었으니 '성性'과 '성誠'과 '경敬'에는 만 가지 리가 갖추어져 있으니, 그 가리어짐을 제거하면 스스로 족하다." 해놓고

는 지금은 "천하의 모든 물物에 즉卽하여 그 리를 궁구하라."고 하니, 또 어찌 서로 어그러지는가? 【이런 것이 바로 도道와 학學이 서로 어긋나는 경우이다. 도는 여기에 있고 학은 저기에 있어서, 도는 학습하지 않고 도가 아닌 것을 학습하니, 수도지교修道之敎와 다른 것이다!】 중中이 없이 함부로 말하는 자, 실로 일정함이 없는 법이다. 【이것과 관련된 것이 매우 크기 때문에 변론하였고, 그 나머지는 이루 다 변론할 수 없어서 삭제한 것일 뿐이다.】[201]

심대윤이 주장하는 것은 다음과 같다. 주희 스스로 항상 말했던 인간의 본성이란 만 가지 리理가 갖추어져 있는 선천적으로 완전하고 자족한 것이다. 그런데 지금 주희는 사람들에게 자신의 외부 사물의 리에 대하여 힘써 궁구할 것을 주문하고 있다. 이는 상호 모순적이라는 것이다. 이러한 심대윤의 지적으로부터 우리는 다음의 사실을 유추할 수 있다. 왕양명의 경우와 달리 즉물궁리설에 관한 심대윤과 주희의 입장이 서로 충돌하지 않았던 까닭은 두 학자의 리기·심성론이 같았기 때문이어서가 아니라 주희의 즉물궁리 개념이 주희 자신의 리기·심성론과 모순적이었기 때문이었기 때문이다.

이 대목에서 서술의 중심을 리기·심성론으로 바꿔보자. 지금까지의 주희의 격물치지 개념 중 즉물궁리를 둘러싼 논의들을 통해 우리는 다음 세 가지 사실을 확인할 수 있었다. 첫째, 왕양명과 주희의 리기·심성론은 서로 다르다.(왕양명은 주희의 즉물궁리의 설을 리기·심성론 차원에서 비판한다.) 둘째, 왕양명과 심대윤의 리기·심성론은 서로 다르다.(왕양명과 달리 심대윤은 주희의 즉물궁리의 논리 자체에는 동의한다. 다만 즉물궁리를 사사물물마다 모두 하는 것이 실현 불가능하다고 비판하는 것이다.) 셋째, 심대윤과 주희의 리기·심성론은 서로 다르다.(주희의 즉물궁리설이 심대윤과 충돌하지 않은 까닭은 그것이 자신의 리기·심성론과 모순되기 때문이다.) 따라서 다음과 같은 결론이 도출된다. 심대윤과 왕양명과 주희의 리기·심성론은 모두 서로 다르다.[202]

2) 심대윤의 격물치지 개념의 특징

'격格'과 격물格物의 의미

심대윤은 《대학》편의 '치지재격물致知在格物' 구절의 '격格'의 의미에 대해 "격이란 정신精神으로써 만나는[會] 것이다."[203]라고 정의한다. 또 "격格이란 정신精神으로써 잇닿는[屬] 것이니, '미덥게 사귄다'고 한 것이 그것이다."[204]라 하여 회會를 속屬으로 바꿔 표현하고 그 뜻은 사람들이 서로 미덥게 사귀는 것과도 같다고 설명한다. '미덥게 사귄다'는 것은 가령 윗사람이 아랫사람에게 진실한 신뢰를 가지고 대하면 그 믿음이 아랫사람에게 닿아 그 역시 윗사람을 믿고 따르게 되는 것과 같은 상태를 말하는 것으로 보인다. 그렇다면 심대윤에게 격물格物이란 곧 나(인식 주관)와 물物(인식 대상)이 정신을 통해 서로 하나로 이어지는(會, 屬) 것을 의미한다는 것을 알 수 있다.

격물치지가 필요한 까닭 : 정신을 통해서만 사물에 이를 수 있는 마음의 밝은 지각[明知]

심대윤은 인간에게 격물치지가 필요한 까닭을 인간이 지닌 정신과 명지明知의 기능적 특성과 연관시켜 설명하고 있다. 심대윤이 말하는 명지라는 것은 인간의 마음이 외부의 사태나 사물의 자극을 접하면 그에 대한 일차적 반응으로 사단四端이라는 네 종류의 마음을 발하게 하는 지각 능력이다. 심대윤이 말하는 사단이란 '친여지심親與之心(사람들과 친하게 지내고 함께하려는 마음오로서 인仁의 단서), 차등지심差等之心(차례와 등분을 두려는 마음으로서 예禮의 단서), 취사지심取捨之心(취하고 버리려는 마음으로서 의義의 단서), 변통지심變通之心(변통하려는 마음으로서 지智의 단서)'을 말한다.²⁰⁵ 그런데 문제는 인간의 명지는 스스로 사물에 이를 수 없다는 것이다.

> ① [난외주 : 사람의 명지明知는 사물과 서로 이어질 수 없어서, 비록 평소에 하는 지극히 가깝고 지극히 단순한 일이라도 대부분 살피지 못한다. 그러므로 성인에게 격물치지格物致知의 공부가 있었다. 격格이란 이르는[至] 것이니, 정신으로 잇닿는[屬] 것이다. 격물치지란 나의 명지를 사물에 이르게 하고자 함이니, 또한 치일致一이다.]²⁰⁶

> ② 해와 달은 어둠이 있지 않으니, 그것이 비추는 곳이 밝게 되고 비추지 않는 곳이 어둡게 된다. 사람의 마음은 악함이 있지 않으니, 본 것이 선이 되고 보지 못한 것이 악이 된다. 해와 달의 체體는 밝을 뿐이요, 사람 마음의 본성[性]은 선善할 뿐이다.²⁰⁷

인용문 ①의 '사람의 명지는 사물과 서로 이어지지 못한다'는 표현의 의미는, 인간의 명지가 스스로의 능력으로는 마음 외부의 사물에로 이르지 못하기 때문에 아무리 가까운 곳에서 일어나는 지극히 단순한 일이라도 전혀 인식하지 못한다는 것을 말한다. 사물과 잇닿는 역할은 정신이 담당하며, 심대윤은 바로 이것이 성인에게 격물치지의 공부가 있었던 까닭이라 말하고 있다. 곧 격물치지란 나의 명지를 사물에 이르게 하고자 나의 정신을 사물에 닿게 하는 것을 말한다. 그렇다면 격물치지를 하면 어떤 효과가 나타나는 것일까? 이에 대해 다루기 전에, 인용문 ②의 내용을 먼저 살펴볼 필요가 있다. 여기서 심대윤은 인간의 마음은 본래 악함이 있지 않고 무엇을 보느냐에 따라 선해질 수도 있고 악해질 수도 있다고 말하고 있다. 이는 격물치지가 필요한 근본적 이유이자 격물치지를 통해 기대하는 효과와 관련이 있다.[208]

격물치지의 효과

격물치지의 구체적 내용과 그 효과는 어떠한 것일까? 심대윤은 아래의 예시를 통해 그 내용과 효과를 설명하고 있다.

> '가깝고 사소한 말[邇言]'이라는 것은 평상시의 언행이다. 사람은 가깝고 사소한 말을 살피지 않기 때문에 종일토록 행해놓고도 스스로 그것이 어떤 것인지 알지 못한다. 어제는 이렇게 해놓고서 오늘은 반대로 하고, 오늘은 이렇게 말해놓고서 그 다음날은 어기며, 선행을 해도 풀어낼 줄 모르고, 악행을 해도 뉘우칠 줄 모르니, 그래서 자기를 모르는 것이다. 죽을 때까지 사람을 관찰해도 그 사람이 어떤 사람인지 모른다. 〈그가〉 선행을 해도 〈나에게〉 옮기지 못하고, 〈그가〉 악행을 해도 내

자신을 살필 줄 모르니, 그러므로 남을 모르는 것이다. 오직 격물치지의 공부만이 가히 이런 과오가 없을 수 있다.[209](괄호는 필자)

심대윤은 평범한 일상에서 일어날 수 있는 예시로써 격물치지의 내용과 효과에 관해 설명하고 있다. 만약 평상시에 말과 행동을 함에 있어서 그것의 이치에 대해 자세히 살피고 신중히 행하지 않는다면 결국 일상에서의 나와 남의 행위 그 어느 것으로부터도 아무런 이치를 깨달을 수 없다고 주장한다. 오직 격물치지의 공부만이 이런 과오가 없이 나와 남의 선행과 악행으로부터 나의 마음을 선하게 하고 악을 뉘우치고 경계할 수 있게 된다. 위 내용을 도표화하면 다음과 같다.

구분	격물치지의 내용과 효과		
	내 용		효 과
나의 선행	정신으로써 나의 선행을 풀어서 생각해봄 나의 명지가 나의 선행을 새김	마음	선해짐
		행위	다음에도 선행을 함
나의 악행	정신으로써 나의 악행을 풀어서 생각해봄 나의 명지가 나의 악행을 뉘우침	마음	악을 뉘우침
		행위	다음에는 악행을 하지 않음
남의 선행	정신으로써 남의 선행을 풀어서 생각해봄 나의 명지가 남의 선행을 옮겨 새김	마음	선해짐
		행위	나도 선행을 함
남의 악행	정신으로써 남의 악행을 풀어서 생각해봄 나의 명지가 남의 악행으로써 스스로를 반성함	마음	악을 경계함
		행위	나는 악행을 하지 않음

곧 심대윤은 격물치지의 효과란 나와 남의 행위에 대해 정신을 집중하여 무엇이 선이고 악인지를 생각해봄으로써 나의 명지가 그 선과 악에 이르게 하여 나의 마음을 선하게 하고 선행을 할 수 있게 하는 것이라 생각한 것이다. 나아가 심대윤은 이러한 격물치지 공부는 단지 인간에게만 국한되는 것이 아니라 무궁무진하게 확장 적용할 수 있다고 주장한다.

> 격물치지하여 인정人情에 밝다면 인간을 아는 것이다. 사정事情도 인정에서 생기기 때문에 또한 기미를 알 수 있다. 물정物情은 인정에 가깝기 때문에 또한 물物을 알 수 있다. 이를 적용하면 어딜 가든 밝지 않은 곳이 없고 지극히 무궁하다.[210]

> 격물치지하여 천하의 감정[情]과 통하는 것이 학문을 잘하는 것이니, 공부자께서는 천하의 백성들을 스승으로 삼으셨을 뿐이다.[211]

첫째 인용문에서 심대윤은 격물치지의 효과가 사람들의 실정[情]을 속속들이 알게 해주는 것은 물론이고 그로부터 생기는 온 세상의 각종 사태의 실정[事情]과 사물의 실정[物情]에까지 두루 통하여 모두 환히 알게 해주는 것이라고 말하고 있다. 이는 성인의 경지에서의 격물치지를 의미하는 것이다. 둘째 인용문에서 심대윤은 공자는 오로지 천하의 백성들을 스승으로 삼아 끊임없이 격물치지 했을 뿐인데 결과적으로 천하의 감정[情]과 모두 통하게 된 것임을 말하고 있다. 이 대목에서 성인이 도道를 행하는 방법으로서의 격물치지와 그 실천적 요령으로서의 충서忠恕의 의미가 포착된다.

성인이 도道를 행하는 방법으로서의 격물치지와 그 실천적 요령으로서의 충서忠恕

심대윤은 성인이란 단지 도를 아는 자여서 성인인 것이 아니라 천하에 도를 행함으로써 모두를 이롭게 만드는 큰 사업을 행할 수 있는 자이기 때문에 성인인 것이라고 보고 있다. 심대윤에 따르면, 도는 단순하다. 도는 격물치지와 그 요령인 충서일 뿐이며 그것을 아는 것은 그다지 어려운 것이 아니다. 그러나 도를 천하에 행할 수 있는 성인은 극히 드물게 나타난다. 아래에서 심대윤은, 수제자 안연이 죽자 공자가 '하늘이 나를 버리셨다'라고 탄식했다는 《논어》의 일화에 대해 다음과 같이 말하고 있다.

> 부자를 안연이 계승했다면 도는 반드시 행해졌을 것이다. 대개 성인들이 서로 백년을 이어가지 못하고 시기를 만나지 못해서 도가 행해지지 않았다. 만약 안자가 죽지 않았다면 반드시 성인이 되었을 것이고, 전국시대에 살았다면 반드시 〈천하에 도를 행할 기회를〉 만나는 때가 있었을 것이니, 그러므로 '하늘이 나를 버리셨다'고 하신 것이다. 만약 주희의 해석대로 '도가 전해지지 않음을 슬퍼하셨다'라고 하면 옳지 않다. 글을 써서 도를 전하는 것은 심히 어려운 일이 아니며, 다른 제자들이 더 잘하는 것이었다. 그리고 이미 《역》, 《춘추》, 《논어》가 있었으니 더 저술할 일도 없었다. 진실로 잘 아는 사람만 있다면 이것만 보아도 얻기 충분할 것이다. 공자의 제자들이 저술한 것이 없는 것은 못해서가 아니다.[212]

심대윤에 따르면 천하에 도가 행해지고 행해지지 않음은 성인이 살아

있는 동안에 천하에 도를 시행할 시대적 기회를 만나게 되는지 여부에 달려 있다. 이러한 맥락에서, 안연이 죽자 공자가 슬퍼한 것은 오직 안연만이 장차 천하에 도를 시행할 만한 제자였기 때문이다. 이러한 해석은 주희와 판이하게 다르다. 주희의 경우 공자가 슬퍼한 까닭은 안연이 자신보다 먼저 세상을 떠났기 때문에 자신이 사망하면 더 이상 유학의 도가 후대에 전해지지 않을 것이라 생각했기 때문이라고 보고 있다. 이러한 주희의 견해에 대해 심대윤은 도를 글로 써서 전하는 일은 그렇게 중요한 것이 아니고 안연보다 오히려 다른 제자들이 더 잘했다고 말하면서, 안연이 죽지 않았더라면 반드시 성인이 되었을 것이고 그가 살았던 전국시대 어느 시점에 반드시 기회를 만나 천하에 도를 행했을 것이라 보고 있다. 이러한 관점에서, 심대윤은 맹자의 저술에 대해서는 다음과 같이 평가하고 있다.

> 지금 그 책을 보니 대개 도학의 의리를 크게 논했을 뿐, 실천의 묘리로 점점 신묘한 경지로 들어가 반드시 《논어》와 같은 사업을 할 수 있는 것이 드물다.[213]

심대윤은 맹자의 저술은 도학의 의리를 크게 논할 뿐, 공자의 《논어》와 같이 실천의 과정에서 신묘한 경지를 발휘하여 큰 사업을 성공시키는 오묘한 이치를 담고 있지 않다고 평가한다. 그렇다면 심대윤이 말한 공자의 《논어》에 담겨 있는 실천의 묘리란 무엇일까? 이 대목에서 충서忠恕 개념의 중요성이 대두된다. 아래의 내용은 공자가 증자에게 '나의 도는 하나로 꿰뚫고 있다.[吾道一以貫之]'고 말한 것에 대해, 문인들이 그 뜻을 묻자 증자가 '부자의 도는 충서일 뿐이다.[夫子之道, 忠恕而已矣.]'라고 말했던 《논어》의 일화에 대한 심대윤의 설명이다.

> 자기가 원하는 것을 미루어 남에게 베푸는 것을 '충忠'이라 하고, 자기가 원치 않는 것을 남에게 가하지 않는 것을 '서恕'라 한다. 《중용》의 '솔성'·'수도', 《대학》의 '격물치지'가 그것이다. 살아있는 사람의 도는 충서일 뿐이다.²¹⁴

심대윤은 충과 서를 각각 명확히 정의하고, 충서가 솔성, 수도이자 곧 격물치지라고 말하고 있다. 다시 말해, 성인이 경전에서 말한 유학의 도는 살아있는 인간의 도이고 그것의 표현은 이러저러하게 달리 될 수는 있겠지만 결국 충서일 뿐이라는 것이며, 그 내용이란 자기가 원하는 바를 미루어 남에게 베풀고 자기가 원치 않는 바를 남에게 가하지 않는 것이다. 심대윤은 이러한 주장을 아래와 같이 부연하며 정당화하고 있다.

> ① 성공을 좋아하고 실패를 싫어하는 것, 이로움을 좋아하고 해로움을 싫어하는 것, 복을 좋아하고 화를 싫어하는 것, 이것을 선하다[善]라고 한다. 하늘이 인간에게 명하여 바깥 사물과 내[我]가 같이 얻어 본성[性]이 된 것이다. 자기는 좋아하면서 남은 얻지 못하길 바라고 자기는 싫어하면서 남만 받길 바란다면 다툼이 일어나 인류가 멸망할 것이니, 어찌 자기만 홀로 좋아하는 것은 보존하고 싫어하는 것은 면할 것인가? 이것이 바로 본성을 따르지[率] 않는다는 것이다. 자기가 좋아하면 다른 사람들과 함께하고, 자기가 싫어

하면 다른 사람들과 그만하니, 타인은 편안하고 나는 이롭다. 이것이 바로 그 본성을 따르고 충서를 할 수 있다는 것이다.[215]

② 금수는 더불어 무리[群]를 이룰 수 없으니, 반드시 사람과 더불어 무리[類]를 이룬다. 사람과 더불어 무리를 이루는 것은 반드시 그 감정[情]에 통해야만이 가능하다. 이미 그 감정에 통했다면 반드시 그것을 행함이 있어야 한다. 격물치지는 그 감정에 통하는 방법이고, 충서는 행하는 방법이다. 격물치지란 무엇인가? 내가 욕구하는 것으로써 남이 욕구하는 것을 아는 것, 내가 싫어하는 것으로써 남이 싫어하는 것을 아는 것이다. 충서란 무엇인가? 자신이 욕구하는 것은 미루어 남에게 베풀고, 내가 싫어하는 것은 남에게 하지 않는 것이다. 그것을 아는 것은 그것을 행하는 것의 시작이다. 그것을 행하는 것은 그것을 아는 것의 끝마침이다. 사람의 도는 하나일 뿐이니, 격물치지와 충서를 일컫는 것이다.[216]

심대윤에 따르면 인간의 본성이 '선하다[善]'라는 말의 의미는 인간이라면 누구나 성공과 이로움과 복을 좋아하고 실패와 해로움과 화를 싫어한다는 것을 말한다. 달리 말하자면, 그 어떤 인간도 실패와 해로움과 화를 좋아하거나 성공과 이로움과 복을 싫어하지 않는다. 인용문 ①에서 심대윤은 이것이 바로 하늘이 만물에게 동일하게 내려준 선한 본성이고, 이 본성을 따르는 것이 바로 솔성率性이며, 그 방법이 바로 충서忠恕로서 나와 남이 함께 더불어 살면서 내가 좋아하는 것을 남과 함께하고 내가 싫어하면 남들과 그만하는 것이라고 주장하고 있다.

또 인용문 ②에서 심대윤은, 사람이 다른 사람과 더불어 무리를 이루기 위해서는 반드시 그 감정[情]에 통하고 그 통한 것을 행해야 하는데, 여기서 그 감정에 통하는 방법이 격물치지이고 그 행하는 방법이 충서라고 주장한다. 나의 욕구로써 남의 욕구를 아는 것이 격물치지라면, 충서는 나의 욕구로써 미루어 베풀거나 하지 않는 것이다. 여기서 심대윤은 아는 것은 행함의 시작이고, 행함은 아는 것의 끝마침이기 때문에 격물치지와 충서는 하나의 사람의 도라고 주장한다.

무엇보다 중요한 점은 심대윤이 말하는 격물치지와 충서는 언제나 '남과 더불어 감정을 통하고 그것을 행함'을 말한다는 것이다. 내가 이롭길 원하기 때문에 남도 이롭게 해주고, 내가 해롭길 원하지 않기 때문에 남도 해롭지 않게 해준다. 그것은 인간이라면 누구나 가지고 있는 선한 본성을 아주 잘 따르는 것이자 모두가 이롭고 편안하게 되는 것이기 때문에, 만약 내가 그렇게 행동한다면 남들 또한 나의 이런 모습을 보고 자연스레 통하여 감화되고 나와 같은 행동을 하게 된다. 심대윤은 이것이 인간이 금수와 달리 무리를 이루어 함께 살 수 있는 이유이며, 바로 그렇기 때문에 성인이 격물치지와 충서의 도를 밝힘으로써 천하를 이롭고 편안하게 하는 위대한 사업을 행하고자 한 것이라고 생각한 것이다.

제VI장
귀신론鬼神論

1. 천지-사람-귀신의 관계

심대윤의 귀신론鬼神論을 논하기 위해서는 무엇보다 먼저 심대윤이 '귀신'이라는 용어를 정확히 어떤 의미로 사용하는지부터 파악해야 할 것이다.

【'원시반종原始反終'이란 시작에 인하여 마침을 아는 것이니, 그 시작을 보고서 그 마침이 시작으로부터 반대임을 아는 것이다. 천지의 리理는 반대로 한 이후에 이루어지는 것이니, 그러므로 마침은 반드시 시작의 반대이다. 이로써 유계幽界와 명계明界가 하나의 리라는 것을 알게 된다.】 귀신이란 음양의 굴신이 서로 감응하여 생겨난 것이기 때문에 귀신이라 부르는 것이다. 음양의 기가 서로 감응하여 신神이 생겨나고, 음양의 형태[形]가 감응하여 정精이 생겨나니, 천지의 신정神精이란 조화를 일컫는 것이다. 하늘의 화복으로 말하자면 귀신이라 하니, 귀신이란 화복의 주인이다. 사람이 선을 행함이 천지의 길기吉氣가 응하여 복이 되고, 불선을 행함이 천지의

사기邪氣가 응하여 화가 되니, 사람과 천지가 서로 감응하여 화복이 된다. 이를 천지귀신이라 일컫는다.

사람은 품부한 천지의 기가 정신神精이 되고, 마음과 사물이 접하여 정기가 생겨나니, 백魄이라 한다. 형태[形]가 기氣를 싸서 흩어지지 않으면 명계에서 사람이 되고, 백魄이 혼魂을 싸서 흩어지지 않으면 유계에서 귀신이 된다. 형태가 쇠잔하면 죽고, 백이 쇠하면 흩어진다. 품부한 기가 실하면 혼이 성하고, 사물을 씀이 많으면 백이 강하다. 혼이 성하면 백 또한 강하고, 백이 강하면 혼은 오래도록 흩어지지 않는다. 기는 신이 되고, 신은 혼이 된다. 형태는 정을 낳고, 정은 백을 낳는다. 혼은 품부 받음에 따라 다르고, 백은 행함에 따라 다르니, 명신이 되고 여귀가 되고 괴물이 된다. 사람은 기의 형태이고, 귀는 형태의 기다. 인간은 유형의 기이고, 귀는 무형의 인간이다. 사람이 선을 행함에 길신이 응하여 상서로움을 행하고, 불선을 행하면 흉신이 응하여 재앙을 행하니, 능히 천지귀신을 도와 화복을 행한다. 그리하여 통틀어 일컬어 귀신이라 한다. 하늘에 있어서는 조화, 사람에 있어서는 정신, 유계에 있어서는 혼백이라 부르니, 그 리는 하나다. 【귀신은 화복을 주로 하고, 인도는 이해를 주로 하니, 치일致一이다. 신도는 령하고, 인심은 공교하니, 그 성실함은 하나다.】

[난외주 : 음은 양에서 생겨나고, 음과 양이 합하면 기가 된다. 형태는 기에서 생겨나고, 형태와 기가 합하면 신이 된다. 정은 신에서 생겨나서 정과 신이 합하여 혼이 된다. 백은 혼에서 생겨나고, 혼과 백이 합하여 끝난다. 음양을 천지라 하고, 정신을 사람이라 하고, 혼백을 귀신이라 한다. 이는 형태가 정을 낳고, 정이 백을 낳는 것을 말하니, 마치 아들이 부친의 기를 받아 생겨남에 모친의 형

태를 빌어 이루어지는 것과 같다. 무릇 양은 반드시 음과 짝한 이후 이루어지고, 음은 반드시 양을 품부한 이후에 생겨난다.]²¹⁷

심대윤은 "귀신이란, 음양의 굴신이 서로 감응하여 생겨난 것"이며, "천지의 조화, 인간의 정신, 유계의 혼백을 통칭하여 귀신이라 한다. 그 리理는 하나이다."라고 말하고 있다. 곧 "인간은 유형의 기이고, 귀는 무형의 인간이다." 다시 말해, 사람은 기氣가 변화하여 이루어진 것이고, 귀신은 사람이 변화하여 이루어진 것이다.²¹⁸ 이것은 앞서 〈Ⅱ장 리기론〉에서 살펴본 바대로, 리기론을 통해 일관되게 설명되는 삼극三極의 도와 천지天地-인人(물物)-귀신鬼神(삼극)의 세계관에 의해 이론적으로 뒷받침된다. 이를 간략히 표로 정리하면 다음과 같다.

(기氣·형태[形]·용用) 삼극三極의 도道			
삼극의 대체大體 (삼재三才)		삼극의 대용大用	
구분	의미	사람과 만물	사람만 논할 경우
천天	기氣(태극太極) = 주主 (주인)	천지天地=기氣=주主	천지天地=기氣=주主
지地	형태[形](양의兩儀) = 체體 (형태, 몸)	인물人物=형태[形]=체體	인人=형태[形]=체體
인人	용用(사상四象) = 용用 (작용, 사용)	귀신鬼神=용用=용用	귀신鬼神=용用=용用

크게 보아 하늘·땅·사람은 서로 기氣·형태[形]·용用 삼극의 관계를 이루면서 천지·인물·귀신의 대체大體가 되는 세 가지 재료[三才]이다. 한편, 천지·인물·귀신은 기·형태·용 삼극의 관계를 이루면서 하늘·땅·사람

의 대용大用이 된다. 그리고 사람만 논할 경우 천지와 인간과 귀신은 기·형태·용의 삼극을 이룬다. 여기서 심대윤은 사람은 대체大體의 용用이기에 명계明界에서, 귀신은 대용大用의 용用이기에 유계幽界에서 작용하게 된다고 주장한다.[219] 심대윤은 사람이 만약 살아 있을 때 공덕이 높고 이룬 업적이 많으면 그 귀신은 오래도록 사라지지 않지만, 한 일이 없다면 그 반대라고 주장한다.[220] 즉 귀신은 인간 세상에서 행한 일에 대한 결과로서 이루어진 것으로서, 사람이었을 때 선을 행했으면 길신吉神이 되어 안락을 향유하지만, 악을 행했으면 여귀厲鬼가 되어 고초를 받는다는 것이다. 짐승이나 벌레처럼 행동했으면 죽어 각각 그와 같은 형태를 이룬다. 이런 것들은 귀물鬼物이라 한다.[221]

그런데 귀신세계[陰界]는 고요한 곳이기에, 이미 이루어진 것은 고치거나 바꿀 수 없다. 오직 인간 세상의 결과를 누릴 뿐이지, 귀신세계 안에서는 스스로 무엇 하나 변화시킬 수 없는 것이다.[222] 따라서 만약 귀신세계에서 길신吉神이 되어 안락을 향유하려면, 결국 인간세계에서 열심히 일하고 공덕을 쌓아야 한다. 또 한편으로 귀신은 귀신세계에서도 인간 세상에서 후손이 바친 제사음식으로써 정기를 보충할 수 있고 반대로 만약 음식이 끊기면 소멸하게 되는데[223], 죽기 전에 훌륭하거나 어리석은 자손을 낳는 것마저도 결국 자신이 행한 선악에 의해 결정된다는 점에서, 귀신세계란 결국 철저하게 인간세계에서 행한 '결과'의 세계라 할 수 있다.

2. 천인감응과 귀신화복의 이치

사람은 천지天地에서 가장 **빼어난** 기氣이기에, 살아 있을 때에는 천지의 조화를 사용하여 이해利害의 일들을 행하고, 죽어서는 천지의 신령을 보좌하여 화복禍福의 일을 행한다.[224] 이 설명을 통해 귀신鬼神의 역할이란 결국 '천지의 신령을 보좌'하는 것임을 알 수 있다. 따라서 사람에게 작용하는 궁극적인 화복의 원리를 알기 위해서는 먼저 하늘과 사람이 감응하게[天人感應] 되는 이치를 알아야 할 것이다.

하늘과 사람이 감응하는 이치란 하늘에는 '착한 사람을 상주고 나쁜 사람을 벌주는[福善禍淫]' 법칙이 있다는 것을 말한다. 그런데 하늘은 이 법칙을 구현하기 위해 모든 사람들을 일일이 감시하고 매사에 공과를 따져서 재량껏 화복을 주는 존재가 전혀 아니다. 하늘의 법칙은 그대로 존재할 뿐이며 화와 복은 전적으로 사람에게 달려 있다. 사람이 선행을 하면 좋은 기氣를, 악행을 하면 나쁜 기를 생성하는데, 이 기에 대해 하늘은 동류同類의 기로써 반응하여 경사와 재앙을 내린다. 여기서 심대윤은 기는 아무리 멀고 은미하더라도 감응하지 못함이 없다는 점을 강조한다. 다시 말해, 하늘이 먼저 사람을 살펴 화복을 주진 않지만, 사람이 하늘을 속일 수도 없다는 것이다.[225]

귀신화복鬼神禍福의 이치에 대하여 심대윤은 '귀신은 총명聰明·허령虛靈·정직正直하며 성실함이 한결같아서 〈과실을〉 숨기거나 〈귀신에게〉 아첨해서 복을 얻을 수도 없고 〈귀신에게〉 기도해서 화禍를 면할 수도 없다.',[226] '귀신은 기에 따라 행하니 길신吉神은 길한 기를 따르고 흉신凶神은 화를 부르는 기를 따른다. 기가 감응하는 것에 따라서 귀신 또한 감응한다.'[227]고 말한다. 이에 따르면 화복의 주관자로서 귀신의 역할과 그것을 가능케 하는 논리는 천인감응의 이치와 같은 것임을 알 수 있다. 결국 사람에게 주어지는 화복禍福이란 하늘의 복선화음福善禍淫의 원칙과 온 우주에 빈 틈 없이 철저한 기의 감응 체계 속에서 사람이 살아있는 동안 행한 모든 행위들의 선악에 대응하여 주어지는 것이기 때문이다.

그렇다면 '심대윤은 굳이 왜 귀신의 존재를 상정하고 그 역할을 강조하는가?'를 물을 수 있다. 그 이유는 두 가지로 나눠 생각해 볼 수 있겠다. 첫째, 귀신은 백성들로 하여금 도덕 실천을 유도하기 위한 강력한 보증자인 동시에 감시자의 역할을 한다. 사실 당대 조선 백성들의 일상 속에서 귀신의 존재는 당연시되고 있는 것이었다. 백성들은 조상의 제사를 모시는 것이 당연한 도리라 여겼고, 일상 속에서 예사롭지 않은 일이 생기면 무당을 불러 점을 치고 굿을 하곤 했다. 이런 상황에서 백성의 일거수일투족을 감시하고 그 행위의 선악에 따른 화복의 부응을 관장하는 귀신의 존재를 강조하는 것은 자칫 욕구만을 좇아 악행을 범하기 쉬운 백성들에게 도덕 실천을 유도하는 강력한 보증 장치가 된다. 둘째, 귀신론은 심대윤이 서학에 대응할 수 있는 긴요한 논리를 제공한다.

3. 귀신론에 근거한 서학 비판

　심대윤이 살았던 당시 조선에는 서학西學이 유행하고 있었다. 1791년 진산珍山의 선비 윤지충(1759~1791, 바오로)이 모친 상喪을 당하여 신주神主를 불사르는 사건이 있었고, 그로 인해 최초의 천주교 박해인 신해박해(1791, 정조 15년)가 일어났다. 그러나 천주교 신자들의 수는 점점 더 늘어났고, 조선 조정은 이들을 계속 탄압하여 신유박해(1801, 순조 1년), 기해박해(1839, 헌종 5년), 병오박해(1846, 헌종 12년), 병인박해(1866, 고종 3년)가 이어졌다. 심대윤이 보기에 당시 조선의 백성들은 분명 서학의 교리에 매료되고 있었고, 그것은 비단 제사의 문제 뿐 아니라 조선의 윤리적 규범의 근간이 되는 삼강오륜三綱五倫의 해체를 야기할 수도 있는 심각한 위협이었다.

　　이단異端의 서書는 "육신은 영혼의 원수이다.[肉身, 靈魂之讎也.]"라고 말한다. 영혼은 하늘에서 받아서 선하지 않음이 없고, 육신이 있음으로 인해 모든 악이 생겨나는 것이니, 이 때문에 육신을 원수라 말한다. 육신을 원수로 삼는다면 곧 부모는 원수를 낳는 근본이고, 형제는 원수의 무리이며, 자손은 원수의 종자이고, 처첩은 원수의 배필이다. 부모·형제·자손·처첩을 원수로 삼는 사람들이 유독 그들의 스승만은 중히 하고자 한다. …… 그러나 또다시 사람들이 따르지 않을 것을 염려해서, "선을 행하는 사람은 천당에 올라가고 악을 행하는 사람은 지옥에 들어간다."고 하며 화복에 대한 권한을 움켜쥐고서는 사람들을 유혹하고 을러댄다.[228]

심대윤은 서학에서 육체를 영혼의 원수로 규정하는 것이 곧 부모 자식과 형제, 아내와 첩과 같은 육체를 매개로 한 친속 관계를 모두 끊어버리고 오직 교단의 스승만을 따르게 하려는 계책이라고 비판한다. 영혼은 하늘로부터 내려온 선한 것이고 육신은 그것으로부터 악이 시작되는 것으로서 영혼의 원수라고 규정하는 서학의 논리는 제사 거부라는 현실적 문제를 야기한다. 하늘로부터 내려온 영혼은 사람이 죽으면 하늘로 되돌아가게 되고, 그 순간부터 영혼은 현세와 완전히 분리되기 때문에, 현세에서 신주를 모시는 것은 우상숭배라는 결론으로 귀결된다. 유교적 관점에서 서학의 이런 논리는 부모지간 뿐만 아니라 모든 혈육관계, 나아가 삼강오륜의 근본을 파괴하는 것이다.

따라서 이런 서학의 논리를 논파하는 것이 심대윤의 목표이었을 터이다. 그리고 그것을 가능케 해주는 것이 바로 귀신의 존재이다. 심대윤은 영혼이란 부모로부터 받은 육체로 인해 생기는 것이므로 육체와 근원이 다르지 않으며, 사람은 죽으면 그 영혼이 귀신이 되고 귀신은 후손들의 제사를 통하여 현세에 계속 존속할 수 있음을 주장한다. 심대윤에 따르면, 먼저 부모로부터 받은 육신이 있게 된 뒤에야 비로소 지각과 영혼이 있게 되는 것이지 영혼이 하늘로부터 곧바로 온 것이 아니며, 형태[形]인 정영精英은 사람이 죽어서도 보존된다. 왜냐하면 사람은 죽어서 되는 귀신이 바로 형태이기 때문이다. 이에 관해 심대윤은 하나의 비유를 들고 있다. 약재를 다려낸 후에 찌꺼기를 제거하고 즙만 취한 경우, 약은 찌꺼기가 아니라 '즙'이다. 이것을 사람으로 말하자면, 사람이 죽으면 시체는 찌꺼기이고 그 사람의 정영精英, 즉 귀신이 바로 즙이요 형태라는 것이다.[229] 이러한 귀신은 후손들이 제사를 통해 공양하는 음식으로 정영을 보충하며 오래도록 소멸하지 않을 수 있게 된다.

심대윤이 보기에 서학이 민중들을 사로잡을 수 있었던 가장 강력한 논리는 바로 사람이 죽으면 그 영혼이 영원히 천당에 머무르거나 지옥에 머무르게 되는데 그것을 바로 천주天主가 결정한다는 설이었다. 이에 대응하기 위해 심대윤은 화복을 주관하는 권한은 천주가 아니라 귀신에게 있으며, 이때 귀신은 철저하게 그 사람이 행한 행위의 선악에 따라 동류의 기 감응에 의한 화복의 부응을 관장하는 것으로서 곧 천인감응사상과도 같고, 따라서 화복이란 궁극적으로는 그 누구도 아닌 자기 스스로가 평소 행한 모든 행위의 선악에 의해 결정되는 것이며 귀신은 그것을 보증하고 감시하는 역할을 하는 존재라는 것을 강조한다.

이러한 심대윤의 귀신론은 현재를 중심으로 현재의 인류가 동시대를 함께 살아가는 서로를 위하며 살아갈 수 있게 하는 것은 물론이고, 과거의 인류와 현재의 인류 나아가 현재의 인류와 미래에 존재하게 될 인류까지도 서로 하나로 연결되어, 과거-현재-미래의 인류 각자가 선과 악 중 어떤 행위를 하느냐에 따라 끊임없이 서로에게 좋고 나쁜 영향을 주고받게 되는 구조를 가졌다. 이러한 구조는 자신의 부모와 자식을 자기처럼 아끼고 사랑하는 인류의 자연스러운 본성을 그대로 민중의 도덕 실천과 연결한 것이라 볼 수 있다. 이러한 맥락에서 그의 귀신론의 의의를 찾을 수 있을 것이다.

제VII장
치일론 致一論

1. 유학의 궁극적 목표 :
사회 전체의 치일致一로서 하나 되기

심대윤이 생각하는 유학의 최종 목표는 사회 전체의 '치일致一'로서의 '하나 되기'라 할 수 있다. 심대윤은 자신의 이러한 생각을 뒷받침할 결정적인 경전적 근거를 《주역周易》〈계사전 하〉 5장에 나오는 '天地絪縕, 萬物化醇, 男女搆精, 萬物化生. 易曰. 三人行則損一人, 一人行則得其友. 言 '致一'也.' 구절에서 찾고 있다.

심대윤은 깊은 감탄의 탄식과 함께 자신이 여기에 이르러 비로소 천지와 성인의 도를 목도하였으며, 그 도란 바로 "치일의 도[致一之道]"라고 말하고 있다. 이 《주역상의점법周易象義占法》(1842년, 37세)은 심대윤 경학 전반의 토대가 되는 그의 첫 경학 저술이며, 특히 이 지문은 심대윤 철학을 이해하는 데 있어서 중요한 자료가 되는 것으로서, 단락을 나눠 설명하기로 한다.[230]

천지의 기운이 얽히고 설키어 만물이 화하여 엉기고 남녀가 정을 맺음에 만물이 화생化生한다. 《역》에서, '세 명의 사람이 가면 한 명을 줄이고, 한 명이 가면 벗을 얻는다.' 하였으니, 치일致一을 말한 것이다.〉 【《중용》에서 '내외를 합하는 도이니, 때로 둠이 마땅하다." 했으니, 이는 치일致一의 도道를 말한 것이다.】 인온絪縕이란 엉켜서 교합됨이 빽빽한 상태이다. 순醇이란 도타운 것이며, 짙은 것이니, 기의 변화[氣化]를 말한 것이다. '화생化生'이란 형태의 변화[形化]를 말한 것이다.[231]

심대윤은 《주역》〈계사전 하〉 5장 의 이 구절이 《중용》 24장에서 말하는 '내외를 합하는 도이니, 때로 둠이 마땅하다.'와 같은 의미로서, 곧 '치일의 도'를 말한 것이라 규정한다.[232]

나는 《역易》을 읽음이 여기에 이르러 위연히 우러르고 깊이 탄식하며 오로지 "아름답도다 도여! 지극히 드러나지만 은미하구나! 지극히 가깝지만 현묘하구나! 지극히 평탄하지만 깊구나! 지극히 얽혀있지만 정미하구나! 지극히 쉽지만 어렵구나! 아름답도다 도여! 더할 것이 없으니, 천지天地와 성인聖人이 천지와 성인인 까닭이구나! 이것은 신묘한 깨달음[神會]으로 가능한 것이지 생각[意]으로 도달할 수 있는 것이 아니다. 생각으로 도달할 수 있다면 전傳이라 말할 수 없다. 이제 짐짓 억지로 그 찌꺼기를 말할 것이니, 세상의 군자들 중에는 어쩌면 능히 이것을 깨닫는 자가 있을 것이다.[233]

심대윤은 성인이 경전에 남긴 '치일의 도'는 인간의 생각으로는 도달할 수 없는, 오로지 신묘하게 깨달은 자인 성인만이 접근할 수 있는 천지의 아름다운 도라고 말하고 있다. 심대윤이 묘사하는 아름다운 도의 특징은 정반대의 성격을 동시에 갖고 있다는 것이다. 도는 지극히 드러나지만 은미하고 지극히 쉽지만 어렵다. 심대윤의 저술에서 그가 이처럼 벅찬 감동을 고백하는 경우는 찾기 힘들 정도이다. 이 시점부터 심대윤은 스스로 '치일의 도'가 진리라는 확신을 갖게 된 것으로 보인다.

1) 치일致一의 의미

이어서 심대윤은 '치일의 도'가 무엇인지 설명한다.

> 무릇 음양의 두 기가 하나에서 같이 생겨나, 짝하고 합하여 하나가 된다. 형태와 기는 두 가지 것이지만 하나에서 같이 생겨나, 짝하고 합하여 하나가 된다. 하나는 태극이요, 양의와 사상, 팔괘는 태극에서 생겨나니, 항렬을 나누고 품계를 구별함이 만 가지가 다르지만 또한 태극의 밖에서 생겨난 것이 없다. 태극은 사상과 양의의 가운데 있고, 사상과 양의는 태극의 가운데 있다. 만 가지는 하나의 가운데 있고, 하나는 만 가지 가운데 있다. 하나를 말하면 만 가지로 다르고, 만 가지를 말하면 하나일 뿐이다. [난외주 : 이것은 태극의 작용[用]을 말한 것이다. 후천의 치일致一을 말한 것이기 때문에 그 작용을 말한 것이다. 군주는 태극의 본체이니, 비유하자면 가지와 가지 잎과 잎마다 그 줄기가 아님이 없다. 군과 군, 읍과 읍마다 군주가 아님이 없다. 줄기는 그것이 없는 것이 없고, 군주는 가는 곳마다

존재하지 않음이 없다.]²³⁴

앞서 리기론에서 살펴본 것과 같이 음과 양이라는 두 기는 동일한 하나에서 생겨나 다시 서로 짝하고 합하여 하나가 되며, 기와 형태 두 가지는 태극이라는 하나에서 같이 생겨나 짝하고 합하여 다시 하나의 선후천이 된다. 심대윤은 이것을 '삼극의 도[三極之道]'라고 정의하였다. 심대윤이 이 대목에서 강조하는 것은 이처럼 하나의 태극으로부터 점점 항렬을 나누고 품계를 구분하여 만 가지로 다름이 생겨나지만, 만 가지로 생겨난 것들 속에는 하나가 있고, 하나 속에는 만 가지가 있다는 것이다.

난외주에서 심대윤은 군주를 태극의 본체에 비유한다. 위에서 언급한 태극으로부터 만 가지 다름이 생겨나는 것에 관한 설명은 '후천의 치일 致一'에 대한 것으로서 곧 태극의 '작용'에 관한 일이며, 그와 달리 군주의 경우는 태극의 '본체'와도 같아서 한 나라의 군주는 마치 가지와 가지 잎과 잎마다 그 줄기가 아님이 없듯이, 온 나라의 군과 읍마다 군주가 아님이 없다고 주장한다.

2) 치일致一의 정치적 의미 :
군君→신臣→민民의 삼극三極으로 이루어진 강력한 전제 군주제

방금 확인하였듯이, 심대윤은 이처럼 군주에게 태극의 본체라는 절대적 위상을 부여하고 있다. 나아가 군주와 신하와 백성의 삼극三極으로 이루어진 치일의 도에 대해 논하기 시작한다.

태극은 군주요, 양의는 신하요, 사상은 백성이다. 군주와 신하와 백성, 셋에 분명한 구별이 있음은 층수이다. 신하와 백성은 아래로 갈수록 더 많아지니, 사람이 각기 같지 않아, 혼잡해서는 안 되니 분수이다. 그러나 나라가 됨은 곧 하나일 뿐이다. 군주는 나라라고 말할 수 없지만 군주가 없으면 국가도 없고, 신하는 나라라고 말할 수 없지만 신하가 없다면 나라가 없으며, 백성은 나라라고 말할 수 없지만, 백성이 없다면 나라가 없다. 나라는 군주와 신하와 백성 밖에 있지 않지만, 또한 군주에게만 신하에게만 백성에게만 있지도 않으니, 반드시 셋이 합쳐 하나의 나라를 이루나, 셋은 하나가 될 수 없다. …… 나누지 않을 수 없으나 또한 합치지 않아서도 안 되는 것이니, 이것을 이르러 치일致一이라 한다.[235] ……

위에서 심대윤은 군주와 신하와 백성을 각각 태극과 양의와 사상 삼극三極에 비유하면서, 셋은 분명한 구별이 있지만 셋이 합쳐 하나의 나라가 된다고 말한다. 심대윤이 강조하며 드러내려고 하는 치일致一의 개념은 그 셋이 모두 있어야만 비로소 나라가 있는 것이지, '나라'라는 것이 먼저 있고 그 속에 삼자가 있어서 셋 중 하나가 빠져도 여전히 둘을 가진 나라가 남아있는 것이 아니라는 점이다. 반드시 셋이 모두 있어야 하나가 되고 하나 속에 반드시 뚜렷한 구별이 있다는 것, 다시 말해 군주를 태극의 본체로 하여 양의인 신하와 사상인 백성이 삼극이라는 세 구성요소가 분명한 구별을 가지며 존재하면서 한 층위에서 그 아래 층위로 내려갈수록 점점 더 그 수가 많아지는 안정된 사회, 이것이 심대윤이 생각하는 인류 공동체의 이상적인 모습인 것이다. 이는 강력한 전제군주제를 의미한다.

3) 치일致一을 이루는 방법

《서》에서 '유정유일惟精惟一(정밀하게 하고 한결같이 하며) 윤집궐중允執厥中(진실로 그 중을 잡아라)'이라 했고, 《중용》에서 '오직 천하의 지극한 성실한 자여야만 능히 그 성性을 다하고 만물의 성을 다할 수 있으니, 천지와 더불어 참여하게 될 것이다.'라고 했다. 자신의 성을 다한 이후에 만물의 성을 다하는 것이 아니라, 자기의 성을 다하고 만물의 성을 또한 다하는 것이니, 만물과 내가 통하여 하나가 되는 것이다. 도에 지극히 정통한 자는 천지만물과 더불어 통하여 하나가 되는 고로, 능히 신통하게 변화하는 것이니[能神變化], 이것을 일러 치일致一이라 한다. [난외주 : 사람의 이목구비와 마음과 힘은 능히 통하여 하나가 되어 서로 어그러지지 않으니, 고로 신神이 생겨나는 것이다.]²³⁶

이어서 심대윤은 성인이 천지와 만물과 더불어 치일致一로서의 하나 되기를 성취하는 과정에 대해 설명하기 시작한다. 심대윤에 따르면, 자신이 인용한 경문의 '오직 지극히 성실한 자여야만이 그 성을 다하고 만물의 성을 다할 수 있어서 천지와 더불어 참여하게 될 것이다.'라는 구절의 의미는, 지극히 성실한 자가 자신의 성을 다한 '이후에' 다시 자신의 성으로써 타인의 성을 다하는 것이 아니라, 지극히 성실한 자가 자신의 성을 다하는 과정 자체가 곧 만물의 성을 다하는 과정이라는 것을 말하는 것이다.

치일致一이라는 것은 하나로서 하나가 아니니, 곧 하나가 아니면서 하나이다. 하나가 아니면서 하나이기 때문에 하나일 수 있다. 《시》에서 '서쪽으로부터 동쪽으로부터 남쪽으로부터 북쪽으로부터, 마음으로 복종하지 않음이 없다.'고 했으니, 사방이 하나가 아니지만 하나가 됨을 말한 것이다. 하나는 도의 극치이다. 충서는 하나의 방법이다. 중용은 하나의 위치이다. 성명誠明은 하나의 공력功力이다. 예악은 하나의 도구이다. 성인은 하나의 사람이다. 천지는 하나의 신神이다. 태극은 하나의 주인이다. [난외주 : 사람의 밝은 지각[明知]은 사물과 서로 이어질 수 없어서, 비록 평소에 하는 지극히 가깝고 지극히 사소한 일이라도 대부분 살피지 못한다. 그러므로 성인에게 격물치지格物致知의 공부가 있었다. 격格이란 이르는[至] 것이니, 정신으로 연결하는 것이다. 격물치지란 나의 명지를 사물에 이르게 하고자 함이니, 또한 치일이다.]^{237}

심대윤은 치일致一이란 '하나가 아니면서 하나'라는 것을 강조하고, 마치 동서남북 사방에서 한 마음으로 복종한다면 동서남북은 하나가 아니지만 '하나[一]'인 것과 같다고 비유한다. 심대윤은 바로 이 '하나'가 도道의 극치이라고 주장하며 충서는 하나의 도를 이루는 방법[法], 중용은 하나의 도의 정해진 위치[位], 성명誠明은 하나의 도를 행하는 공력功力, 예와 악은 하나의 도를 이루는 도구[器], 성인은 하나의 도를 행하는 사람, 천지는 하나의 도를 행하는 신神, 그리고 마지막으로 태극은 하나의 도의 주인[主]이라고 규정한다.

다시 말해, 성명誠明의 자세로 예악禮樂을 가지고서 충서忠恕함으로써 중용中庸에 이르는 것이 바로 치일致一로서의 하나 되기라는 것이다. 심대윤의 이러한 주장은 그의 철학 전체가 곧 '치일'이라는 궁극적 목표를 지향하는 것임을 보여준다.

4) 공公

사회 전체의 치일致一로서 하나 되기를 이루는 방법에 관한 논의의 연장선상에서, 심대윤이 《예기禮記》〈예운禮運〉의 대동大同 사회와 소강小康 사회의 도道를 모두 비판하면서 펼친 '공公'론도 참조할 만하다. 여기서 심대윤은 의義로써 대공大公과 소공小公을 조화시키는 '공公'이야 말로 진정한 의미의 대동의 도라고 주장하고 있다. 먼저 소강 사회에 대한 비판을 살펴보자.

> 나의 부모만을 친히 하고 남의 부모를 공경하지 않고, 오직 자기 자식만 자애롭게 하고 남의 자식을 사랑하지 않으며, 자기를 사사롭게 하고 남에게는 미치지 않으니, 친친親親은 있지만 존존尊尊이 없으니, 이는 군주가 없고 위가 없는 도로서 장차 천하의 일가와 일가가 원수가 될 것이며, 사람과 사람이 서로 해쳐서 사라지게 될 것이다. 아비가 없는 것과 군주가 없는 것 혹 자기만을 위하고 혹 남만을 위하는 것이 큰 화가 됨은 똑같다. 그러므로 군주를 존대하고 부친을 친히 하며, 존대와 친대의 등급의 나눔이 천하에 잘못되지 않아 천하가 다스려진다. 도란 천지의 도이다. 천지가 불변하면 도도 변하지 않으니, 이전의 성인과 그 후의 성인이 헤아린 것이 똑같다.[238]

심대윤은 소강小康 사회의 문제점을 지적하며 "자기를 사사롭게 하고 남에게는 미치지 않음"을 언급한다. 나의 부모를 친히 하고 남의 부모를 공경하지 않으며, 오직 나의 자식만 자애롭게 하고 남의 자식을 사랑하지 않는 것은 곧 "친친親親은 있지만 존존尊尊은 없는" 것이다. 이러한 소강 사회의 도란 결국 군주가 없고 위가 없는 것으로서 장차 천하의 일가와 일가가 서로 원수가 될 것이며, 사람과 사람이 서로 해쳐서 결국 인류가 사라지게 된다는 것이다. 이는 나의 욕구만 생각하고 남의 욕구는 생각하지 않음을 비판하는 것과 맥락을 같이 한다. 다음은 대동大同 천하에 대한 비판을 살펴보자.

> 남의 부모를 나의 부모처럼 여기고 남의 자식을 나의 자식처럼 여기는 것, 이는 부모 없고 자식 없는 도이다. 오대(십국) 시절에는 남의 아들을 양자로 삼아서 친자와 똑같이 여기며 길렀는데, 친자가 보기에 아버지가 자기를 보는 것이 남의 아들 보는 것과 같아서 그 또한 아버지 보기를 남의 아버지 보는 것과 같이 하였으니, 배반이 계속되었다. 양자는 친자가 아버지를 배반하는 것을 봤으니 배반을 거리끼지 않았다. 아비와 자식간의 윤리가 결국 없어지니 구족이 친하지 않고, 구족이 친하지 않으니 천하가 친하지 않게 되었다. 금수들은 친함이 있고 무리가 있어서 서로 보존할 수 있다. 이는 인간의 도道가 금수에 미치지 못함이 먼 경우이다. 장차 모두 함께 흥하여서 밥을 다 먹어버린 이후에야 그칠 것이다. 아버지를 남의 아버지처럼 보고, 나의 군주를 남의 군주처럼 보는 것을 공公이라 할 수 있는가?[239]

심대윤이 생각하는 소강 사회의 문제점이 부모를 친히 함은 있지만 군주를 존대함이 없는 것 곧 친친親親(나)은 있지만 존존尊尊(남)은 없는 것이었다면, 대동 사회의 문제점은 아예 부모도 없는 도로서 남만 있고 나는 없다는 것이다. 심대윤은 이를 인간의 도道가 금수보다도 훨씬 미치지 못하는 경우라고 비판한다. 왜냐하면 금수라도 친함이 있고 무리가 있어서 서로 보존할 수 있는데, 친친이 없다면 "장차 모두 함께 흥하여 같이 밥을 다 먹어버린 뒤에야" 그칠 것이며 인류는 사라질 것이라는 것이다. 이는 남의 욕구만 있고 나의 욕구는 없음을 비판하는 것과 맥락을 같이 한다. 이어서 심대윤은 자신이 생각하는 대동 사회의 도로서의 공公 개념을 주장한다.

> 천하의 대도의 성취는 '공公'한 글자일 뿐이다. 공公은 천하의 공이 있고, 일국一國의 공이 있고, 일가一家의 공이 있고, 일인一人의 공이 있다. 각각 존대하는 것이 있고 친하게 하는 것이 있다. 소공小公으로써 대공大公을 가리지 않고, 대공으로써 소공을 멸하지 않는다. 소공이 멸하면 대공이 따라서 멸하게 된다. 대공이 가려지면 소공 역시 가려진다. 소공과 대공이 각각 그 자리를 얻고 서로의 인륜을 빼앗지 않음을 일컬어 '천하의 대공'이라고 한다. 그러므로 사私이되 의義에 충실한 것은 사私이되 공公한 것이며, 공公이되 의義에 어그러진 것은 공公이되 사私이다. 오직 의義가 있는 곳을 공公이라 말하는 것이니, 인仁이란 지공至公의 도道로서 예禮로써 그 차등을 명확히 하고 의義로써 그 취하고 버림을 끊으며, 지知로써 그 변통함이 뒤따른 연후에 곧 인이 완성된다. 인을 완성해야 성인이 사업을 마칠 수 있는 것이다. 천하가 각각 그 양친을 친하게 대하고 자식을 자애롭게 대하며 군주를 존대하고 어른을 공경해야 소위 대동의 다스림에 이를 수 있다. 그렇지 않다면 나는 대란大亂을 보게 될 것이니, 어찌 다스림이 있을 수 있겠는가.[240]

여기서 먼저 심대윤은 '공公'에는 천하의 공이 있고 한 나라의 공이 있고 일가의 공이 있고 한 사람의 공이 있어서, 각각의 존대하는 대상과 친하게 하는 대상이 존재한다고 주장한다. 문제는 이러한 크고 작은 공들 간의 충돌이 발생하는 경우이다. 심대윤은 예컨대 천하의 대공大公이라도 한 사람의 소공小公을 멸하면 안 되고, 동시에 한 사람의 소공 때문에 천하의 대공을 가려서도 안 된다고 주장한다. 왜냐하면 "사私이되 의義에 충실한 것은 사私이되 공公한 것이며, 공公이되 의義에 어그러진 것은 공公이되 사私이기" 때문이다.

곧 심대윤이 말하는 '공公'이란 나와 남이 함께 살아가는 전체 사회 속에서 어쩔 수 없이 발생할 수밖에 없는 천명지성天命之性 간의 충돌, 즉 나의 욕구와 남의 욕구의 충돌을 조율하는 것으로서, 이러한 '공' 개념의 본질이란 결국 의로움이라는 사회적 정의이다. 이는 현실적으로는 성인이 의로움[義]으로써 제정한 사회 규범인 예禮를 의미한다. 따라서 심대윤이 말하는 '공'이 실현된 진정한 대동 사회란, 곧 예禮의 수용과 실천적 수양을 통한 사회적 차원의 욕구의 조율로써 하나가 된 이상적 사회의 실현을 의미하는 것이다.

나오는 말
심대윤 철학의 의의

지금까지 19세기 조선의 유학자 백운 심대윤(1806~1872) 철학의 전모를 삼극三極의 도道에 대한 예비적 고찰을 거쳐 리기론理氣論, 심성론心性論, 수양론修養論, 격물치지론格物致知論, 귀신론鬼神論, 치일론致一論의 체계로써 분석해 보았다. 이제 전체적인 내용을 간략히 요약하고 종합하여 심대윤 철학의 의의에 대해 논해보겠다.

심대윤의 삼극의 도에 대한 고찰에서는 그것이 태극太極 → 양의兩儀 → 사상四象의 삼자 관계를 모태로 한 세 가지 구성요소[三極]들 간의 주인[主]-몸체[體]-작용[用]의 세 단계[三層]로 이루어진 관계를 뜻하는 것으로서, 만사萬事와 만물萬物과 만리萬理에 적용되는 하나의 세계관이라는 것을 밝히고자 하였다.

리기론理氣論에서는 태극을 기氣로 규정하는 심대윤의 기 개념과, 주희의 리理 개념을 강하게 비판하는 면모에 가려져 그간 주목받지 못했던 심대윤 자신의 리 개념을 포함한 리기론의 진정한 의미를 부각시켰다. 또한 현상세계에 존재하는 존재자들의 존재 양태에 대한 심대윤 특유의 이해를 반영하는 개념, 곧 선천의 기와 후천의 형태가 하나로 짝한 '선후천'이라는 존재 양태로서 실재하는 것으로 설정된 만물의 본질과 그로부터 비롯되는 논의를 드러내고자 하였다.

심성론心性論에서는 특히 무형의 기氣와 인간의 형태[形]가 짝하여 생성된 인간의 마음[心]과 마음의 밝은 지각[明知], 천명지성天命之性 – 심성心性 – 습성習性의 삼극三極, 성성의 삼극三極, 심심의 삼극三極의 정확한 의미와 상호 관계를 규명하고자 하였다. 그 과정에서 심대윤이 기존 유학자들에게 통용되던 '기질지성氣質之性' 개념의 존재 가능성을 전면 부정하고 '심성心性'이라는 개념을 제시하면서, 인심·도심론을 통해 마음에 섞인 '기질'을 제거 가능한 것으로 상정함으로써 감정의 발생에 대한 통제·교정이 가능함을 말하고자 했다는 것을 밝히고자 하였다.

이러한 논의를 바탕으로, 수양론修養論에서는 예禮를 수용하고 실천함으로써 감정의 발생을 통제하여 마음의 기질을 교정하는 극기복례의 수양법과 충서·중용론을 다루었다. 특히 중용의 이중적 의미와 실천적 수양론으로서 공公으로서의 충서와 겸손[謙]으로서의 중용의 의미를 도출하였다. 격물치지론에서는 주희의 격물치지 개념과 이를 비판하는 심대윤의 격물치지 개념을 함께 살펴보았다. 그 과정에서 심대윤이 말하는 격물치지란 곧 '나의 마음의 밝은 지각[明知]을 사물에 이르게 하고 나의 정신을 사물에 닿게 하는 것' 임을 확인하였으며, 나아가 심대윤은 성인이 백성들에게 격물치지를 통해 알게 된 것을 쉽게 행할 수 있는 실천의 묘리로서 충서를 가르쳤고 이러한 격물치지와 충서야 말로 천하의 사람들이 다같이 이로워지고 편안해지는 위대한 유학의 도라고 주장하고 있음을 밝혔다.

귀신론鬼神論에서는 심대윤이 귀신론을 통해 서학에 대응하며 백성들에게 설파하고자 한 진의를 드러내고자 하였다. 그 진의란 백성들에게 사람의 이해와 화복은 처음부터 끝까지 내가 살아있을 때 행한 행위가 선했는지 악했는지 부지런했는지 게을렀는지 여부가 결정하므로, 인간은 오직 인간의 도리에 따라 떳떳하게 살기만 하면 그만이며, 나아가 나의 선한 행위가 현재의 나 자신과 남을 이롭게 하고 나아가 과거의 조상과 미래의 자손까지 이롭게 한다는 점을 역설하는 것임을 밝혔다.

마지막으로 치일론致一論에서는 심대윤이 생각하는 유학의 궁극적 목표인 '사회 전체의 치일致一로서의 하나 되기' 개념을 밝히고자 하였다. 그 과정에서 전제 군주의 절대적 위상을 태극으로 상정하는 군주-신하-백성의 삼극三極의 국가 정치체계가 심대윤이 말하는 치일의 도가 실현된 이상적 인류 공동체임을 말하였다.

이러한 분석을 통해 살펴본 심대윤의 철학의 핵심은 다음과 같다. 첫째, 태극을 기氣로 규정하고 태극太極 → 양의兩儀 → 사상四象의 삼자 관계를 모태로 삼극三極의 도道의 세계관을 고안하였다. 둘째, 인간의 본질을 기氣로 보아 인간의 행위를 욕구[欲]라는 근원적 본성의 산물로 규정하였다. 셋째, 마음을 기氣와 형태[形]가 짝한 것으로 보아 인간의 도덕적 성취의 관건을 형태의 탁한 기질氣質 제거 여부에 두고, 이를 실현하기 위해 리理 곧 예禮라는 규범의 수용과 감정의 통제를 핵심으로 하는 극기복례의 수양론을 주장하였다. 넷째, 기존 유학자들에게 통용되던 '기질지성氣質之性' 개념의 존재 가능성을 전면 부정하고 '심성心性'이라는 개념으로 대체하여 '기질' 제거의 수양을 통한 감정 발생의 교정이 가능함을 이론적으로 뒷받침하였다. 다섯째, 실천적 수양론으로서, 이익[利]에 대한 공평[公]으로서의 충서와 명예[名]에 대한 겸손[謙]으로서의 중용이라는 인간의 도[人道]를 역설하였다. 여섯째, 외부적으로는 서학의 천주天主 개념에 대응하면서 내부적으로는 백성들에게 도덕 행위자로서 윤리적 실천을 강조하기 위하여, 자신의 삶의 결과이자 선악에 대한 화복의 부응을 관장하는 귀신鬼神이라는 존재를 상정하였다. 일곱째, 유학의 궁극적 목표를 사회 전체의 치일致一로서의 하나 되기로 규정하였다. 이에 전제 군주의 절대적 위상을 태극으로 상정하고, 군주 – 신하 – 백성의 삼극三極으로 이루어진 국가 정치체계가 곧 사회 전체의 치일로서의 하나 되기가 실현된 이상적 인류 공동체임을 말하였다. 심대윤은 모든 논의를 자신이 새롭게 고안하거나 이론적으로 재정당화한 개념으로써 설명하고자 하였다.

이러한 심대윤의 철학은 큰 틀에서는 '마음은 기'라고 규정한 조선의 율곡학파의 계보에 속하되, 몇 가지 점에서 주류 학자들과 부분적으로 입장을 달리한다.[241] 첫째, 심대윤은 '기질지성氣質之性'을 인간의 본성으로 본 율곡학파와 달리 기질지성의 존재 자체를 부정하고 이를 '심성心性'으로 대체하면서, 심성을 드러나지 못하게 하는 마음에 섞인 '기질氣質'을 제거하면 감정의 발생 지향인 심성(사단四端·도심道心)을 교정할 수 있다고 주장한다. 이로써 심대윤은 한 인간이 타고난 기질에 따라 그 본성의 등급 또한 사실상 결정된다는 것을 함축하는 '기질지성론氣質之性論'이 갖는 운명론적 성격을 거부한다. 둘째, 심대윤은 율곡학파와 달리 개인 차원의 성찰의 수양법을 강조하지 않으며, 사회 전체 차원에서 이익과 명예라는 개개인의 욕구를 조율하는, 사회 규범[禮]으로서의 충서·중용의 실천을 통한 수양법을 주장한다. 셋째, 심대윤은 인간의 주체적 실천 여부에 부응하는 화복을 담보하기 위한 귀신론鬼神論을 전개한다. 심대윤 철학의 이러한 특징은 결과적으로 묵가학파의 비명론非命論, 교상리交相利, 귀신론鬼神論과 상통한다고 볼 수 있다는 점에서 주목되기도 한다.

그러나 이러한 몇 가지 묵가적 특색에도 불구하고, 무엇보다 중요시되어야 할 점은 심대윤이 언제나 유학자였다는 사실이다. 그는 성인이 제정한 예禮와 악樂이라는 기존 유교사회의 도덕적 사회규범을 이미 정당한 것으로 전제하고 인정하는 학자였다. 이는 비례非禮와 비악非樂을 강하게 주장한 묵가와 정면으로 배치된다. 따라서 심대윤 철학의 진정한 의의는 유학자로서의 심대윤이 궁극적으로 실현하고자 하였던 목표로부터 도출되어야 할 것이다. 심대윤은 19세기 조선에서 살았던 유학자로서, 당시의 대규모 민란과 천주교 박해로 인한 극심한 사회적 혼란과 백성의 죽음을 목도하였다. 빠르게 변화하는 사회적 현실에 대응하기 위해, 심대윤은 조선에서 주자朱子라 불리며 절대적 권위를 가졌던 송나라 주희의 경전 해석을 비판하고 자신의 견해대로 경전을 해석하는 독창적 경학經學 저술 활동을 통해 유학을 새롭게 정립하고자 하였다.

심대윤은 기존의 유학자들이 욕구와 도덕을 이분화하여 대중의 도덕 실천 경로를 제시하지 못하는 문제점을 진단하고, 이에 예禮라는 사회규범을 통해 백성들의 욕구가 쉽게 도덕의 실천으로 연결될 수 있는 방법을 제시하고자 하였다. 심대윤이 궁극적으로 자신의 경학을 통해 조선의 유학을 새롭게 재정립하며 목표했던 것은 사회 구성원이 각자의 욕구를 자연스러우면서도 서로 조화롭게 도덕의 실천으로 연결할 수 있게 해주는 사회규범으로서의 예禮를 바탕으로 하는 강력한 군주 중심의 사회통합이었던 것이다.

주석

1 《한국경학자료집성 – 논어부》 제15책, 1990 참고.
2 임형택, 〈심대윤전집 해제〉《심대윤전집 1》, 성균관대학교 대동문화연구원, 2005 참고.
3 임형택, 〈서언〉《백운집白雲集》, 사람의 무늬, 2015 참고.
4 《한중수필閑中隨筆》, 〈정인보鄭寅普 지식(1938)로 추정〉(연세대 본본), "國朝諸師儒, 皆守程朱家法, 不敢發新義. 其弊爲貌襲而無心得. 先生才高思沈, 更事久而於人情至熟悉, 積中困憁, 釋聖言而寄其懷. 其說近戴震, 而閎肆過之. 近世績學之彦如李星湖安順庵以歷史著, 丁茶山以政顯. 先生塊守寂寞, 聲稱泯焉. 反以發辭抗激訾嗷前修, 叢當時之訕謗. 書遂錮而罕有過問者. 然平心而論, 精義英解卓鑠群言之林, 爲三韓經學光." (임형택, 〈백운 심대윤 선생 연보〉《심대윤전집 1》, pp.39~40.) 임형택에 따르면, 필체나 내용으로 미루어 볼 때 이 글은 정인보가 쓴 것으로 판단되며, 정인보는《복리전서福利全書》와《한중수필閑中隨筆》에 지식를 적고 전자는 자신이 재직하던 보

성전문학교(고려대학교 전신)로, 후자는 연희전문학교(연세대학교 전신)에 각각 보관되도록 주선한 것으로 보인다.《福利全書》의 지識에는 "무인(1938년) 5월 정인보가 쓰다."라고 명기되어 있다.《福利全書》,〈鄭寅普 識〉(고려대 本),《심대윤 전집 1》, p.131, "此書, 沈石橋大允所著也. 石橋著經說, 且近百卷, 與程朱相齟齬, 因此不能行. 蓋其說, 以利害禍福爲主旨, 而以公與私分善惡. 此書, 爲牖導愚賀而作, 語或涉淺. 然其自備一派之學, 則不可少也. 戊寅, 五月. 鄭寅普 識."

5 다카하시 도오루,〈조선의 양명학파〉《조선의 유학》, 조남호 역, 소나무, 1999, pp.313~314 참고.

6 ibid., p.312.

7 정은진,〈무정 정만조의 친일로 가는 사유思惟〉,《대동한문학회》(33집), 2010, pp.142~144. 참조.

8 ibid., p.184.

9 정양완,〈발문〉《담원문록薝園文錄 하下》, 태학사, 2006, pp.530~531.

10 정만조,〈朝鮮近代文章家略敍〉, "沈大允, 號白雲. 其文直馳兩韓, 謂唐宋以下 惟韓愈外無足師. 經學不事朱註 時儒多誚之而不顧, 盖有自得之詮." 정은진,〈무정 정만조의〈조선근대문장가략서朝鮮近代文章家略敍〉연구〉《한문학론집》(36집), 2013, p. 270. 재인용.

11 심대윤이 저작 곳곳에서 사용하는 '世儒'라는 표현은 주희를 지칭한다. 여기서 보이는 "6~7백년이 지났으나"라는 언급 또한 심대윤(1806~1872)과 주희(1130-1200)의 생존 시대의 차이와 같음이 확인된다. 본문의 내용을 통해 더 많은 용례가 소개될 것이다.

12 《論語注說》跋文, "余之說多排世儒者焉. 爲是怛然不釋也. 然天下之被其毒者六七百年, 而非其本心也. 其本心則欲爲救世也, 乃無妄之災責也. 余嘗著〈封建論〉曰, '不幸子孫之有桀紂而冀幸湯武之匡救者, 禹湯之本意也.' 亦世儒之不幸而余爲之匡救也, 使彼誠小人邪, 其讐我必深矣. 使彼誠君子邪, 必喜而深德我矣. 誠小人邪余之排之也宜矣, 誠君子邪余之排之也亦宜矣, 余之爲世儒不亦忠矣哉. 恐余說行而學者之攻世儒將無所不至也. 世儒之患在於知未及而過自信也. 雖難免於誣聖誤世之罪, 然其心之無夾雜可保也, 其志之無貪都可必也, 其行之無顧曲可信也, 豈不得爲正人乎哉? 其說備於艮之九三參看則可知矣, 如王陽明何如? 曰. 見其《朱子晚年定論》, 其心之不能無夾雜可知矣."

13 장병한, 〈沈大允 經學에 대한 연구〉, 성균관대학교 한문학과 박사학위논문, 1995.

14 장병한, 〈19세기 양명학자로 규정된 심대윤의 사유체계〉《한국실학연구》(10), 2005.

15 장병한, 〈심대윤의《서경채전변정書經蔡傳辨正》에 대한 연구−대동大同의 실덕實德·실용주의적實用主義的 내성內聖·외왕론外王論과 복선福善·화음론禍淫論을 중심으로〉, 고려대학교 철학과 박사학위논문, 2013, p.243.

16 임형택, 〈심대윤의 공리주의적 사상과 경세론〉《한국실학연구》(제30권), 한국실학학회, 2015, p.6, pp.14∼15.

17 이해임, 〈沈大允的道德实践论研究〉《朱子学刊》, 总 2010年 第20辑.

18 백민정, 〈심대윤 공리론의 특징과 시대적 의미〉《퇴계학보》(133집), 퇴계학연구원, 2013.

19 김문용은 심대윤이 유교 경전을 최대의 지적 원천으로 삼는 경학자였고 또 도덕을 가치판단의 중요한 근거로 삼았다는 점에서 그의 복리사상이 유학

의 틀을 넘어서는지 여부를 묻는 것은 무의미하며, 그 대신 유학적 세계관의 본질은 무엇인지와 유학은 과연 어디까지 확장가능한지를 숙고할 필요가 있다고 지적하였다. 한편, 조선 후기 실학과의 연계 가능성에 대해서는 심대윤의 복리사상을 실학의 범위 안에 포함시키는 것도 무리는 아니지만 '세속성'이라는 독특한 면모가 종래의 실학과 순순히 접맥되지 않는다고 평가하였다.(김문용, 〈심대윤의 복리사상과 유학의 세속화〉《시대와 철학 제21권 3호》, 2010.)

20 심대윤의 생애와 저술에 대해서는 많은 연구가 이미 진행되었으며 그 내용은 최근에 발행된 장유승, 〈해제〉《白雲集》, (서울 : 사람의 무늬, 2015), pp.25~41에 가장 자세히 나와 있다. 이 장은 그것과《심대윤 전집》에 수록된 임형택의 〈백운 심대윤선생 연보〉를 주로 참고하고 다음의 자료들도 함께 참고하였다. 임형택, 〈19세기 西學에 대한 經學의 대응〉《창작과 비평》 96년 봄호. ; 장병한, 〈沈大允 經學에 대한 연구〉, 성균관대학교한문학과 박사학위논문, 1995. ; 장병한, 〈심대윤의《福利全書》一考〉,《양명학 20》, 한국양명학회, 2008. ; 장병한, 〈하곡 정제두와 백운 심대윤의 경학 비교〉,《양명학 18》, 한국양명학회, 2007. ; 진재교, 〈심대윤의 國風論〉, 한문학보 1, 우리한문학회, 1999. ; 김성애, 〈沈大允의《福利全書》校註 飜譯〉, 고려대학교대학원 고전번역협동과정 석사학위논문, 2010.

21 심대윤의 생존 시기에 일어난 대표적 민란으로는 1811년에 일어난 홍경래의 난과 1862년에 일어난 임술민란이 있다. 임술민란이란 임술년에 일어난 농민 봉기들을 통칭한 것으로서, 2월에 발생한 진주민란을 시작으로 전라도 38개 지역, 경기도 19개 지역, 충청도 11개 지역, 기타 3개 지역에서 일어났다. 천주교 박해로는 기해박해(1839, 헌종 5년), 병오박해(1846, 헌종 12년),

병인박해(1866, 고종 3년)가 있다.

22 김성애(2010). pp.7~8. 참고.

23 〈治木盤記〉《심대윤전집 1》, pp.12~13. "吾平生未嘗勞心費力有毫髮濟物之功 而穀腹絲身者四十年矣. 恒蹙蹙忸怩, 自以爲天地間一穿窬耳. 得從二君而爲是役, 吾心少安而無愧. 夫事無巨細, 其貴自盡而食功一也."

24 임형택, 〈심대윤전집 해제〉《심대윤전집 1》, 대동문화연구원, 2005, pp.8~9. 참고.

25 《周易象義占法》大過 上六. "近有一種恠說, 號爲'天主學', 重信而樂死, 雖斬殺而不可禁. 余懼斯民之無類, 故以明道自任不避僭妄之罪焉. 若使孔夫子之道賴余以復明, 邪說寢息, 雖或有罪我者, 吾不恨矣. 是故, 輒用私註經書以明'天人之所以然, 道之所以立, 必以利爲本'焉. 嗚呼! '利'之一字爲萬物之體, 爲萬善之本, 天地之大德, 聖人之大經也. 自後世'利'字反爲諱言甚矣. 利者, 生也. 無利則無生矣, 生可諱乎? 至於'天主學'之樂死而其不好利也, 可謂極矣."

26 심대윤은《論語》를 주해한 자신의 저작에 별도의 제목을 달지 않았으나, 노경희가 제안한《논어주설論語注說》을 따랐다. 노경희,〈沈大允의《論語注說》譯註〉, 성균관대학교 한문고전번역협동과정 박사학위논문, 2014, 〈논문요약〉의 각주 1)번 참고.

27 《論語注說》 "壬寅七月, 余年三十有七歲矣. 偶抱膏肓之病, 恐一朝溘然先朝露. 而念吾道之不明, 自孟子以後數千載矣, 世俗之敗亂可謂極矣. 而近有一種邪說 號爲'西學', 乘間而起況惑斯民. 余懼斯民之無類而不忍坐視而不救焉. 爲註此書將及'庸學', 庶幾聖人之道得以復明, 邪說自息."

28 언해본에는 저자가 표기되어 있지 않아, 그것이 심대윤이 직접 작성한 것인지 정확히 확인되지는 않는다. 다만 김성애(2010)는, 언해본에 종종 원문에

도 없는 보충 설명이 등장하고 원문의 12편 중 마지막 3편은 빼고 9편으로 언해하는 등 원저작자가 아니면 가감하기 힘든 작업이 이루어졌다는 특징을 보이며, 19세기 후반의 국어표기가 심대윤의 생존시기와 일치하고 글씨가 전문적인 언문필사자의 글씨가 아니라 한문 글씨 쓰는 사람이 쓴 언문이라는 점 등을 근거로 제시하며 그것이 심대윤이 직접 작성한 저술일 것이라 추정하였다.

29 김성애(2010), pp.9~10. 참고.
30 정양완, 〈발문〉《薝園文錄-下》, 태학사, 2006, pp.530~531.
31 《周易》〈繫辭上〉5章, "一陰一陽之謂道."
32 《周易》〈繫辭上〉12章, "形而上者謂之道, 形而下者謂之器."
33 《周易》〈繫辭上〉2章, "六爻之動三極之道也."
34 《周易》〈繫辭下〉10章, "易之爲書也, 廣大悉備. 有天道焉, 有人道焉, 有地道焉, 兼三才而兩之, 故六. 六者, 非他也, 三才之道也. 道有變動, 故曰爻."
35 《漢語大詞典》三極, "三才. 天, 地, 人. 〈易·繫辭上〉:六爻之動, 三極之道也." 王弼注:"三極, 三才也." 孔穎達疏:"六爻遞相推動而生變化. 是天, 地, 人三才至極之道." 참고.
36 《周易本義》〈繫辭上〉2章, "六爻, 初二爲地, 三四爲人, 五上爲天. 動卽變化也. 極, 至也. 三極, 天地人之至理, 三才各一太極也."
37 《福利全書》1-10, "何謂三極, 有陰陽氣之極, 有陰陽形之極, 有陰陽用之極. 氣主也. 形體也. 用用也. 氣曰太極, 形曰兩儀, 用曰四象. 是故萬物萬事萬理無不備此三層而生者, 無不備此三層而成者, 無不備此三層而用者. 氣有氣之三極, 形有形之三極, 用有用之三極. 天地之主體用曰氣之三極, 人之主體用曰形之三極, 鬼神之主體用曰用之三極."1-11. "三極之道, 無徃而不在. 天陰陽氣之極也. 地陰陽形之極也. 人陰陽用之極也. 天地人是爲三才, 此三極之大體也. 氣爲主, 形爲體, 用爲用也. 天爲主, 地爲體, 人爲用也. 天地爲陰陽氣之極, 人物爲陰陽形之極, 鬼神爲陰陽用之極, 此三極之大用也. 天地人爲體之三極. 天地人物鬼神爲用之三極. 人爲體之用而用天地之物. 鬼神爲用之用而行天地之化, 人道行乎顯明, 鬼神之道行乎幽隱."

38 《周易象義占法》〈繫辭上傳〉2章, "太極兩儀四象各有極, 曰三極, 三才之道也."

39 《周易象義占法》乾 初爻, "凡自太極至四象爲三層, 故三才也."

40 《福利全書》1-11, "三極之道, 無徃而不在. 天陰陽氣之極也, 地陰陽形之極也, 人陰陽用之極也. 天地人是爲三才, 此三極之大體也. 氣爲主, 形爲體, 用爲用也. 天爲主, 地爲體, 人爲用也. 天地爲陰陽氣之極, 人物爲陰陽形之極, 鬼神爲陰陽用之極, 此三極之大用也."

41 《周易象義占法》豐〈象傳〉, "氣, 太極也, 人, 兩儀也, 鬼神, 四象也, 三極之道也."

42 《福利全書》〈1-9〉, "三極之道備而成人, …… 三極之道備而成鬼神."

43 《書經蔡傳辨正》〈洪範〉32章, "天時, 地位, 人才, 謂之命, 三極之道也."

44 《論語注說》〈公冶長〉12章, "命者, 天之定命也, 其所遇之時, 所處之位, 所禀之材, 三者是也. 其材者, 尙有忠恕格致之道可以進之矣. 其時與位者, 末可奈何也."

45 《中庸訓義》33章, "凡天下之理, 必反之而後成. 三極之道, 自一而分殊, 反致於一也. 後之一, 與始之一不同, 故曰致一也"

46 《論語注說》〈안연〉1장, "天下之物, 莫不反之而後成, 三極之道也."

47 《周易象義占法》坤〈文言傳〉, "天命之性-心性-習性, 三極之道也."

48 《論語注說》〈八佾〉11章, "○朱子曰, 諱之, 故曰不知也. 知禘之說, 則理無不明, 誠無不格, 而治天下不難也. ○何以一知禘之說, 而理無不明, 誠無不格乎? 禘果何物, 而萬理俱存, 至誠斯在乎? 然則學者但學禘之說, 自足爲聖人矣, 奚事於博學多聞也? 世儒之言誠, 亦曰萬理俱存. 言敬, 亦曰萬理俱存, 以爲人性有一塊渾然天理, 其爲物也, 圓明虛靜, 而具萬理, 備萬善, 汎應而曲當者也. 天下寧有一物而萬理具者邪? 聞有一物而統貫萬理者矣, 未聞有一物而具衆理者矣. 人心如日月之明而能照, 如鏡水之虛而能燭矣, 固非萬理萬物之具備於人心之中也. 夫理也, 誠也, 敬也者, 本無形迹之可據, 不能專位而體物而存者也. 乃三者存於萬事也, 非萬理具於三者也."

49 朱熹, 《大學章句》1章.〈大學之道, 在明明德, 在親民, 在止於至善.〉"程子曰:〈親, 當作新.〉○大學者, 大人之學也. 明, 明之也. 明德者, 人之所得乎天, 而虛靈不昧, 以具衆理而應萬事者也. 但爲氣稟所拘, 人欲所蔽, 則有時而昏; 然其本體之明, 則有未嘗息者. 故學者當因其所發而遂明之, 以復其初也. 新者, 革其舊之謂也, 言旣自明其明德, 又當推以及人, 使之亦有以去其舊染之汚也. 止者, 必至於是而不遷之意. 至善, 則事理當然之極也. 言明明德 新民, 皆當至於至善之地而不遷. 蓋必其有以盡夫天理之極, 而無一毫人欲之私也. 此三者, 大學之綱領也."

50 朱熹, 《論語集註》〈里仁 15章〉,〈子曰. 參乎! 吾道一以貫之. 曾子曰. 唯. 子出. 門人問曰. 何謂也? 曾子曰. 夫子之道, 忠恕而已矣.〉에 대한 주석 중 일부. "盡己之謂忠, 推己之謂恕. …… 夫子之一理渾然而泛應

曲當, 譬則天地之至誠無息而萬物各得其所也. 自此之外, 固無餘法而亦無待於推矣. 曾子有見於此而難言之, 故借學者盡己推己之目以著明之, 欲人之易曉也. 蓋至誠無息者, 道之體也, 萬殊之所以一本也, 萬物各得其所者, 道之用也, 一本之所以萬殊也. 以此觀之, 一以貫之之實可見矣."

51 《論語注說》〈里仁〉15章,〈子曰. 參乎! 吾道一以貫之. 曾子曰. 唯. 子出. 門人問曰. 何謂也? 曾子曰. 夫子之道, 忠恕而已矣.〉에 대한 주석 중 일부. "○朱子曰. 至誠無息者, 道之體也, 萬殊之所以一本也. 以此觀之,〈一以貫之〉之實可見矣. ○至誠無息, 是無形迹之物也, 何以爲道之體乎? 誠旣無形迹, 而何以分殊而爲萬乎? 誠者, 體物而存者也, 何以貫之乎? 先天自一而生萬, 故有分殊. 後天以萬統於一, 故有合而無分. 學·敎, 後天之事也, 故有執一而應萬, 無一本而萬殊也. 一以貫之, 卽以一合萬也. 世儒常言一本萬殊者, 妄也. 余聞仁之統衆善也, 未聞破仁而爲衆善也."

52 《論語注說》〈爲政〉15章,〈子曰. 學而不思則罔, 思而不學則殆.〉에 대한 주석. "○學, 學於人也. 罔, 無也. 殆, 危也, 恐其惑而誤入也. 知之所不及而若思不置, 則乃見無形之形. 夫疑庭之有兎, 而凝精而注視, 則三年而見其兎矣. 庭非有兎也, 因其惑而無之有也. 傍人告之以無, 則愈益注視, 而愈益有矣. 自信愈篤, 而其惑終身不觧矣. 世儒非不英才也, 特其坐是而見無爲有也, 故以其才之英而不免爲常人之所疑笑而不信, 學者可不戒哉?〈學而時習之則無庭兎之患也.〉"

53 《周易象義占法》〈周易上經〉서문. "易有太極, 太極者, 氣之始動也. 氣之性, 有動而無静, 静則無氣矣."

54 《福利全書》1-1, "氣之始生, 名曰太極. 太極, 陽也. 氣以動爲性.〈氣無一時之不動. 不動則氣消矣. 人身之氣不動則死矣.〉"

55 《周易象義占法》〈周易上經〉 서문, "太極生兩儀, 兩儀者, 陰陽也. 夫太極動而有屈伸徃來, 伸而来則發達以宣著, 屈而徃則收斂以閉藏. 伸謂之動, 屈謂之静, 動謂之陽, 静謂之陰. 此一氣屈伸而自有動静陰陽也, 命之曰, 太極. 太極者, 天地之元氣也."

56 《福利全書》1-1, "太極動而有屈伸, 陰氣生焉. 玄妙之理, 二者相合而成物, 二者相配而生物. 是故陽氣之屈伸, 相配而陰氣生, 陰生于陽, 陰陽相合而成氣.〈單陽單陰, 氣之未成者也. 陰陽合而成氣, 然後乃行造化也.〉此謂天之氣也."

57 《周易象義占法》〈周易上經〉 서문, "太極之氣屈而吸則随其虛空而氣因之以生, 伸而呼則氣迎之以滅. 生于此則滅于彼, 滅于此則生于彼, 随太極之屈伸而生滅焉. 太極之氣爲主, 而生滅之氣爲客. 主謂之陽, 客謂之陰. 此二氣各有屈伸而有動静陰陽也. 名之曰, 兩儀. 太極者, 氣之先天也, 兩儀者, 氣之後天也."

58 ibid., "夫虛生氣, 氣生形, 自然之理也."

59 심대윤은 理를 '그렇게 되는 까닭[所以然之故]'이라 정의한다. ibid., "理者, 所以然之故也."

60 ibid., "兩儀生四象, 四象者, 兩儀各有陰陽而爲太陽·太陰·少陰·少陽, 是也. 四象者, 氣之始搆形而有象可見者也. 故曰象. 水火金木, 四行, 是也. 四象者, 氣之名也, 四行者, 形之名也. 夫氣與形交合而爲一不可分間. 象者形之象也而名氣以象者, 明氣之統形也. 行者氣之行也而名形以行者, 明形之配氣也. 四象四行者, 氣與形之異名而其實則一而不可二也. 凡四行之有土, 如四象之有太極也. 象與行相合, 而'先後天'之名於是乎生焉. 先後天者, 氣之交于形也, 先天氣也, 後天形也."

61 《書經蔡傳辨正》〈洪範〉4章, "五行, 天之氣, 地之形也. 天地之用, 五行而已, 非人之所爲,"

62 《福利全書》〈1-3〉, "[…] 人物之始生, 天氣之陰陽與地氣之陰陽相配積焉, 無種而自然生物, 卽氣積而生形之理也. […]〈感召天地之氣而種生, 天地之氣無復積焉. 故不復自然而生也.〉"

63 ibid., "氣積而生形, 形動而復生氣. 氣之性, 以類相感應. 人物之始生, 天氣之陰陽與地氣之陰陽相配積焉, 無種而自然生物, 卽氣積而生形之理也. 譬如水土之氣, 相配而厚積, 則魚鼈自生. 氣之陰陽參錯不一, 故所生非一也. 人物旣生, 其植者, 隨天地之氣而榮悴焉, 其動者, 用其形而氣生焉. 卽形動而復生氣之理也. 譬如風動物, 物動而復生風也. 用形之氣, 各以其類感召天地之氣. 天地之氣與用形之氣相配, 而禍福生焉, 子孫生焉, 卽氣之性以類相感應之理也.《易》云, "同聲相應, 同氣相求, 水流溫, 火就燥", 是之謂也.〈感召天地之氣而種生, 天地之氣無復積焉. 故不復自然而生也.〉"

64 《福利全書》1-1, "天, 氣也; 地, 形也. 氣之始生, 名曰太極. 太極, 陽也. 氣以動爲性.〈氣無一時之不動. 不動則氣消矣. 人身之氣, 不動則死矣.〉太極動而有屈伸, 陰氣生焉. 玄妙之理, 二者相合而成物, 二者相配而生物. 是故陽氣之屈伸, 相配而陰氣生, 陰生于陽, 陰陽相合而成氣.〈單陽單陰, 氣之未成者也. 陰陽合而成氣, 然後乃行造化也.〉此謂天之氣也. 陽中復有陰陽, 陰中復有陰陽, 陰陽與陰陽相配而形生. 形生于氣, 形氣相合而成形〈形, 無氣則不生; 氣, 無形則不存.〉此謂地之形也. 氣不能有知, 託形而有知; 氣不能有變, 託形而有變. 是故氣形相配而精生, 氣精相配而神生, 神生而有知覺·有變矣. 於是乎有天地日月星辰山川江海之神, 土石草木之靈, 是不雜於血肉之形氣者也, 靈明變化無上而悠久不滅, 爲造化之主而行禍福之政焉."

65 심대윤은 이것을 기氣 – 형태[形] – 용用 또는 주主 – 체體 – 용用의 '三極의 道[三極之道]'라 말한다. 三極의 道에 대해서는 Ⅰ.2. 참조.

66 《福利全書》1-4, "何謂用形. 凡人物之平生所行, 是也. 或勞心焉, 或勞力焉, 或爲善焉, 或爲惡焉, 皆生精氣而感召天地之氣. 天地之氣, 陽氣也; 用形之氣, 陰精也. 氣與精相配而禍福生焉. 子孫生焉.

67 《福利全書》1-3, "人物旣生, 其植者, 隨天地之氣而榮悴焉, 其動者, 用其形而氣生焉. 卽形動而復生氣之理也. 譬如風動物, 物動而復生風也."

68 《福利全書》8-1, "人世, 陽也; 鬼神, 陰也. 陰生于陽, 陰陽合而成物, 陰承陽而成功, 陽之功, 成於陰. 天之功, 成於地, 而萬物生; 男之功, 成於女, 而子息生; 春夏之功, 成於秋冬, 而材實遂; 人世之功, 成於鬼神, 而報果結. 精魄生于形氣, 合氣與精, 而爲鬼神. 人者, 氣之形也; 鬼神者, 人之氣也. 氣生形, 形生精, 此精之實者也, 與感召之眞氣, 致一而爲子孫. 氣生形, 用形而亦生精, 此精之虛者也, 名曰魄. 魄與精, 其實皆形之所生精也. 稟於天而有生之氣與魄致一, 而爲鬼神. 氣之致一於魄者名曰魂, 其實一氣也. 用形則必用物, 用物則必用形, 其實一也. 精之不實不虛者, 與感召之氣相配, 而爲禍福. 禍福之道, 行乎己身, 行乎子孫, 行乎鬼神, 貫於始終也. 此精之生于形, 與用形之間者也. 是爲精之三層而至誠之道也."

69 《福利全書》1-5, "何以或爲禍福, 或謂子孫. 凡人物之所行, 其誠信出於心性者, 感召天地之眞氣, 合於陰陽形之精以爲子孫, 其餘感召之氣, 皆謂禍福, 卽以類感應之理也."

70 《福利全書》1-8, "凡人之行事思慮用形用物之感召天地之氣. 其氣之感應而致一於男女陰陽形之精者, 爲子孫. 其氣之感應而配於喜怒哀樂用情之精者, 爲禍福. 用形用物之精與稟於天而有生之氣致爲一而名曰魂魄, 是爲鬼神."

71 《福利全書》2-5, "董仲舒爲江都相, 旱而求雨, 潦而祈晴, 閉諸陰縱諸陽則晴, 閉諸陽縱諸陰則雨, 未嘗不得所欲. 故其言曰天人相與之際甚可畏也. 人之禍福自其感召致之, 聖人之經傳惟明禍福之自致於天, 利害之自取於人而已. 自秦漢以來數千歲, 惟董仲舒略知其理也."

72 《白雲集》〈齊物論篇論〉, "天地能生成物而不能用之, 能生成人而不能敎之安之. 助天地之生成而能用之敎之安之者, 人也. 故曰, 人者 天地之心也."

73 《周易象義占法》〈周易上經〉서문, "氣有數, 形有理. 數有時, 理有道. 時有命, 道有敎. 先天主氣數, 後天主形理. 氣陽之陽也, 數陽之陰也. 形陰之陽也, 理陰之陰也. 夫有氣斯有理, 無氣理安所附? 故理之在乎形之先者, 微而付乎氣, 故曰'氣'而不曰'理', 是'生生之理'也. 生生之理, 一而已矣. 理之在乎形之後者, 配乎氣而著, 故不曰'氣'而曰'理', 是'克用之理'也.'克用之理', 萬而殊矣.〈세주: 理者, 所以然之故也, 無往不在. 氣之理者, 譬如天有五材乃可以爲宮室舟車凡百器物也. 形之理者, 譬如有宮室舟車凡百器物乃可以居處資用也. 老子曰,'當其無有其用'. 彼不知有氣故形生, 有形故材成, 有材故器具, 有器故人用也. 當其無預

知其用者, 人之神知能見機而先知也. 因氣而知形之機, 因形而知材之機, 因材而知器用之機也, 非其用已具於氣形之先也.〉[난외주][譬如數之, 一之後必有二, 二之後必有三, 非二三之先具於一之前也. 又如子之必生于我, 孫之必生于子, 非子孫之先具於我之前也.]"

74 《福利全書》1-14, "無物而不存, 無形而不透者, 氣也. 其强莫撓, 其健無息, 能爲萬物之師, 然隱而不可見也, 無知而不能變也. 籠氣而爲物〈形籠氣而氣有分體別於天地之氣也. 如酌水於器, 水有分體別於江河之水也.〉, 搆精而施化者, 形也. 其質有定, 其理有常〈凡物有形然後各有其理. 牛有牛之理, 馬有馬之理.〉, 能爲萬物之體, 然靜而不能動也, 塞而不能明也. 氣與形配然後有知覺有變化, 明而爲人, 幽而爲鬼神, 主理害禍福之用也."

75 앞서 살펴본 바, 三極의 道란 태극(기의 선천)이 양의(기의 후천)를 생성하고 양의가 사상(선후천 : 氣(선천)와 形(후천)이 서로 짝한 것)을 생성하는, '태극→양의→사상' 삼자 간의 삼층 관계를 말한다. 심대윤은 세상의 모든 것이 三極의 道를 갖추어 이루어지는 것이라 주장한다.

76 이에 대해서는 장병한의 설명이 자세하다. "《예기》 본문을 장구별로 一行 二十字로 서술한 다음, 한 글자 내려 행을 바꿔 주해를 달고 있다. 그런데 이보다 앞서 본문구절에 대한 經의 眞僞를 먼저 밝히고 있다. 세 가지로 요약하면, 一. 본문구절이 〈聖人이 남긴 말씀으로써 先王의 禮에 합당하다〉고 여긴 것은 〈經也〉라 하고 주석함(原文 : 〈曲禮曰無不敬 儼若思 安定辭 安民哉〉正解 : 〈經也. 儼若思 臨事而敬也. 安定辭發言而敬也. 是二者 敬之成 德之容也. 敬之成 德至於見於容者如此 則可以安民矣. 子曰修己而敬 修己而安百姓 是也〉) 二. 〈禮를 기록한 이가 誤

謬를 범했다〉고 여긴 것은 〈記而妄也〉라고 하였다.(原文:〈若夫坐如尸 立如齊〉正解:〈記而妄也. 凡記禮者之所謬妄 曰記而妄也. 夫坐如尸 立如齊 木偶之容也 非生人之道也. 泥塑之坐 異乎不容之居也. 君子安 舒和泰 不宜拘束粧飾若此也〉) 三. 先王의 禮에 속하지 않는 것으로, 다만 그 事實을 記錄하여 傳하는 데 意義가 있기 때문에 사람들의 教訓이 되기에는 부족한 것은 〈記也〉라고 하였다.(原文:〈居喪未葬 讀喪禮 既葬 讀祭禮 喪復常讀樂章〉正解:〈記也. 記其事而已 不足以為訓曰記〉 禮記正解一 曲禮下 13章) 이외에도 〈經而誤傳也〉(본래는 經文이었는데, 전달과정에서 잘못되어 기록하는 자가 그대로 서술 한 것), 〈記而經也〉(先王의 禮에 해당되지는 않으나, 禮를 記述하는 자에 의해서 기록된 것으로, 經旨에 適合하여 教訓이 될 수 있는 것)가 있다." 장병한, 《禮記正解》〈해제〉, 한국경학자료시스템, http://koco.skku.edu/index.jsp, 참고.

77 《禮記正解》〈樂記 10章〉, "經傳言天命之性者, 惟此為詳也."

78 《禮記正解》〈樂記 10章〉, "經也. 靜, 專一而不得移易也. '天之性'者, 天命之性也. '感於物而動'者, 情也. 情生於欲, 欲者, 性之主也. 故曰'性之欲'也."

79 《福利全書》〈3-3〉, "欲者, 天命之性也."

80 《禮記正解》〈樂記 10章〉, "欲者, 性心情之主也 欲者, 道心也. 濫則為慾. 慾者, 人心也. 情發於當發則為欲, 發於不當發則為慾, 善惡之所由分也."

81 《福利全書》〈3-6〉, "天命同賦性同而善惡異塗者, 以有欲故也. 以有欲故可以為善可以為惡."

82 《禮記正解》〈樂記 10章〉, "'物至知知'者, 心之明知遇物而有知而情生也. 心之中非有情也, 而心之明知接於物而情生焉. 隨其情而好惡形."

83 《日用記言》은 심대윤의 저작으로 추정되나 현재 확인되지 않는다.

84 《禮記正解》〈樂記 10章〉, "性無不同矣而情, 有平陂道心人心之雜也. '好惡無節於內', 道心不立也. '知誘於外', 人心用事也. '躬'當作'性', '不能反性', 不能克己〈人心也, 血氣所使也.〉而復性也. '人化物', 人爲物所化也. 經傳言天命之性者, 惟此爲詳也.〈詳見日用記言〉欲有二焉, 欲利也欲名也. 名利兩遂而不偏則中庸至善之道也.〈書'天生民有欲'〉"

85 《福利全書》〈3-3〉, "欲者, 天命之性也. 人物之所同得 而不可移易增減者也. 如天之有太極. 太極之道, 徹頭徹尾, 無往而不在, 無物而不有, 爲萬物之統帥, 爲萬化之綱領. 是故欲爲性心情之主也. 人而無欲, 則無以異於木石也. 言動視聽思慮食色, 以有欲故作也. 人而無欲, 何以爲人哉."

86 《論語注說》,〈陽貨 2章〉, "天命之性, 利是也."

87 《周易象義占法》〈乾 卦辭〉, "〈乾元亨利貞〉〈春夏冬, 皆所以爲秋也. 元亨貞, 皆所以爲利也. 萬物成於秋, 萬事成於利.〉 […] 元也者, 始此者也. 亨也者, 長此者也. 利也者, 成此者也. 貞也者, 守此者也. 此者何也? 利也. 天地之所以存, 人物之所以立, 利而已矣. 一日無利則天地息而人物盡矣. 論語曰. 子罕言利與命與仁. 言利乎命與仁之先, 亦可見利之至大也. 夫君君·臣臣·父父·子子·夫夫·婦婦·兄兄·弟弟, 皆所以利之也. 濟物利用博文執禮爲政立事者, 皆所以利之也.〈孟子曰. 天下之言性, 以利爲本.

88 《禮記正解》〈樂記 10章〉, "欲有二焉, 欲利也欲名也. 名利兩遂而不偏則中庸至善之道也."

89 《福利全書》〈4-1〉, "人稟天地之氣而爲性曰, '欲'. 欲有二焉, 好利也, 好名也. 人之始生, 唯唇而求食, 利之始也. 凡所以爲利者, 皆自食而爲本也. 苟無食, 則人無求利者也. 孩提有知, 譽之則喜, 責之則啼, 名之始也. 凡所以爲名者, 皆自譽而爲本也. 苟無譽, 則人無求名者也."

90 《福利全書》〈4-1〉, "雖禽獸亦知好利."

91 《福利全書》〈4-1〉, "惟禽獸不知好名."

92 《論語注說》〈顏淵-20〉, "小人之知不及而爲利者, 尙爲近於人情矣. 夸者棄利而爲名, 其非人情甚矣."

93 《福利全書》〈4-1〉, "利者, 實也. 名者, 虛也. 名利相配而行, 乃可以其身與生類兩全而無窮也."

94 《福利全書》〈4-2〉, "利生於爲我, 名生於爲人. 利以厚生, 名以榮身. 是二者, 人性之所欲也. 人之道在於成性. 是故, 不可不爲利, 不可不爲名."

95 《中庸訓義》〈1章〉, "性者, 好利惡害是也. …… 人稟天地之氣以生而肖其性, 故曰'天命'."

96 《中庸訓義》〈1章〉, "四德者何處得來耶? 天不能以其所無命人, 人不能無中生有以爲道. 稟乎天地而爲天命之性者, 如天之有太極也. 稟五行之氣而爲心性者, 如太極之生四象也. 四象者, 氣之交于形也."

97 《中庸訓義》〈1章〉, "心性者, 亦氣之交于形也, 故四端如四象之數焉, 此謂道心也. 土爲形之極而寄治於四行, 信爲心之極徧爲四端之基, 故只言四端焉. 木之性柔善慈愛而爲仁之端, 火之性宣著限節而爲禮之端, 金之性肅殺裁斷而爲義之端, 水之性通達而爲知之端, 是心性之本善也."

98 《福利全書》〈3-4〉, "心之明知發有四焉. 親與之心, 仁之端也, 差等之

心, 禮之端也, 取舍之心, 義之端也, 變通之心, 智之端也. 名曰'四端'. 仁義禮智 名曰'四德'."[언해주] 親與 : 사람과 친하고 함께 하는 것이다. 仁之端 : 인덕의 시초이다. 差等 : 차례와 등분이다. 取捨 : 취하고 버림이다. 四端 : 사단은 네 가지 끝이다. 四德 : 사덕은 네 가지 덕이다. 김성애(2010), p.59, 재인용.

99 이는 손영식의 "두단頭端이란 '실의 머리'로서의 단서이고, 미단尾端이란 '실의 꼬리'로서의 단서이다. 사단이 실의 머리頭端라면, 측은지심은 시초이고 이것을 확충해 나가면 인仁이 된다는 확충설擴充說이 된다. 반면 사단이 실이 꼬리[尾端]라면, 측은지심을 거슬러 올라가 인仁을 알 수 있다는 복초설復初說이 된다."라는 설명에 요약되어 있다. 손영식,《이성과 현실》, 울산대학교출판부, 1999. p.240. 참고.

100 《中庸訓義》〈1章〉, "人有此四者之知覺, 而其蔽于形質而有所不照者, 爲人心. 養其道心而克其人心, 則可以擴充而爲四德. 四德成而中庸在其中矣. 以是率性曰道, 修治乎是曰敎. 道, 道也. 敎, 行也. 出乎性而不由乎外, 故不可離也. 凡道心, 陽之四象也, 可蔽而不可滅, 故曰'心性'."

101 ibid., "人心可克而滅焉, 如陰之四象也. 故不謂之性, 其云氣質之性, 非也. 夫人陽爲性而陰爲志. 陰陽之交曰心, 故性不可變而志可易. 性動而志靜, 無所偏係曰動, 有所專主曰靜〈訑言心性也, 与記曰〈人生而靜〉者不同. 盖記謂天命之性也.〉"

102 ibid., "四端, 心之極而對人心而爲儀."

103 《禮記》〈禮運〉30장, "故人者 其天地之德 陰陽之交 鬼神之會 五行之秀氣也"

104 《左傳》〈成公〉13년, "劉子曰, "吾聞之, 民受天地之中以生, 所謂命也."

105 《尚書》,〈仲虺之誥〉, "成湯放桀于南巢, 惟有慙德. 曰, 予恐來世以台爲口實. 仲虺乃作誥. 曰, 嗚呼. 惟天生民有欲, 無主乃亂. 惟天生聰明時乂. 有夏昏德, 民墜塗炭. 天乃錫王勇智, 表正萬邦, 纘禹舊服. 玆率厥典, 奉若天命."

106 여기서 언급된 집전集傳이란 주희 제자 채침이 쓴 《서집전書集傳》을 말한다.

107 《書經蔡傳辨正》《尚書》,〈湯誥-02〉, "王曰. 嗟爾萬邦有衆, 明聽予一人誥. 惟皇上帝, 降衷于下民, 若有恒性, 克綏厥猷, 惟后."에 대한 주석, "皇, 大也. 衷, 中也. 草木禽獸各得偏氣, 而人稟中和之氣. 記曰. '五行之秀氣'. 劉康公曰. '民受天地之中以生'. 是也. 行得中則是爲順命而受福, 行失中則是爲逆天而速殃. 天稟之以中和之氣, 命之以中和之德, 故曰. '降衷于民'〈命之以中和之德者, 非謂稟爲性也, 乃責之以是德也.〉若, '曰若' '王若'之若也, 猶言 '如是'也. 人心之與物所同者曰天命之性. 仲虺之誥 '天生民有欲'是也. 人心之粲而有親與·差等·取舍·變通之知者曰心性. '若有恒性', 總言之也. 其因氣質之蔽而妄粲者, 可克而滅也, 故不曰 '恒性'也. '厥猷', 民之謀爲也. 能使之安乂, 其志慮不動於邪惡, 正其心性而成其性之欲, 此明明德·新民·至善者也, 可爲民之君也. 〈若如集傳所云 '中爲人性', 則將皆不學而能, 不教而成, 兒生落地而聖矣. 中者, 德之位也. 在於事物而不在於心, 心能得事物之中也, 非中能得事物之善也. 心中有中豈非誣欤! 又性旣中矣則情何以有慾也? 情獨出於氣質而心無知如柱耶? 其云仲虺 "'天生民有欲'以情

言", 則情之妄戇者亦出於天耶? 天命人以善而又命人以不善耶! 妄亦甚矣.〉"

108 ibid., "若, 順也"

109 《論語注說》,〈陽貨 2章〉,"子曰:〈性相近也, 習相遠也.〉此言心性也, 非天命之性也. 人之心性不遠, 而學習不同, 故有善惡之相遠也. 天命之性, 利是也, 心性, 道心是也. 二者皆心之明知, 而非心之外更有天命之性也. 以其萬物之所同然, 而不可增減移易, 如天之有太極也, 故曰天命之性. 以其雜於形氣而物各不同, 故曰心性, 如天之有四象也.〈兼情而言也.〉天命之性, 可率而不可養, 心性, 可養而不可率. 性有天命之性, 心性, 習性, 爲三極, 說見'坤卦'之義. 四端, 即心之發於情者也."

110 朱熹,《論語集註》,〈陽貨 2章〉,"子曰:〈性相近也, 習相遠也.〉此所謂性, 兼氣質而言者也. 氣質之性, 固有美惡之不同矣. 然以其初而言, 則皆不甚相遠也. 但習於善則善, 習於惡則惡, 於是始相遠耳. ○程子曰:〈此言氣質之性. 非言性之本也. 若言其本, 則性卽是理, 理無不善, 孟子之言性善是也. 何相近之有哉?〉"

111 《周易象義占法》〈坤 文言傳〉,"人禀天地之氣以爲性. 性者, 人道之太極也. 氣者, 性之極也. 性有好利惡害者, 兩儀也.[난외주][此言性之三極] 心有四端者, 四象之始搆行而名爲'先後天'者也. 性, 氣也, 一而已矣. 心, 氣之交于形, 而爲理之藪萬而殊矣. 是故人物同性而不同心. 性無不好利惡害, 而心有不能趨利避害者, 以其蔽于形而有所不照也. [난외주][孟子言性善是也.] 夫明之所不照爲暗, 日月非有暗也. 知之所不及爲惡, 心非有惡也. [난외주][此言心之三極] 性者, 心之極也.〈四端〉, 心之〈知覺〉. 因是四端而可以擴充以爲〈四德〉, 命之曰, 心性. 中庸曰, '自誠

明, 謂之性', 子曰, '性相近也, 習相遠也'者, 心性之謂也. [난외주][〈心性〉 無不善, 而以其人心之蔽於形氣者不周, 故曰〈相近〉] 心有道心人心者, 兩儀 也. 心稟五行之氣以爲四端, 而常有有餘不足偏勝獨微, 而不能平純冲 和焉, 或中或不中而有道心人心之異也. 情有喜怒哀樂者, 四象也. 心之 發而交于物, 爲'先後天'者也. [난외주][氣-性-心, 爲體之極儀象. 性-心- 情, 爲用之極儀象] 凡心象水火, 有知有明而必附麗于物然後乃存, 不附 于正則必附邪, 隨其所習而行之成性, 猶水之因地而制流, 如火之隨物 而成體, 命之曰習性[난외주][天命之性-心性-習性, 三極之道也]"

112 《白雲集》〈辯學〉, "夫士尚志, 立志旣高, 然後可以進就之爾."

113 《中庸訓義》〈1章〉, "夫人陽爲性而陰爲志. 陰陽之交曰心, 故性不可變 而志可易. 性動而志靜, 無所偏係曰動, 有所專主曰靜〈訕言心性也, 与 記曰〈人生而靜〉者不同. 盖記謂天命之性也.〉"

114 《論語注說》〈子曰. 性相近也, 習相遠也.〉, "此言心性也, 非天命之性 也. 人之心性不遠, 而學習不同, 故有善惡之相遠也."

115 《福利全書》〈3-5〉, "心之明知發而接乎物, 則情生, 喜怒哀樂是也. 平 時, 心中本無情也. 而事物自外觸之, 則發焉, 動乎心之血氣而妄發, 則 傷心也. 情發於當發, 而不發於不當發, 發而皆中節, 則心平. 平則靜, 靜則明, 明則可以成四德而致中和, 致中和則可以得福利而成性之欲 矣. 是故, 欲成其性者, 先修其德, 欲修其德者, 先善其身, 欲善其身者, 先治其心, 欲治其心者, 先節其情. 凡人之用工, 必自情而始也, 情之所 以發, 以有欲故也, 無欲則不發也. 情之所以節, 以有欲故也, 無欲則不 節也. 欲爲情之主也."

116 《中庸訓義》〈1章〉, "〈喜怒哀樂之未發謂之中, 發而皆中節謂之和, 中也者天下之大本也, 和也者天下之達道也.〉四端心之極, 而對人心而爲儀. 而情者, 心之交于物而爲心之四象者也. 欲者, 如土之無專位也. 喜怒哀樂如四行之數焉, 喜怒哀樂發於理之所當發而不動於心之氣以發, 因於理而不根於心, '心平而不動', 謂之〈中〉也. 所以能因其事物之當發而發焉皆中其節而無乖戾之失, 謂之〈和〉也. 人心之中非有喜怒哀樂也, 心唯有明知, 接于物, 見其可喜可怒可哀可樂而能知爲之也. 喜怒哀樂之未發則初無喜怒哀樂之可名也. 其言〈喜怒哀樂之未發〉謂其發於心而未發於視聽言動. 其發於心而未發於視聽言動者, 因其發於理而不發於心之氣也. 苟能發於心而未發於視聽言動, 則久而亦不妄發於心矣, 惟因於理以發而心平而不動也.〈發於心者, 不可自用力也. 未發於視聽言動者, 可以自用力也. 因於理者, 以忠恕·中庸爲準則也.〉如此然後, 喜怒哀樂乃可以得中也. 故曰〈喜怒哀樂之未發, 謂之中〉.〈喜怒哀樂之未發, 謂之中〉, 所以爲中者也.〈發而皆中節, 謂之和〉, 中之行於外而成也. 曰中曰和, 文之互擧也, 中則和也. 君子之學必自情用力, 情不敢妄發而視聽言動中禮, 則情自正矣. 情發而中節, 則心自正矣. 此是治心之要也. 从而邪心滅, 道心獨全, 如道家之煉形是也. 立其中而泛應乎四方, 故曰大本. 和合于天下而通行焉, 故曰達道. 凡不可通行於天下之人人者, 非人道也. ○此卽論語〈克己復禮〉之目也, 當參看其說.〈喜怒哀樂發於心而未發於視聽言動, 此亦人之所能者而未能盡也.〉〈致中和, 天地位焉, 萬物育焉〉〈治心之妙, 至於如此也.〉天地之和氣感應, 無有災咎陵蝕之變而其物昌矣. ○此爲第一段, 言道之出乎天性而不可移易者〈誠〉也, 敎之修道自情始而能化氣質者〈誠之〉也. 誠者, 利也. 誠之者, 利之也. 此謂'知止', 此謂'明善'者也.〈知爲善之自爲利而合乎天地鬼神人衆福慶必至, 知爲不善之自取害而逆乎天地鬼神人衆禍殃必及, 則此謂'明善'也. 旣'明善'則其心自無疑惑而止於善而有定矣.〉"

117 朱熹,《中庸章句》,〈1章〉, "喜怒哀樂, 情也. 其未發, 則性也. 無所偏倚故謂之中."

118 Ⅳ.2.는 2016년 8월 서울대학교 철학사상연구소에서 발간한《철학사상》(61집)에 게재된 졸고〈심대윤의 중용·中庸 개념 연구〉의 내용임을 밝힌다.

119 《中庸章句》〈2章〉, "中庸之中, 實兼中和之義"

120 《中庸或問》〈0-3〉, 曰: "此篇首章先明中和之義, 次章乃及中庸之說, 至其名篇, 乃不曰中和, 而曰中庸者, 何哉?" 曰: "中和之中, 其義雖精, 而中庸之中, 實兼體用. 且其所謂庸者, 又有平常之意焉, 則比之中和, 其所該者尤廣, 而於一篇大指, 精粗本末, 無所不盡, 此其所以不曰中和, 而曰中庸也."

121 《中庸或問》〈0-1〉, 或問: "名篇之義, 程子專以不偏爲言, 呂氏專以無過不及爲說, 二者固不同矣. 子乃合而言之, 何也?" 曰: "中, 一名而有二義, 程子固言之矣. 今以其說推之, 不偏不倚云者, 程子所謂在中之義, 未發之前無所偏倚之名也; 無過不及者, 程子所謂中之道也, 見諸行事各得其中之名也. 蓋不偏不倚, 猶立而不近四旁, 心之體地之中也. 無過不及, 猶行而不先不後, 理之當事之中也. 故於未發之大本, 則取不偏不倚之名; 於已發而時中, 則取無過不及之義, 語固各有當也. 然方其未發, 雖未有無過不及之可名, 而所以爲無過不及之本體, 實在於是; 及其發而得中也. 雖其所主不能不偏於一事, 然其所以無過不及者, 是乃無偏倚者之所爲, 而於一事之中, 亦未嘗有所偏倚也. 故程子又曰:'言和, 則中在其中; 言中, 則含喜怒哀樂在其中.' 而呂氏亦云: '當其未發, 此心至虛, 無所偏倚, 故謂之中; 以此心而應萬事之變, 無往而非中矣.' 是則二義雖殊, 而實相爲體用, 此愚於名篇之義, 所以不得取此而遺彼也."

122 《中庸或問》〈0-2〉, 曰: "庸字之義, 程子以'不易'言之, 而子以爲平常, 何也?" 曰: "唯其平常, 故可常而不可易, 若驚世駭俗之事, 則可暫而不得爲常矣. 二說雖殊, 其致一也. 但謂之不易, 則必要於久而後見, 不若謂之平常, 則直驗於今之無所詭異, 而其常久而不可易者可兼擧也. 況中庸之云, 上與高明爲對, 而下與無忌憚者相反, 其曰庸德之行庸言之謹, 又以見夫雖細微而不敢忽, 則其名篇之義, 以不易而爲言者, 又孰若平常之爲切乎?" 曰: "然則所謂平常, 將不爲淺近苟且之云乎?" 曰: "不然也. 所謂平常, 亦曰事理之當然, 而無所詭異云爾, 是固非有甚高難行之事, 而亦豈同流合汙之謂哉! 旣曰當然, 則自君臣父子日用之常, 推而至於堯舜之禪授, 湯武之放伐, 其變無窮, 亦無適而非平常矣."

123 《禮記》〈禮運〉30장, "故人者 其天地之德 陰陽之交 鬼神之會 五行之秀氣也"

124 《左傳》〈成公〉13년, "劉子曰, "吾聞之, 民受天地之中以生, 所謂命也."

125 여기서 언급된 집전集傳이란 주희 제자 채침이 쓴《서집전書集傳》을 말한다.

126 《尙書》,〈湯誥-02〉, "王曰. 嗟爾萬邦有衆, 明聽予一人誥. 惟皇上帝, 降衷于下民, 若有恒性, 克綏厥猷, 惟后."에 대한 주석, "皇, 大也. 衷, 中也. 草木禽獸各得偏氣, 而人禀中和之氣. 記曰: '五行之秀氣'. 劉康

公曰. '民受天地之中以生', 是也. 行得中則是爲順命而受福, 行失中則是爲逆天而速殃. 天稟之以中和之氣, 命之以中和之德, 故曰 '降衷于民'〈命之以中和之德者, 非謂稟爲性也, 乃責之以是德也.〉[...]〈若如集傳所云'中爲人性', 則將皆不學而能, 不教而成, 兒生落地而聖矣. 中者, 德之位也. 在於事物而不在於心. 心能得事物之中也, 非中能得事物之善也. 心中有中豈非誣歟! 又性既中矣則情何以有慾也? 情獨出於氣質而心無知如柱耶? 其云仲虺天生民有欲'以情言, 則情之妄羨者亦出於天耶? 天命人以善而又命人以不善耶! 妄亦甚矣.〉"

127 《尙書》,〈湯誥-02〉, "若, '曰若''王若'之若也, 猶言 '如是'也. 人心之與物所同者曰天命之性. 仲虺之誥'天生民有欲'是也. 人心之羨而有親與·差等·取舍·變通之知者曰心性. '若有恒性', 總言之也. 其因氣質之蔽而妄羨者, 可克而滅也, 故不曰'恒性'也. '厥猷', 民之謀爲也. 能使之安之, 其志慮不動於邪惡, 正其心性而成其性之欲, 此明明德·新民·至善者也, 可爲民之君也."

128 《中庸訓義》〈6장〉, "子曰, 舜其大知也歟, 舜好問而好察邇言, 隱惡而揚善, 執其兩端用其中於民其斯以爲舜乎"에 대한 주석, "好問, 不自用而取諸人也. 邇言, 人之所忽也. 隱惡而揚善, 則人勸而無怨矣. 不執兩端則無以知其中, 必明其利害之所終, 輕重之所極, 然後乃得其義而用其中也,〈凡事揣其上下之兩端而中自得矣. 高而不可復上者上之端也, 低而不可復下者下之端也. 物物有之事事有之, 人不同, 位不同, 時不同而隨, 有其中也.〉"

129 《中庸章句》〈6장〉, "於善之中, 又執其兩端而量度以取中然後用之, 則其擇之審而行之至矣. 然非在我之權度精切不差, 何以與此?"

130 《福利全書》〈10-13〉, "先王制萬世之中庸而爲之禮, 有餘者俯而就之, 不足者跂而及之."

131 《福利全書》〈10-13〉, "夫過之爲不善與不及者, 一也. 過者 力能爲之 而不及者 絶不可望, 則遂絶跡及之志 而日就於下矣. 如此而禮之中制廢也. 天下過者少 而不及者甚多, 絶不及者之望 而天下無禮矣. 禮之所由壞, 由於過者之不俯就也. 是故禮者以損節爲本, 而防民之濫上者也. 凡夫亡婦從而改家者, 人情之常 而禮之所不禁也. 其有不忍改節而不嫁者, 人情之所難 而禮之所尙也. 夫死而從死, 非人之常情 而禮之所禁也."

132 《中庸訓義》〈서문〉, "朱子曰, '中者, 不偏不倚·無過不及也. 庸, 平常也.' ○庸, 謙也. 中·和·謙·庸, 相附而并行者也. 忠恕曰仁, 爲道之本. 禮以節文之, 義以裁制之. 禮義者, 所以爲中庸也."

133 《禮記正解》〈喪服四制 7章〉, "禮者所以爲中庸也. 喜怒哀樂發而中節, 以禮正心者也. 視聽言動皆中禮, 以禮修身者也. 夫立于禮則中矣, 中則庸矣, 庸則謙矣, 謙則和矣. 禮者中和謙庸之具也."

134 《中庸訓義》〈1장〉, "中則和也."

135 《周易象義占法》〈乾 文言傳〉, "中也, 和也, 庸也, 謙也, 異名而同功者也."

136 《周易象義占法》〈謙 序文〉, "中·和·謙·庸, 異名而同道也."

137 《福利全書》〈4-2〉, "中則庸, 庸則和. 中庸者, 中和也."

138 《福利全書》〈4-8〉, "中則庸矣, 庸則謙矣, 謙則和矣. 中·和·謙·庸, 一致也."

139 《禮記正解》〈喪服四制 7章〉, 각주 135)과 동일.

140 《論語注說》〈서문〉, "壬寅七月, 余年三十有七歲矣. 偶抱膏肓之病, 恐一朝溘然先朝露. 而念吾道之不明, 自孟子以後數千載矣. 世俗之敗亂可謂極矣. 而近有一種邪說 號爲'西學', 乘間而起 況惑斯民. 余懼斯民之無類 而不忍坐視而不救焉. 爲註此書 將及'庸學', 庶幾聖人之道 得以復明, 邪說自息. [...] 學者生於去聖數千載之後, 尚幸《論語》之存, 可以考德取衷也. 而惜其爲世儒箋說所亂塗, 塞人之心目. 夫目之有蔽, 不去其蔽, 不可得而明也. 耳之有塞, 不拔其塞, 不可得而聰也. [...] 〈楊墨老佛之爲異端也, 自傳其說而已, 今盡取聖人之書而塗抹之, 換面而罔世, 其弊甚於昔矣. [...]〉

141 《白雲集》〈善惡一本論〉, "世之爲善者曰, "善善也, 利非善也." 爲利者曰, "利利也, 善非利也." 爲善而務過其利, 爲利而不及於善, 其清濁有間矣, 而其爲過不及一也, 其爲惡一也."

142 《福利全書》〈8-11〉, "然又恐民之不從, 故曰, "爲善者, 登于天堂; 爲惡者, 入于地獄", 把持禍福之權, 而誘脅之. 愚民, 陷於術中而不悟, 其說可一言而破也."

143 《福利全書》〈11-48〉, "余見數千年間好祈禱求福者, 必在衰亡之世傾敗之人, 其興盛之國吉昌之人未嘗然也. 將興聽於民, 將亡聽於神, 豈不信哉."

144 《福利全書》〈7-1〉, "惟善惡勤惰, 爲己終始之利害禍福也."

145 《周易象義占法》〈繫辭下傳 5章〉, "太極君也, 兩儀臣也, 四象民也, 君也臣也民也. 三者的然有別者, 層數也. 臣也民也愈下而愈多, 人各不同, 不可混雜者分數也. 而爲國則一而已矣. 君不可謂之國而無君則無國, 臣不可謂之國而無臣則無國, 民不可謂之國而無民則無國. 國不在於君也臣也民也之外, 而亦不在於獨君也獨臣也獨民也, 必合三者而爲一國, 而三者不可爲一矣. 人之百體九竅不可混雜而爲身則一而已矣, 偏指一體一竅而謂之身則不可, 而無一體一竅則無身矣. 身與體竅未嘗異矣而體竅與身不可同也, 是故分然後合, 合然後分, 分在合之中, 合在分之中, 混淪膠葛而不可遂分亦不可遂合也. 不可不分亦不可不合也, 此之謂致一也."

146 《福利全書》〈4-3〉, "自古及今, 五倫相戕 九族爲讎 皆由於爭利爭名."

147 《福利全書》〈4-5〉, "天地之道反之而後成, 始於好利, 中於不利, 反於利然後成; 始於好名, 中於無名, 反於名然後成. 利與不利致一而成利也; 名與無名致一而成名也. 亦猶陽之氣與陰致一而乃成氣, 陰形之與陽致一而乃成形也. 先爲不利以就利者何謂也? 不敢專利於己而同利於人, 此人情之所難也, 而以利讓於人則人亦以利歸我, 人歸之利天降之福, 是與爭利而終必自敗者得失遠矣. 先爲無名而就名者何謂也? 不敢自多於己而讓善於人, 謙恭卑下, 毋餂行以明人之汚, 毋自快而恥人, 毋自恃而蔑人. 善則稱人, 過則稱己, 此人情之至難也. 而有實行則名自生, 如氷炭不言而人皆謂其冷熱."

148 《福利全書》〈4-4〉, "是故, 人道有忠恕. 忠恕者, 人道之規矩也. 所以通人情而公於人我, 順天之道也. 天道無私, 均施於萬物也. 己所不欲勿施於人曰"恕", 己之所欲推之於人曰"忠", [...] 忠恕之道, 以己之心度人之心, 以己之情揣人之情."

149 《福利全書》〈4-6〉, "與人同利至公之道也. 而利之爲物, 利於人則害於我, 利於我則害於人, 不可兩全者也. 如之何而同也? 事有我與人俱利者亟爲之, 利我而不害人 利人而不害我亦爲之, 利我多而害人少 利人多而害我少亦爲之, 利於我而甚害人 利於人而甚害我 不可爲也. 權衡 於人我而不偏於一邊, 此同利至公之道也."

150 《福利全書》〈4-5〉, 각주 149)과 동일.

151 《論語注說》〈里仁-15〉, "聖人之自初學至于平天下, 自一身達于萬物, 更無他矣. 譬如爲器, 性善者, 材木也. 忠恕者, 規矩也. 誠明者, 工力也. 中庸者, 尺度也. 性善者, 道之具也. 忠恕者, 道之法也. 誠明者, 道之力也. 中庸者, 道之度也. 有其具而無其法, 猶無具也. 有其法而無其力, 猶無法也. 有其力與法與具, 而無其度, 亦將楓窳而不可用也. 忠恕, 中庸謂之仁, 而爲成德也."

152 《中庸訓義》〈13章〉, "忠恕謂之仁. 有忠恕而無中庸, 則不能成道"

153 《福利全書》〈4-2〉, "利生於爲我, 名生於爲人. 利以厚生, 名以榮身. 是二者, 人性之所欲也. 人之道在於成性. 是故, 不可不爲利, 不可不爲名."

154 《福利全書》〈4-6〉, "讓名於人, 至仁之德也. 名之爲物, 我高則人下, 人盛則我衰, 不可竝立者也. 是故讓名於人而務其實行. 名之生於實者, 有益於人而無逼於人, 故人皆悅服而不猜之矣. 讓名而名愈盛; 同利而利益多, 中庸至善之道也."

155 《福利全書》〈4-2〉, "利生於爲我, 名生於爲人. 利以厚生, 名以榮身. 是二者, 人性之所欲也. 人之道在於成性. 是故, 不可不爲利, 不可不爲名."

156 《周易象義占法》〈乾 文言傳 九二〉, "中者 無過不及偏倚也. 庸者 平常也, 庸者 謙之謂也. 凡言行不及則不若於人, 過則高絶於人, 不若於人則爲天下所侮, 高絶於人則爲天下所猜. 夫偏利人而不求利乎己 謂之

〈過〉, 得虛名而喪實利, 天下之人貌敬而心不願, 猜忌嚴憚而不親附, 終不可用於天下, 絶物而喪性, 若艮之九三是己. 偏利己而害乎人 謂之〈不及〉, 小人之私欲是也. 君子行其中庸, 無過無不及, 不高不下, 與天下和合而同其利焉. …… 忠恕實利也, 中庸實名也."

157 《周易象義占法》〈艮 三爻〉, "九三之所爲正反中庸, 滅其情, 喪其利, 而唯正德之是, 務以自爲高, 天下之人畏而不親, 敬而不慕, 絶物獨立, 而猜忌者衆. 屢憎於人, 而怒於神. 行絶衆人而不骯安其身, 名高天下而不骯澤一民, 既無用於當世, 而骯爲百世之禍, 大道之賊也."

158 《國語》〈卷三 周語下〉, "晉孫談之子周適周, 事單襄公, 立無跛, 視無還, 聽無聳, 言無遠；方敬必及天言忠及意, 言信必及身, 言仁必及人, 言義必及利, 言智必及事, 言勇必及制, 言敎必及辯, 言孝必及神, 言惠必及和, 言讓必及敵；晉國有憂未嘗不戚, 有慶未嘗不怡."

159 《周易象義占法》〈謙 大象傳〉, "象曰. 地中有山, 謙. 君子以裒多益寡, 稱物平施."에 대한 주석, "'裒多益寡' 言裒吾之多而益人之寡也. 裒者斂而翕之不爲張大也. 益即'下濟'也. 若自賤其貴而貴人之賤, 自貧其富而富人之貧, 自愚其賢而賢人之愚, 矯而僞也, 非謙德也. 斂之而不至於貶損, 益之而不至於矯僞, 謙德也. '稱物平施'中庸也. 庸謙也, 中則庸矣. [...]〈讓, 謙之一事也. 善而歸人, 惡而自受, 利以属人, 害以自居, 然亦不過其中而夫其則也, 國語曰. 言讓必及敵, 是已.〉"

160 《禮記正解》〈祭義 50章〉, "國語曰. 言讓必及敵. 讓善止於敵以上也. 推功與利則逮于下矣. 爭名於敵以上則不恭, 爭利於下則不惠."

161 《周易象義占法》〈乾 文言傳 九二〉, "忠恕實利也, 中庸實名也."

162 《福利全書》〈4-6〉, 각주 156)과 동일.

163 《左國正論》, "君子非好讓也. 不讓則掩人, 掩人則怨生, 怨生則害至, 害至則事敗. 君子非好讓也, 惡失敗也. …… 君子非好讓也, 求福利也. 且吾讓, 人亦讓, 見吾之讓也, 不敢不讓也.〈見人之讓而敢不讓則應於其人其勢然也.〉豈其掩吾之善而取之哉?"

164 V.1.는 2018년 12월 서울대학교 동아문화연구소에서 발간한 東亞文化 (56집)에 게재된 졸고 〈주희의 '格物致知' 개념에 관한 소고〉의 내용임을 밝힌다.

165 박성규, 《대학》(철학 텍스트들의 내용 분석에 의거한 디지털 지식 자원 구축을 위한 기초적 연구), 서울대학교 철학사상연구소 《철학사상》 별책 제3권 제1호, 2004, p.78. 참고. 박성규에 따르면, 주희가 서술한 《대학장구》는 《대학》이라는 경전 자체의 내용보다는 주희가 경문에 대한 주해를 통해 자신의 철학을 설파한 저술에 가깝다 할 수 있다. 특히 격물치지 補亡章에 등장하는 '格物'과 '致知' 개념에 대한 주희의 설명은 그가 가장 심각한 위협으로 인식했던 불교의 이론을 극복하고자 제시한 핵심 논리라는 것이다.

166 《대학혹문》上 2 "大抵大學一篇之指, 總而言之, 不出乎八事. 而八事之要, 總而言之, 又不出乎此三者. 此愚所以斷然以爲大學之綱領而無疑也"

167 《대학혹문》上 7 "篇首三言者, 大學之綱領也. 而以其實主對待先後次第言之, 則明明德者, 又三言之綱領也."

168 《대학장구》(經) 1-4 "古之欲明明德於天下者, 先治其國. 欲治其國者, 先齊其家. 欲齊其家者, 先修其身. 欲修其身者, 先正其心. 欲正其心者, 先誠其意. 欲誠其意者, 先致其知. 致知在格物.〈주희 : 明明德於

天下者, 使天下之人皆有以明其明德也. 心者身之所主也. 誠實也. 意者心之所發也. 實其心之所發, 欲其必自慊而無自欺也. 致推極也. 知猶識也. 推極吾之知識, 欲其所知無不盡也. 格至也. 物猶事也. 窮至事物之理, 欲其極處無不到也. 此八者大學之條目也.〉

169 《대학장구》(傳) 5-2 "此謂知之至也. 此句之上別有闕文, 此特其結語耳. 此章, 舊本通下章, 誤在經文之下. 間嘗竊取程子之意. 以補之曰, 所謂致知在格物者, 言欲致吾之知, 在卽物而窮其理也. 蓋人心之靈, 莫不有知, 而天下之物, 莫不有理, 惟於理有未窮, 故其知有不盡也. 是以大學始敎, 必使學者, 卽凡天下之物, 莫不因其已知之理而益窮之, 以求至乎其極, 至於用力之久而一旦豁然貫通焉, 則衆物之表裏精粗, 無不到, 而吾心之全體大用, 無不明矣. 此謂物格, 此謂知之至也."

170 주희는 物이 '하늘과 땅 사이 가득한 소리, 빛깔, 얼굴, 형상을 소유한 모든 것'이라 정의한다. 《대학혹문》下 2-2 "凡有聲色貌象而盈於天地之間者, 皆物也."

171 《대학혹문》0-6 "至於天下之物, 則必各有所以然之故, 與其所當然之則, 所謂理也."

172 《주희집》52-1 (51세) 答吳伯豊 "所謂明理, 亦曰: 明其所以然與其所當然者而已"

173 《주자어류》17:43 "郭兄問 "莫不有以知夫所以然之故, 與其所當然之則." 曰: "所以然之故, 卽是更上面一層.""

174 《주자어류》18:94 "凡事固有'所當然而不容已'者, 然又當求其所以然者何故. 其所以然者, 理也. 理如此, 固不可易."

175 이와 관련해서는 다음을 참조. "주희의 경우에 이일과 분수리 사이에

는 '一과 多'의 관계가 성립한다고 할 수 있다. 즉, 일자로서의 理가 다양한 형태로 개별화된 것이 분수리이다. 거꾸로 하나의 통일자로서 理一 안에는 모든 상황, 모든 존재에 필요한 理가 이미 선험적으로 갖춰져 있다. 따라서 이 때 이일과 분수리는 근원적으로 동질적인 것이므로, 분수리라고 해서 이일이 갖고 있는 理의 특성을 상실하거나 하는 일은 없다. 단지 理가 적용되는 범위가 다를 뿐이다." 정원재, 〈지각설에 입각한 이이 철학의 해석〉, 서울대학교 철학박사학위논문, p.57.

176 《주자어류》18:94 "又如人見赤子入井, 皆有怵惕·惻隱之心. 此其事'所當然而不容已'者也. 然其所以如此者何故? 必有箇道理之不可易者. 今之學者但止見一邊. […] 明道詩云, '道通天地有形外, 思入風雲變態中.' 觀他此語, 須知有極至之理, 非冊子上所能載者. 廣曰, "大至於陰陽造化, 皆是'所當然而不容已'者. 所謂太極, 則是'所以然而不可易者'." 曰, "固是.""

177 《주자어류》17:44 "或問'格物'章本有'所以然之故'. 曰, "後來看得, 且要見得'所當然'是要切處. 若果見得不容已處, 則自可默會矣.""

178 이 인용에 대한 원문, 《이정유서》18-66 "問: "釋氏有一宿覺言下覺之說, 如何?" 曰: "何必浮圖, 孟子嘗言覺字矣. 曰<u>《以先知覺後知, 以先覺覺後覺》</u>, 知是知此事, 覺是覺於理. 古人云: 《共君一夜話, 勝讀十年書.》 若於言下卽悟, 何啻讀十年書?""

179 《주자어류》17:43 "昔龜山問一學者, '當見孺子入井時, 其心怵惕·惻隱, 何故如此?' 學者曰, '自然如此.' 龜山曰, '豈可只說自然如此了便休? 須是知其所自來, 則仁不遠矣.' 龜山此語極好. 又或人問龜山曰, "'以先知覺後知', 知·覺如何分?' 龜山曰, '知是知此事, 覺是覺此理.' 且如知得

君之仁, 臣之敬, 子之孝, 父之慈, 是知此事也. 又知得君之所以仁, 臣之所以敬, 父之所以慈, 子之所以孝, 是覺此理也."

180 《맹자집주》9.7 "知, 謂識其事之所當然. 覺, 謂悟其理之所以然."

181 《대학혹문》下 2-1 "曰, 昔嘗見有談虎傷人者, 衆莫不聞 而其間一人神色獨變. 問其所以, 乃嘗傷於虎者也. 夫虎能傷人, 人孰不知. 然聞之有懼有不懼者, 知之有眞有不眞也. 學者之知道, 必如此人之知虎, 然後爲至耳."

182 《주자어류》17:27 "又問, ''眞知'之'知'與'久而後有覺'之'覺'字, 同否?' 曰: "大略也相似, 只是各自所指不同. 眞知是知得眞箇如此, 不只是聽得人說, 便喚做知. 覺, 則是忽然心中有所覺悟, 曉得道理是如此.""

183 《주자어류》18:2 "問, "致知下面更有節次. 程子說知處, 只就知上說, 如何?"曰, "旣知則自然行得, 不待勉強. 卻是'知'字上重."可學(62세)."

184 《주자어류》18:92 "今人未嘗看見'當然而不容已'者, 只是就上較量一箇好惡爾. 如眞見得這底是我合當爲, 則自有所不可已者矣. 如爲臣而必忠, 非是謾說如此, 蓋爲臣不可以不忠, 爲子而必孝, 亦非是謾說如此, 蓋爲子不可以不孝也. 道夫(60이후)."

185 《주자어류》18:29 "行夫問, "萬物各具一理, 而萬理同出一源, 此所以可推而無不通也."曰, "近而一身之中, 遠而八荒之外, 微而一草一木之衆, 莫不各具此理. …… 然雖各自有一箇理, 又卻同出於一箇理爾. …… 此所以可推而無不通也. 所以謂格得多後自能貫通者, 只爲是一理. 釋氏云: '一月普現一切水, 一切水月一月攝. 這是那釋氏也窺見得這些道理. 濂溪通書只是說這一事."道夫(60이후)."

186 《주자어류》18:94 "曰, 固是. 人須是自向裏入深去理會. 此箇道理, 才

理會到深處, 又易得似禪. 須是理會到深處, 又卻不與禪相似 方是. 今之不爲禪學者, 只是未曾到那深處, 才到那深處, 定走入禪去也. 譬如人在淮河上立, 不知不覺走入番界去定也. 只如程門高弟游氏, 則分明是投番了. 雖上蔡龜山也只在淮河上游游漾漾, 終看他未破 時時去他那下探頭探腦, 心下也須疑它那下有箇好處在. 大凡爲學, 須是四方八面都理會敎通曉, 仍更理會向裏來. 譬如喫果子一般. 先去其皮殼, 然後食其肉, 又更和那中間核子都咬破, 始得. 若不咬破, 又恐裏頭別有多滋味在. 若是不去其皮殼, 固不可; 若只去其皮殼了, 不管裏面核子, 亦不可, 恁地則無緣得到極至處. 大學之道, 所以在致知·格物. …… 若是裏面核子未破, 便是未極其至也. 如今人於外面天地造化之理都理會得, 而中間核子未破, 則所理會得者亦未必皆是, 終有未極其至處."

187 《주자어류》18:103 "上蔡說"窮理只尋箇是處, 以恕爲本."窮理自是我不曉這道理, 所以要窮, 如何說得"恕"字? 他當初說"恕"字, 大槪只是說要推我之心以窮理, 便礙理了. 龜山說"反身而誠", 卻大段好. …… 他又卻說"萬物皆備於我, 不須外面求."此卻錯了. "身親格之", 說得"親"字急迫. 自是自家格, 不成倩人格"賜

188 《주자어류》18:117 "問"思量義理, 易得有苦切意思, 如何?"曰, "古人格物·致知, 何曾敎人如此? 若看得滋味, 自是歡喜, 要住不得. 若只以狹心求之, 易得如此. 若能高立著心, 不牽惹世俗一般滋味, 以此去看義理, 但見有好意思了.""

189 V.2.는 2019년 12월 한림대학교 태동고전연구소에서 발간한 태동고전연구(43집)에 게재된 졸고 〈심대윤의 격물치지(格物致知) 개념 연구〉의 내용임을 밝힌다.

190 심대윤,《논어주설》,《심대윤전집(2)》, pp.104-105, "壬寅七月, 余年三十有七歲矣. 偶抱膏肓之病, 恐一朝溘然先朝露. 而念吾道之不明, 自孟子以後數千載矣. 世俗之敗亂可謂極矣. 而近有一種邪說 號爲'西學', 乘間而起 況惑斯民. 余懼斯民之無類 而不忍坐視而不救焉. 爲註此書 將及'庸學', 庶幾聖人之道 得以復明, 邪說自息." 심대윤은 자신의《論語》주해서에 별도의 주목을 달지 않았지만 노경희가 제안한《논어주설論語注說》을 따랐다. 노경희(2014), 〈논문요약〉 각주 1)번 참고.

191 박성규,《대학》(철학 텍스트들의 내용 분석에 의거한 디지털 지식 자원 구축을 위한 기초적 연구), 서울대학교 철학사상연구소《철학사상》별책 제3권 제1호, 2004, p.78 참고.

192 격치장을 포함하여 심대윤이《대학》편 전체의 서술체계를 어떻게 재구성하는지에 관하여는 장병한(2001)의 설명이 가장 자세하다. 장병한, 〈심대윤의 대학고정에 관한 연구〉, 한국사상과 문화(제14집), 2001, pp.242~246 참조.

193 용이한 이해를 돕기 위해 출처가 다른 부분이 시작되는 문장 앞에 번호를 달았고, 번역문에 문장 출처를 병기하였다.

194 심대윤,《대학고정》〈제11절〉, "格致者, 以我之情 通物之情也. 忠恕者, 以我之好惡 推施于人也. 生人之道 止于此而已矣, 君子之道 豈有他哉! 絜矩者, 比物而格理也. 凡人之不能爲善者, 皆由其蔽于私辟, 而不能公正耳. 忠恕者, 大公至善之道也, 所以全其性之利者也. 必先去其蔽而乃可行也. 易云, 〈惟君子爲能通天下之志〉. 醫書, 〈以血脉不通痛癢不知爲不仁〉. 忠恕者, 所以通人情而施仁也, 所以去其私辟而致知也. 子曰, 〈吾道一以貫之〉, 〈세주: 格致, 知之也, 忠恕, 行之也, 其實一

也. 其說詳見周易.〉"

195 양명학의 지행합일 개념은 정인재, 〈제6강 : 양지의 실천이 바로 지행합일〉《양명학의 정신》, 서울 : 세창출판사, 2014, pp.185~214 참고.

196 심대윤, 《주역상의점법》〈同人 卦辭〉, "夫鳥獸不可與爲群, 必與人爲類. 與人爲類者, 必通其情而可也, 旣通其情則必有以施行之者也. 格物致知所以通其情也, 忠恕所以施行也. 格致者何? 以我之所欲知人之所欲, 以我之所惡知人之所惡也. 忠恕者何? 己之所欲推以施之人, 己之所惡勿以加諸人也. 知之者, 行之之始也. 行之者, 知之之終也. 人之道一而已矣, 格致而忠恕之謂也."

197 심대윤, 《대학고정》〈제11절〉, "○朱子爲格致之說曰, '卽凡天下之物, 而窮其理, 則一旦豁然貫通, 而衆物之表裡精粗, 無不畢至.' 辨曰, 凡天下之事, 皆有要領, 得其要領, 然後條目可尋也. 不知要領而逐於條目, 勞而無功. 格致者, 爲學之要領也, 人道之要領也. 今曰, 卽凡天下之物而窮其理, 何無要領耶? 天下萬物, 人間萬事, 物物而格之, 事事而致之, 凡得幾何而老死耶? 旣昧要領, 則其所得者, 又復不眞也, 竟何益耶? 且微朱子言之, 天下之人孰不欲卽物而窮理哉? 顧患不知其要領, 是以無所着力焉. 今不告之以要領而乃曰〈卽天下之物而窮其理〉, 是亦敎人門路者曰〈汎行天下之路而汎入天下之門〉也, 果成何說耶?"

198 장병한(2005), 전게서, pp.266~268.

199 심대윤, 《대학고정》〈제11절〉, "忠恕者, 爲學之要領也, 人道之要領也. 《中庸》言道之全體, 則決不遺其要領而獨詳其條目也. 其曰〈道不遠人〉, 又曰〈忠恕違道不遠〉, 由是以觀, 聖人之道卽人道也, 忠恕爲道之要領也, 昭然可知矣. 其引詩'伐柯'以明'以己推人', 卽格物·絜矩之謂也. 何

朱氏之棄經之明文而妄意穿鑿耶?"

200 심대윤, 《대학고정》〈제11절〉, "夫天下之事, 必以漸致之, 未有一舉而了之者也. 其有暴成者, 乃變異也. 寧有〈一旦豁然貫通〉而衆物畢明耶. 〈卽物而窮[其]理〉, 一爾復一, 積少而致多而已矣, 何以一舉盡之耶? 夫子生知, 宜其豁然貫通於初學之年也, 旣已豁然貫通 則無事於復學也, 而十五至七十, 進序有漸,〈老[之]將至〉而〈發憤忘食〉者又何歟? 朱氏之妄, 固無足辨者也."

201 심대윤, 《대학고정》〈제11절〉, "朱氏有恒言曰,〈'性'與'誠'·'敬'萬理俱存, 去其蔽而自足.〉今曰,〈卽凡天下之物而窮其理〉又何乖戾耶?〈是道與學相左也. 道在是而學在彼, 道不學而學非道, 異乎修道之敎也夫!〉無乎中而妄言者, 固未有一㞢者也.〈세주 : 此之關係甚大, 故辨之, 其餘不可勝辨 故但削去之而已.〉"

202 세 학자의 리기·심성론은 별도의 연구에서 다뤄야 할 것으로 보인다. 여기서 필자가 생각하는 결론만 잠깐 언급하고 넘어가자면 세 학자는 신유학 3파의 각 입장을 보여주는데, 곧 심대윤은 '심기학心氣學', 왕양명은 '심리학心理學', 주희는 '심리기학心理氣學'에 각각 해당한다 할 것이다. 여기서 사용한 학파 이름은 정원재(2016)가 제시한 대안을 따른 것인데, 기존의 리학·기학·심학의 분류와 달리 각 학파의 심성론 명제를 이름에 반영하여 이론적 특징을 보다 선명하게 드러내고자 한 것이다.

203 심대윤, 《대학고정》〈제1절〉, "格, 以精神會之也."

204 심대윤, 《논어주설》〈위정 3〉, "格, 精神屬之也, 卽〈厥孚交如〉是也."〈厥孚交如〉는 《주역》〈대유 괘 육오 효사〉

205 심대윤, 《복리전서》〈3-4〉, "心之明知發有四焉. 親與之心, 仁之端也,

差等之心, 禮之端也, 取舍之心, 義之端也, 變通之心, 智之端也. 名曰 '四端'. 仁義禮智 名曰 '四德'." [언해주] 親與 : 사람과 친하고 함께 하는 것이다. 仁之端 : 인덕의 시초이다. 差等 : 차례와 등분이다. 取捨 : 취하고 버림이다. 四端 : 사단은 네 가지 끝이다. 四德 : 사덕은 네 가지 덕이다. 김성애(2010), p.59, 재인용.

206 심대윤, 《周易象義占法》〈繫辭下傳 5章〉, "[난외주 : 人心之明知不能與事物相屬, 雖日用事爲之至近至淺者 多不察焉. 故聖人有格物致知之工. 格, 至也, 以精神属之也. 格物致知者, 欲吾之明知格于事物也, 盖亦致一也.]"

207 심대윤, 《논어주설》〈리인 15〉, "日月非有暗也, 其所照爲明 不照爲暗也. 人心非有惡也, 其所見爲善 不見爲惡也. 若日月之體 則明而已矣, 人心之性 則善而已矣."

208 심대윤은 명지가 마음 안에 있다는 것과 정신과 명지의 상관관계를 언급한 바는 있으나, 정신과 마음 자체의 상관관계에 관해서는 언급한 바가 없다. 이에 관해서는 별도의 연구가 필요해 보인다. 우선 필자의 생각만을 요약해보겠다. 심대윤이 말하는 정신精神이란 기氣로서의 인간이 지닌, 육체(물질적 요소)와 마음(정신적 요소)을 포괄하는 총체적 능력과 기능을 통칭하는 용어로 보인다. 심대윤은 기氣와 형태(形)가 짝지어 정精을 만들고 다시 짝지어 신神을 만들면 지각과 변화를 행하는 존재가 되는 것이며, 인간 역시 그러한 존재로서, 인간의 감각기관과 지체와 마음이 하나로 어우러질 때 비로소 신神이 생성된다고 말하고 있다. 이러한 정신으로서의 마음은 인간의 지각 전체를 말하고 그 속에는 다시 명지가 있어서 반응의 능력을 담당하며, 정신은 무엇에 대

해 집중해서 생각하는 기능을 담당한다. 그리고 만약 인간이 무엇에 대해 마음을 모으면, 즉 정신을 집중해서 생각하면 '실제로' 그 대상과 기氣와 기氣끼리의 모종의 연결이 일어난다고 생각하는 것으로 보인다. 그리고 그것이 바로 심대윤이 말하는 만물의 리를 하나로 꿰뚫는 단 하나로서의 인간의 마음의 능력인 것으로 보인다. 예컨대 췌萃 초효 初爻에서는 "반드시 마음을 괴롭게 하여 그 정신을 쓰고 난 뒤에 모임이 있으니[必惱心煩慮費其精神而後有聚]"라고 하고, 환渙 괘사卦辭에서는 "천하의 '발달하여 멀리 접하는 것'은 사람의 정신만한 것이 없다. 정신이 전일한 이후에야 능히 발달하여 상하사방에 이를 수 있다. 제사의 도는 능히 정신으로 조고의 신神에 접하고 와서 이르게 되는 것이니, '묘廟'로써 제사를 말한 것이다.[凡天下之發達而接于遠者, 莫如人之精神. 精神專一然後乃骸發達而格于上下四方矣. 祭祀之道骸以精神接于祖考之神而來格焉, 故以廟祀言之也.]"라고 하여, 정신으로써 사방팔방 멀리 도달할 수 있다고 말한다. 정신이 조상의 신神까지 접할 수 있다고 말하는 것으로 보아, 아마도 심대윤은 가령 정신을 전일하게 집중하여 성인이 남긴 경전을 읽으면 나의 명지가 성인의 도에 이르게 된다고 생각한 것으로 보인다.

209 심대윤, 《중용훈의》〈6장〉, "邇言, 日用事爲之間言行也. 人惟不察邇言, 故終日行而不自知其爲何等. 昨日行而今日反, 今日言而明日違, 善而不知繹, 惡而不知悔, 故不知己也. 沒世觀人不知其爲何等. 善而不能遷, 惡而不能自省, 故不知人也. 唯格致之工, 可以無是過也."

210 심대윤, 《논어주설》〈리인 15〉, "格致而明乎人情, 則知人矣. 事情生乎人情, 故亦能知幾矣. 物情近於人情, 故亦能知物矣. 用之無處而不明,

儘無窮也."

211 심대윤,《논어주설》〈자장 22〉, "格致而通天下之情者爲善學也, 夫子以天下之民爲師焉已矣."

212 심대윤,《논어주설》〈선진 8〉, "夫子而顏淵繼之 則道必行矣. 蓋未有聖人相承百年 而時不偶, 道不行者也. 使顏子不死 則必爲聖人, 而當戰國之世 則必有所遇矣, 故曰〈天喪予.〉若如朱註'悼道無傳', 則不然. 著書傳道, 蓋非甚難, 他弟子之所優爲也. 且旣有易, 春秋, 論語, 則無事乎更著也. 苟有知者, 觀此而足以得之矣. 所以孔門弟子之無著述也, 非其不能也."

213 심대윤,《논어주설》〈선진 8〉, "今觀其書, 蓋汎論道義而已, 鮮有措行之妙理着着入神, 必可做事業如《論語》者也."

214 심대윤,《논어주설》〈리인 15〉, "己之所願, 推以施之於人, 曰〈忠〉. 己之所不欲, 勿以加之於人, 曰〈恕〉.《中庸》之〈率性, 修道〉,《大學》之〈格物致知〉是也. 生人之道, 忠恕而已矣."

215 심대윤,《논어주설》〈리인 15〉, "夫好成而惡敗, 好利而惡害, 好福而惡禍, 此之謂〈善〉也. 天之所以命於人, 而物與我同得以爲性者也. 己則好之而欲人不得之, 己則惡之而欲人獨受之, 則爭端起而人之類滅矣, 己安得獨保其所好而免其所惡哉? 此謂不能率其性者也. 己好之則與人同之, 己惡之則與人已之, 人安而己利, 此之謂能率其性而爲忠恕者也."

216 《周易象義占法》〈同人 卦辭〉, "夫鳥獸不可與爲群, 必與人爲類. 與人爲類者, 必通其情而可也, 旣通其情則必有以施行之者也. 格物致知所以通其情也, 忠恕所以施行也. 格致者何? 以我之所欲知人之所欲, 以我之所惡知人之所惡也. 忠恕者何? 己之所欲推以施之人, 己之所惡勿以加諸人也. 知之者, 行之之始也. 行之者, 知之之終也. 人之道一而已矣, 格致而忠恕之謂也."

217 《周易象義占法》〈繫辭上傳 4章〉, "[…]〈세주: '原始反終', 因始而知終也. 見其始而知終之反於始也. 天地之理反之而後成, 故終必反於始也. 以是知幽明之一理也.〉鬼神者, 陰陽之屈信相感而生者也. 故曰鬼神. 陰陽之氣相感而神生, 陰陽之形相接而精生, 天地之神精者, 造化之謂也. 以言天之禍福則曰鬼神. 鬼神者禍福之主也. 凡人之爲善天地之吉氣應之而爲福, 爲不善天地之邪氣應之而爲禍, 人與天地相感而爲禍福, 此之謂'天地鬼神'也. 人稟天地之氣以爲神精, 心與事物接而精氣生焉, 曰魄. 形籠氣而不散則明而爲人, 魄籠魂而不散則幽而爲鬼神. 形殘則死, 魄消則散. 稟氣實則魂盛, 用物多則魄強, 魂盛則魄亦強, 魄強則魂久而不散. 氣爲神, 神爲魂, 形生精, 精生魄. 魂隨稟而異, 魄隨行而殊, 爲明神爲厲鬼爲恠物. 人者氣之形也, 鬼者形之氣也. 人者有形之氣也, 鬼者無形之人也. 凡人之爲善'吉神'應之而爲祥, 爲不善'凶神'應之而爲孼, 骸助'天之鬼神'而行禍福, 是故通謂之鬼神, 在天曰'造化', 在人曰'精神', 在幽曰'魂魄', 其理一也.〈鬼神主禍福, 人道主利害, 其到一也. 神道靈, 人心巧, 其誠一也.〉[난외주: 陰生于陽, 陰陽合而爲氣. 形生于氣, 形氣合而爲神. 精生于神, 精神合而爲魂. 魄生于魂, 魂魄合而終焉. 陰陽之謂天地, 精神之謂人, 魂魄之謂鬼神, 此言形生精, 精生魄者, 猶子受父之氣以生而托于母之形以成也. 夫陽必配陰而後成, 陰必稟陽而後生.]"

218 《福利全書》〈8–2〉, "人者氣之所化成也. 鬼神者人之所化成也."

219 《福利全書》〈1-10〉, "何謂三極, 有陰陽氣之極, 有陰陽形之極, 有陰陽用之極. 氣主也. 形體也. 用用也. 氣曰太極, 形曰兩儀, 用曰四象. 是故萬物萬事萬理無不備此三層而生者, 無不備此三層而成者, 無不備此三層而用者. 氣有氣之三極, 形有形之三極, 用有用之三極. 天地之主體用曰氣之三極, 人之主體用曰形之三極, 鬼神之主體用曰用之三極."

《福利全書》〈1-11〉, "三極之道, 無徃而不在. 天陰陽氣之極也. 地陰陽形之極也. 人陰陽用之極也. 天地人是爲三才, 此三極之大體也. 氣爲主, 形爲體, 用爲用也. 天爲主, 地 爲體, 人爲用也. 天地爲陰陽氣之極, 人物爲陰陽形之極, 鬼神爲陰陽用之極, 此三極之大用也. 天地人爲體之三極. 天地人物鬼神爲用之三極. 人爲體之用而用天地之物. 鬼神爲用之用而行天地之化, 人道行乎顯明, 鬼神之道行乎幽隱."

220 《福利全書》〈8-2〉, "其人之勤勞心力, 功德崇而事業積厚者, 鬼神久强, 百千萬歲而不沒. 怠惰而不用心力, 無能立事者, 鬼神速亡, 或形體未腐, 而魄滅魂散."

221 《福利全書》〈8-3〉, "爲善者, 爲吉神而享安樂; 爲惡者, 爲厲鬼而受苦楚; 其爲禽獸蟲蛇之行者, 各以其類成形. 是爲鬼物."

222 《福利全書》〈8-4〉, "陰界主靜, 一成而不可遷改變易, 住而不行, 定而不移. 惟享人世之報果, 不能自主而變化其事也."

223 《福利全書》〈8-8〉, "人物餒, 則形死; 鬼神餒, 則精消."

224 《福利全書》〈8-5〉, "鬼神, 禍福之主也. 人爲陽界之用, 而主天地萬物利害之權, 鬼神爲陰界之用, 而主天地萬物禍福之權. 人者天地之秀氣也. 生則用天地之造化, 而行利害之事, 死則佐天地之神靈, 而行禍福之事."

225 《福利全書》〈2-1〉, "天道有禍福, 福善而禍淫非天之有心而爲之也, 非天之歷察乎人物而論其功罪而賞罰之也. 人物之爲善爲惡感召吉祥災沴之氣而天以類應之爲慶爲殃. 氣之相感應無遠不至無隱不澈, 如響之應聲如影之隨形. 詩云上帝臨汝, 無曰高高在上日監在玆, 言天不可遠也, 神不可欺也."

226 《福利全書》〈8-6〉, "鬼神, 有情而無蔽. 鬼神, 聰明·虛靈·正直, 而誠一者也, 不可諂媚而得福, 不可祈禳而免禍."

227 《福利全書》〈8-5〉, "鬼神, 隨氣而行., 吉神隨吉氣; 凶神隨沴氣. 氣之所感應, 鬼神亦隨而感應."

228 《福利全書》〈8-12〉, "異端之書 曰, "肉身, 靈魂之讎也." 靈魂, 受之於天而無不善, 以有肉身, 故衆惡生焉. 是以謂之讎也. 卽讎肉身, 則父母讎之本也, 兄弟讎之類也, 子孫讎之種也, 妻妾讎之匹也. 讎父母兄弟子孫妻妾者, 欲獨重其師也. […] 然又恐民之不從, 故曰, "爲善者 登于天堂, 爲惡者 入于地獄", 把持禍福之權, 而誘脅之."

229 《福利全書》〈8-12〉, "父之所行, 感召天地之醇氣, 致一於父母陽陰形之精, 而生形. 氣不能有知, 托形而有知., 有父母然後有肉身, 有肉身然後有知覺, 有知覺然後能用刑用物, 能用刑用物然後有靈魂. 彼云, "靈魂得於天", 妄也. 用刑·用物之精與天稟之氣, 致一而爲鬼神. 彼云, "靈魂與肉身, 非一", 妄也. 死而腐者, 形之糟粕也; 死而存者, 形之精英也. 獨謂糟粕爲形, 而不謂精英爲形可乎? 天氣之生人, 土之生草木, 水之生魚, 酒之醯鷄, 穀之飛蟲., 氣生形也, 形非氣也. 故不可謂之氣. 父母之生子孫, 用形之爲鬼神, 土之爲甑, 蠐之爲蟬., 形化形也, 形是形也. 故不可謂之非形. 氣與形, 不一而致一也; 形化形, 是一而傳變也. (細注: 煮藥而去滓取汁, 謂滓爲藥, 而不謂汁爲藥, 可乎? 取穀而去藁取實, 謂藁爲穀, 而不謂實爲穀可乎? 形, 鬼神之滓也; 鬼神, 形之汁也. 形, 鬼神之藁也; 鬼神, 形之實也. 鬼神, 非形而何哉)"

230 문단의 편집은 필자가 임의로 한 것이며, 심대윤이 경전의 구절을 인용하며 자의적으로 축약하여 사용한 것은 심대윤의 의도를 추론하여 그에 맞게 최대한 자연스럽게 번역하려 하였음을 밝힌다.

231 《周易象義占法》〈繫辭下傳 5章〉, "〈天地絪縕, 萬物化醇, 男女搆精, 萬物化生. 易曰. 三人行則損一人, 一人行則得其友. 言致一也.〉〈세주: 中庸曰, 合內外之道也. 時措之宜也. 此言致一之道也.〉絪縕凝合交密之狀. 醇, 淳也, 濃也. 言氣化也, '化生'言形化也."

232 여기서 한 가지 눈에 띄는 점은, 이듬해 탈고한 《中庸訓義》(1843)의 해당 구절 주석에서 그는 이 〈내외를 합하는 도〉라는 말이 의미하는 바는 곧 나와 남을 합하여 일체로 만드는 지극히 공평한 도로서 '충서와 중용'이고, 〈때로 둠이 마땅하다〉라는 말은 곧 '物我가 致一하는 道'에 대해 말한 것이라 말한 뒤, 致一이란 '도의 지극한 신묘함[妙]'으로서 말과 글로써 사람에게 깨우치기 어려운 것이니 〈蒙〉괘의 뜻을 보면 알 수 있다고 말하고는 더 이상의 설명을 생략한다는 점이다. 《中庸訓義》〈25章〉"忠恕中庸之道, 合人我而爲一體, 至公之道也, 故曰〈合內外之道也.〉〈時措之宜〉者, 盖言物我致一之道也. 致一者, 誠之至也. 〈致一者, 道之至妙也, 盖難以言辭喩人也. 其說詳見蒙義.〉此言誠之配道體物而致一也."

그 이유는 〈蒙〉괘의 뜻을 풀어놓은 象傳에 나와 있는데 거기서 심대윤은, 자신이 왜 독자들에게 〈내외를 합하는 도〉의 근원인 '致一의 道' 를 말과 글로써 전달하여 그들이 직접 깨닫길 기대하기 보다는 독자들에게 '충서와 중용'이 곧 '치일의 도'임을 강조하고 힘써 실천하길 바라는지에 대해 말하고 있다. 심대윤에 따르면, 아직 깨닫지 못한 무지한 사람에게 致一의 道를 직접 깨달은 자에게나 가능한 時中을 곧바로 기대하는 것은 곧 공자가 말한 過猶不及에 해당하는 것으로서, 성인은 선생들로 하여금 제자들에게 "인간의 도는 이로움[利]에 머물고, 이로움[利]는 忠恕와 中庸에 머문다"는 것을 가르치게 하고 제자들에게는 그것을 배우게 하여 성인의 도라는 것이 어렵고 고원하게 느껴지지 않게 함으로써, 그들이 어려서 처음 배우기 시작할 때부터 충서와 중용을 학문의 요령으로 삼아 그것을 전일하게 염습하게 하여 그들 스스로 致一의 道를 깨닫도록 하였다는 것이다.

《周易象義占法》〈蒙 象傳〉,〈蒙亨, 以亨行, 時中也. 匪我求童蒙童蒙求我, 志應也. 初筮告, 以剛中也. 再三瀆瀆則不告, 瀆蒙也. 蒙以養正, 聖功也.〉"子曰. 過猶不及. 若學而至於過行而喪其性則與不及而蒙無異也. 蒙之所以亨能學而行其時中也. 時中非蒙之所能而人之道止於利, 而利止於忠恕中庸而已, 則蒙之所學亦不外乎是也. 故下文曰聖功也. 夫子於蒙之初學指南門路, 使先生知所以教, 使弟子知所以學, 而明聖人非高遠難學, 蒙之所可能也. 凡人之學而無得者, 皆由其誤入門路也. 故愈精而愈失, 至有學以喪性者矣. 凡言志應者, 皆非正應而有相須之義者也. 剛中誠一也. 瀆蒙疑惑昏昧也. 正其門路於幼蒙之初, 染習專一而無外慕, 則可以變化而通神矣. 故曰聖功."

233 《周易象義占法》〈繫辭下傳 5章〉, "小子讀〈易〉至此, 喟然, 仰而歎, 俯而深, 惟曰. 美矣道也! 至著而微乎! 至近而玄乎! 至平而深乎! 至繁而精乎! 至易而難乎! 美矣道也! 蔑而加之矣, 天地聖人之所以爲天地聖人也. 夫此可以神會而不可以意到也. 可以意到而不可以言傳也. 今姑强言其糟粕, 世之君子倘有能明之者焉矣."

234 ibid., "夫陰陽二氣而同生于一, 配合而爲一. 形氣二物而同生于一, 配合而爲一. 一者太極也, 兩儀四象八卦生于太極, 分列區別有萬不同而亦未嘗出於太極之外. 太極在象儀之中, 象儀在太極之中. 萬在一之中, 一在萬之中. 謂之一矣則萬而殊矣. 謂之萬矣則一而已矣. [난외주][此言太極之用也. 言後天之致一, 故言其用也. 君太極之體, 譬如枝枝葉葉無非幹也, 郡郡邑邑無非君也. 幹無物而不在, 君無往而不在]"

235 ibid., "太極君也, 兩儀臣也, 四象民也. 君也臣也民也, 三者的然有別者 層數也. 臣也民也愈下而愈多, 人各不同, 不可混雜者分數也. 而爲國則一而已矣. 君不可謂之國而無君則無國, 臣不可謂之國而無臣則無國, 民不可謂之國而無民則無國. 國不在於君也臣也民也之外, 而亦不在於獨君也獨臣也獨民也. 必合三者而爲一國, 而三者不可爲一矣. 人之百體九竅不可混雜而爲身則一而已矣, 偏指一體一竅而謂之身則不可, 而無一體一竅則無身矣. 身與體竅未嘗異矣而體竅與身不可同也. 是故分然後合, 合然後分, 分在合之中, 合在分之中, 混淪膠葛而不可遂分亦不可遂合也. 不可不分亦不可不合也, 此之謂致一也."

236 ibid., "書曰. 唯精惟一, 允執厥中. 中庸曰. 惟天下至誠, 爲骸盡其性, 盡物之性, 而與天地參矣. 非盡己之性而後乃盡物之性也. 盡己之性而物之性亦盡矣, 物與我通爲一矣. 道之至精者與天地萬物通爲一, 故能神變化, 此之謂致一也. [난외주][人之耳目口鼻心力能通爲一不相乖阻, 故

神生焉.]"

237 ibid., "致一者, 非謂一而一也. 乃不一而一也. 不一而一, 故能一也. 詩云.〈自西自東自南自北, 無思不服〉. 言四方不一而爲一也. 一者, 道之極致也. 忠恕者, 一之法也. 中庸者, 一之位也. 誠明者, 一之工力也. 禮樂者, 一之器也. 聖人者, 一之人也. 天地者, 一之神也. 太極者, 一之主也. [난외주][人心之明知不骪與事物相屬, 雖日用事爲之至近至淺者, 多不察焉. 故聖人有格物致知之工. 格, 至也, 以精神屬之也. 格物致知者, 欲吾之明知格于事物也, 盖亦致一也.]"

238 《禮記正解》〈禮運3章〉, "記而妄也. 獨親其親而不敬人之親, 獨慈其子而不愛人之子, 私其己而不及於人, 有親親而無尊尊, 此無君無上之道也, 是將天下之家與家爲仇, 人與人爲敵相殘而歸盡矣. 無父無君或專爲己或專爲人其爲大禍一也. 是故尊君而親父, 尊親之等殺, 不失於天下而天下治矣. 道者天地之道也. 天地不變, 道亦不變, 前聖後聖其揆一也."

239 《禮記正解》〈禮運 2章〉, "記而妄也. 視人之父猶己之父, 視人之子猶己之子, 此無父無子之道也. 五代之世, 養他人之子爲子而一視之如子, 子見其父之視己如他人之子也, 視父亦如他人之父也, 叛賊相踵. 養子見其親子亦叛而況不憚於叛也. 父子之倫遂滅而九族不親, 九族不親而天下不親. 禽獸有親有羣也, 故能相保也, 是人之道不及禽獸遠矣. 將並興而啗食盡而後已也. 視其父如他人之父, 視其君如他國之君, 而謂之公可乎?"

240 ibid., "夫天下之大道成就一〈公〉字而已.〈公〉有天下之公, 有一國之公, 有一家之公, 有一人之公. 各有所尊, 各有所親. 不以小公廢大公, 不以大公滅小公, 小公滅而大公從而滅矣, 大公廢而小公亦廢矣. 小大之公 各得其位而不相奪倫, 命之曰'天下之大公'. 是故, 私而衷於義者私而公 也, 公而悖於義者公而私也. 惟義所在曰公, 故仁者至公之道也, 而禮 以明其等殺, 義以斷其取舍, 知以隨其變通, 然後乃成仁也. 成仁而聖 人之能事畢矣. 天下各親其親, 慈其子, 尊其君, 敬其長, 而所謂大同之 治可致矣. 不然則吾見其大亂也, 何治之能有?"

241 16세기 이후 조선의 서인들에게 계승된 〈율곡학〉에 관해서는 정원재 (2001), 정원재(2013). 참조.

참고문헌

1. 원전 및 번역서

《沈大允全集》, 서울 : 동아시아학술원 대동문화연구원, 2005.
《白雲集》, 서울 : 사람의 무늬, 2015.
《論語》,《孟子》,《中庸》,《大學》,《詩經》,《書經》,《周易》.
朱熹,《朱子語類》·《論語集註》·《孟子集註》·《中庸章句》·《大學章句》·《或問》.
한국경학자료 시스템, (http://koco.skku.edu).

2. 연구서 및 논문

김문용, 〈심대윤의 복리사상과 유학의 세속화〉,《시대와 철학 제21권 3호》, 2010.

김성애, 〈沈大允의《福利全書》校註 飜譯〉, 고려대학교 고전번역협동과정 석사학위논문, 2010.

김정은, 〈白雲 沈大允 詩經學 硏究〉, 고려대학교 국어국문학과 석사학위논문, 2007.

김재화, 〈심대윤沈大允 철학 연구《福利全書》를 중심으로〉, 서울대학교 철학과 석사학위논문, 2011.

＿＿＿, 〈심대윤의 중용 개념 연구〉,《철학사상》61집, 서울대학교 철학사상연구소, 2016.

＿＿＿, 〈심대윤 철학의 연구〉, 서울대학교 철학과 박사학위논문, 2018.

＿＿＿, 〈주희의 '格物致知' 개념에 관한 소고〉,《東亞文化》56집, 서울대학교 동아문화연구소, 2018.

＿＿＿, 〈심대윤의 격물치지格物致知 개념 연구〉,《태동고전연구》43집, 한림대학교 태동고전연구소, 2019.

노경희, 〈沈大允의《論語注說》譯註〉, 성균관대학교 한문고전번역협동과정 박사학위논문, 2014.

다카하시 도오루,《조선 유학사》, 조남호 역, 서울 : 소나무, 1999.

마테오 리치,《천주실의》, 송영배(외) 역주, 서울대학교 출판부, 1998.

박성규, 〈주자철학에서의 귀신론〉, 서울대학교철학과 박사학위논문, 2004.

＿＿＿,《대학》(철학 텍스트들의 내용 분석에 의거한 디지털 지식 자원 구축을 위한 기초적 연구), 서울대학교 철학사상연구소《철학사상》별책 제3권 제1호, 2004.

백민정, 〈유교지식인의 公관념과 공공의식 : 이익·정약용·심대윤의 경우를 중심으로〉,《동방학지》160집, 연세대학교 국학연구원, 2012.

_____, 〈심대윤 공리론의 특징과 시대적 의미〉,《퇴계학보》133집, 퇴계학연구원, 2013.

손영식,《이성과 현실》, 울산대학교 출판부, 1999.

_____, 〈성악설의 흐름 : 묵자·순자·법가 및 노자의 인간관〉,《동양고전연구》10집, 동양고전학회, 1998.

_____, 〈미발설과 자아개념〉,《동양철학》35집, 한국동양철학회, 2011.

송영배,《제자백가의 사상》, 현암사, 1994.

윌리엄 K. 프랑케나,《윤리학》, 황경식 역, 철학과 현실사, 2003.

이연승, 〈董仲舒의 天人相關說에 관하여〉, 종교문화연구, 2000.

이천승, 〈심대윤沈大允의 〈월령月令〉 주석과 중농의식〉《한국사상사학》(34), 한국사상학회, 2010.

이해임, 〈沈大允的道德实践论研究〉《朱子学刊》, 总 2010年 第20辑.

_____, 〈한원진의 심성론 연구〉, 서울대학교철학과 박사학위논문, 2016.

이한영, 〈沈大允의《白雲文抄》研究〉, 성균관대학교 대학원 석사학위논문, 2014.

이현선, 〈장재張載와 이정二程의 철학-이정의 장재 비판을 중심으로〉, 서울대학교철학과 박사학위논문, 2010.

임형택, 〈19세기 西學에 대한 經學의 대응〉《창작과 비평》, 96년 봄호.

_____, 〈심대윤의 공리주의적 사상과 경세론〉《한국실학연구》(제30권), 한국실학학회, 2015.

장병한, 〈沈大允 經學에 대한 연구〉, 성균관대학교한문학과 박사학위논문, 1995.

_____, 〈19세기 주기적경학관의 일단면-심대윤 기철학의 경학적 성격〉, 연

민학회, 1996.

_____, 〈심대윤의 대학고정에 관한 연구〉, 한국사상과 문화(제14집), 2001.

_____, 〈정약용과 심대윤의 경학 비고(1) 정주학의 경학관에 대한 비판과 연계하여〉, 한문학보(제4집), 2001.

_____, 〈심대윤의《書經蔡傳辨正》에 대한 연구〉《한국사상사학》(제33집), 한국사상문화학회, 2002.

_____, 〈19세기 양명학자로 규정된 심대윤의 사유체계〉,《한국실학연구》(10), 2005.

_____, 〈하곡 정제두와 백운 심대윤의 경학 비교〉,《양명학》(18), 한국양명학회, 2007.

_____, 〈심대윤의《福利全書》一考〉,《양명학》(20), 한국양명학회. 2008.

_____, 〈沈大允과 李贄의 理欲觀 비교 일고찰〉《양명학》(24). 한국양명학회. 2009.

_____, 〈백운 심대윤의 근대성 사유체계 일고찰〉《한국실학연구》(18). 한국실학학회. 2009.

_____, 〈백운 심대윤의《左國定論》일고-실천주의적 가치관 파악을 중심으로〉《한문학보》(제18집), 우리한문학회, 2008.

_____, 〈19세기 백운 심대윤의《春秋四傳續傳》에 관한 일고찰〉,《한국실학연구》(제16호), 한국실학학회, 2008.

_____, 〈백운 심대윤의《周易象義占法》에 대한 일고찰〉,《한국사상사학》(제33집), 한국사상사학회, 2009.

_____, 〈백운 심대윤의《儀禮正論》에 대한 소고〉,《동양한문학연구》(제31집), 한국양명학회. 2009.

_____, 〈백운 심대윤의 《禮記正論》에 대한 소고〉, 《양명학》(제23회), 한국양명학회, 2009.

_____, 〈백운 심대윤의 《禮記正解》에 관한 일고찰〉, 《양명학》(제23회), 한국양명학회, 2010.

_____, 〈심대윤의 《書經蔡傳辨正》에 대한 연구 – 대동의 실덕, 실용주의적 내성외왕론과 복선화음론을 중심으로〉 고려대학교철학과 박사학위논문, 2013.

장원태, 〈전국시대 인성론의 형성과 전개에 관한 연구〉, 서울대학교철학과 박사학위논문, 2005.

_____, 〈군자와 소인, 대체와 소체, 인심과 도심 〉《철학연구》(81집), 철학연구회, 2008.

_____, 〈주희의 지각 개념의 연원 〉《철학사상》(35권), 서울대학교 철학사상연구소, 2010.

정원재, 〈지각설에 입각한 이이철학의 해석〉, 서울대학교철학과 박사학위논문. 2001.

_____, 〈이이의 본성론〉《철학사상》(13호), 서울대학교 철학사상연구소. 2001.

_____, 〈유학에서 보는 마음〉, 《마음과 철학-유학편》, 서울대학교 철학사상연구소, 2013.

_____, 〈신유학 3파의 이름과 대안 모색〉《철학》(127집), 한국철학회. 2016.

정은진, 〈무정 정만조의 친일로 가는 思惟〉, 《대동한문학회》(33집), 2010.

_____, 〈무정 정만조의 〈朝鮮近代文章家略敍〉 연구〉, 《한문학론집》(36집), 2013.

정인재, 《양명학의 정신》, 서울 : 세창출판사, 2014.

존 호스퍼스, 《인간 행위론》, 최용철 역, 서울 : 간디서원, 2003.

진재교, 〈심대윤의 國風論〉, 《한문학보 1》, 우리한문학회, 1999.

최천식, 〈정도전 철학의 재검토〉, 서울대학교철학과 석사학위논문, 2007.

_____, 〈김창협 철학 연구〉, 서울대학교철학과 박사학위논문, 2016.

허남진, 〈조선후기 기철학 연구〉, 서울대학교철학과 박사학위논문, 1994.

_____, 張載의 氣一元論과 任聖周의 氣一分殊說, 《한국문화》(43), 서울대학교 규장각 한국학연구원, 2008.

_____, 조선후기 기철학의 성격, 《한국문화》(11), 서울대학교 규장각 한국학연구원, 1990.

A. C. Graham, 나성 역, 《도의 논쟁자들》, 서울 : 새물결, 2015.

찾아보기

[ㄱ]

격물치지格物致知 15, 16, 34, 138~
　　141, 148, 151~162 , 164, 166~
　　172, 174~176, 198, 204, 205

겸손[謙] 124, 131~133, 204, 206

경학經學 5, 6, 9,

공公 16, 127, 128, 133, 199, 200~
　　202, 204

공자孔子 164,

기질지성氣質之性 88~90, 95, 97,
　　204, 206,

[ㄷ]

다카하시 도오루高橋 亨 7~9, 26

[ㅁ]

명예[名] 76, 80, 206

명지明知 138, 168,

미발未發 12, 110, 111

[ㅂ]

복리전서福利全書 13, 26, 50,

[ㅅ]

사단四端 87, 96, 101, 168, 206

삼극의 도[三極之道] 15, 28, 29, 31,
　　33~35, 70, 195

심성心性 15, 35, 70, 71, 85, 86, 89,
　　91, 93, 96, 98~100, 114, 119,

204, 206

[ㅇ]

양명학 7~9, 12, 13, 161, 163

예禮 14, 16, 86, 87, 115~117, 122, 124, 125, 129, 201, 202, 204, 207, 208

이로움[利] 24, 25, 80, 96,

이발已發 12, 90

이익[利] 76, 80, 206,

[ㅈ]

정인보鄭寅普 6, 27,

주희朱熹 38, 139,

중용中庸 5, 25, 80, 117, 198,

지각知覺 58, 88

[ㅊ]

천명지성天命之性 15, 35, 70~73, 78, 80, 83, 85, 89, 92, 93, 96, 103, 116, 202, 204

충서忠恕 15, 117, 127, 138, 159, 163, 171~173, 175, 198,

치일의 도[致一之道] 192,

[ㅌ]

태극太極 30~32, 34, 49~51, 70, 78, 142, 152, 182, 203, 205

조선 경학의 별, 심대윤

2023년 12월 01일 초판 1쇄 발행

저자　　　　김재화
교정·윤문　　전병수

발행인　　　　전병수
편집·디자인　　배민정

발행　　　도서출판 수류화개
　　　　　등록 제569-251002015000018호 (2015.3.4.)
　　　　　주소 세종시 한누리대로 312 노블비지니스타운 704호
　　　　　전화 044-905-2248
　　　　　팩스 02-6280-0258
　　　　　메일 waterflowerpress@naver.com
　　　　　홈페이지 http://blog.naver.com/waterflowerpress

© 도서출판 수류화개, 2023

값 18,000원
ISBN 979-11-92153-18-6　93140

이 책은 저작권법에 따라 보호받는 저작물이므로 무단전제와 무단복제를 금지하며, 이 책 내용의 전부 또는 일부를 이용하려면 반드시 저작권자와 도서출판 수류화개의 서면동의를 받아야 합니다.

잘못된 책은 바꾸어 드립니다.